# JOHANNES KUNZ

# ..100 JAHRE ÖSTERREICH

## Die Politik 1918–2018 im Spiegel des Humors

Mit einem Vorwort
von **Heinz Fischer**
und zahlreichen Abbildungen

Amalthea
Verlag

*Zum Buchcover*

Die Karikatur »Der Herr Doctor Karl« von Erich Sokol (1933–2003)
erschien 1987. Im Jahr davor war der ÖVP-Kandidat Kurt Waldheim,
dem im Wahlkampf vorgeworfen wurde, Teile seiner Kriegsvergangenheit
verschwiegen zu haben, zum Bundespräsidenten gewählt worden.
Die Figur des von Helmut Qualtinger dargestellten »Herrn Karl«
steht für die Verkörperung des politischen Opportunismus.

*Bildnachweis*

Archiv Thomas Sessler Verlag (27, 29, 43, 52, 53, 61, 63), Archiv Thomas Sessler Verlag/
Beiblatt der »Muskete« vom 22.7.1920 (31), Archiv Thomas Sessler Verlag/Beiblatt der
»Muskete« vom 19.8.1920 (32), Archiv Thomas Sessler Verlag/»Die Muskete« vom
22.7.1920 (35), Johannes Kunz, Hoffnungslos, aber nicht ernst, Der politische Witz in
Österreich seit 1918, Wien-München-Zürich 1976 (41, 50), A. Paul Weber, »Das Erwa-
chen«, 1945 © Bildrecht, Wien, 2017 (114), Gustav Peichl (IRONIMUS) © Bildrecht,
Wien, 2017 (135, 138, 152, 154, 165, 168, 172, 174, 178, 179, 181, 182, 184, 186, 191, 194, 196,
199, 207, 209, 220, 221)

Der Verlag hat alle Rechte abgeklärt. Konnten in einzelnen Fällen die Rechteinhaber
der reproduzierten Bilder nicht ausfindig gemacht werden, bitten wir, dem Verlag
bestehende Ansprüche zu melden.

Besuchen Sie uns im Internet unter: amalthea.at

© 2017 by Amalthea Signum Verlag, Wien
Alle Rechte vorbehalten
Umschlaggestaltung: Elisabeth Pirker/OFFBEAT
Umschlagmotiv: Erich Sokol, »Der Herr Doctor Karl« © Erich Sokol Privatstiftung.
Der Amalthea Verlag dankt der Erich Sokol Privatstiftung für die Zurverfügungstellung
des Motivs.
Herstellung und Satz: VerlagsService Dietmar Schmitz GmbH, Heimstetten
Gesetzt aus der 11,5/15,25 pt Minion Pro
Designed in Austria, printed in the EU
ISBN 978-3-99050-102-3

# Inhalt

# Vorwort

Die Republik Österreich feiert im November 2018 ihren 100. Geburtstag.

Wenn man heute, im Sommer 2017, 100 Jahre zurückblickt, dann landet man im Sommer 1917 und kann sagen, dass Österreich in diesen 100 Jahren fünf politische Systeme erlebt hat, nämlich:

- Die allerletzte Phase der Monarchie
- Die demokratische Zeit der Ersten Republik (1918–1933/34)
- Die Zeit des autoritären Ständestaates (1934–1938)
- Die Zeit des sogenannten »Anschlusses« an Hitler-Deutschland
- Und die erfreulich lange und stabile Periode der Zweiten Republik seit April 1945

Jeder dieser Abschnitte in der Geschichte unseres Landes hat seine Charakteristika und hat auch seine spezifischen politischen Witze und Karikaturen produziert. Witz und Karikatur sind eine subtile, aber wirksame Form, um Unbehagen auszudrücken, Schwächen sichtbar zu machen, Missstände aufzuzeigen und besondere Charaktereigenschaften von Menschen hervorzuheben.

Es wäre ein großes Missverständnis, von Witzen und Karikaturen zu erwarten oder gar zu verlangen, dass sie immer »lustig« sein müssen. Ganz im Gegenteil. Sie können auch traurig, sogar sehr traurig sein.

Kein Wunder, dass der politische Witz in Zeiten der Diktatur und der Not Hochkonjunktur hat, aber auch in »normalen Zeiten« nicht ausstirbt, sondern seine Funktion in allen Phasen der Geschichte erfüllt.

Johannes Kunz, den ich vor mehr als 45 Jahren kennengelernt habe und der von 1973 bis 1980 als Pressesprecher von Bundeskanzler Bruno Kreisky sehr erfolgreich tätig war, ehe er nach einigen Zwischenstationen von 1986 bis 1994 als Informationsintendant des ORF arbeitete, ist ein genauer und scharfsinniger Beobachter der Politik und der in der Politik handelnden Personen.

Er hat einen scharfen Blick für Stärken und Schwächen der politischen (und sonstigen) Prominenz, und da er auch Sinn für Humor hat, ist es naheliegend, dass sich Johannes (»Jo«) Kunz an die Arbeit machte, um das Jahrhundert vom Ende der Monarchie bis heute im Spiegel von Humor, Witz und Satire beziehungsweise deren Schwester – der Karikatur – zu beleuchten und zu beschreiben.

Dass einzelne Abschnitte der Geschichte und dominante Persönlichkeiten jeweils ihre charakteristischen und spezifischen Witze hervorbringen ist logisch – auch wenn man manchmal das Phänomen beobachten kann, dass ein Witz aus der Monarchie mit kleinen Adaptierungen auch in die Zeit der Republik passen kann und ein Witz aus der Zeit der Diktatur der Nationalsozialisten ähnlich eindrucksvoll in die Zeit einer kommunistischen Diktatur passen kann.

Während aber das Ende der Monarchie, die Erste Republik, Ständestaat und Nazizeit in insgesamt drei Jahrzehnten Platz finden, sind die mehr als 70 Jahre der Zweiten Republik nicht so leicht in Perioden einzuteilen, die sich klar voneinander unterscheiden. Daher orientieren sich die Witze aus der Zeit der Zweiten Republik vor allem an besonders populären (oder besonders unpopulären) Personen oder an ganz spezifischen Themen wie zum Beispiel der Besatzungszeit oder dem Staatsvertrag oder der Koalition etc.

Figl, Raab, Kreisky, Firnberg oder Sinowatz sind Persönlichkeiten, über die besonders viele Witze erzählt beziehungsweise Karikaturen veröffentlicht wurden.

Da Johannes Kunz ein besonderer Verehrer von Bundeskanzler Kreisky ist, wird man auf der Suche nach Witzen über Bruno Kreisky und Karikaturen von Kreisky in diesem Buch in besonderer Weise fündig. Umso mehr hat es mich gewundert, dass einer meiner Lieblingswitze über Bruno Kreisky in diesem Buch nicht aufscheint. Diese Lücke muss – und zwar an dieser Stelle – geschlossen werden.

Der Witz geht so: Leonid Breschnew, Ronald Reagan und Bruno Kreisky sitzen eines Tages inoffiziell zusammen, führen ein gutes Gespräch und vereinbaren, auch nach ihrem Tod in Kontakt zu bleiben, falls es so etwas wie den Himmel tatsächlich geben sollte und alle drei dort Eingang finden.

Als Erster stirbt Leonid Breschnew und kommt – erstaunlicherweise – zur Himmelstür. Petrus schaut nicht genau, lässt ihn passieren und Breschnew landet direkt vor Gott Vater. Der sagt zu Breschnew: »Du kommst mir irgendwie bekannt vor, aber Deinen Namen kenne ich leider nicht.« Da antwortet Breschnew: »Ich bin Leonid Breschnew, Generalsekretär der KPdSU, Vorsitzender des Präsidiums des Obersten Sowjets und der mächtigste Mann im östlichen Imperium.« Da antwortet Gott Vater: »Ja, richtig, ich weiß schon, Du kannst gleich auf dem Stuhl links neben meinem Thron Platz nehmen.«

Einige Zeit später stirbt Ronald Reagan. Petrus an der Himmelstür lässt auch ihn ohne viele Umstände passieren und auch er landet direkt vor dem Thron Gottes. Auch ihn fragt Gott Vater: »Wer bist denn Du?« Reagan ist erstaunt: »Du kennst mich nicht? Ich bin Ronald Reagan, der 40. Präsident der Vereinigten Staaten, oberster Chef in der NATO und der mächtigste Mann der westlichen Welt.«

Gott Vater antwortet: »Ja natürlich kenne ich Dich, und wenn Du willst, kannst Du gleich rechts neben meinem Thron Platz nehmen.«

Einige Zeit später stirbt Bruno Kreisky*, kommt zur Himmelstür, unterhält sich mit Petrus, erklärt ihm die Welt und lädt ihn ein, ein Stück des Weges mit ihm zu gehen, aber Petrus hat keine Zeit, und so tritt Kreisky allein vor Gott Vater und der sagt zu Kreisky: »Ja, wo kommst denn Du her?« Und Kreisky antwortet langsam, mit tiefer Stimme, aber sehr bestimmt: »Ich bin der Bruno Kreisky aus Österreich und war dort 13 Jahre Bundeskanzler« – macht dann eine kurze Pause und fügt hinzu: »und außerdem bin ich der Meinung, dass Du auf *meinem* Thron sitzt!«

Witze und Karikaturen sollen aber nicht nur humorvoll sein und eine überraschende Pointe haben, sie erzählen auch viel über ein Land, über die Menschen in einem Land und über die Themen, die sie beschäftigen.

In diesem Sinne ist dieses Buch, das knapp vor dem 100. Geburtstag der Republik Österreich erscheint, auch ein Leitfaden durch die Geschichte unseres Landes, aus dem man eine Menge lernen kann.

Johannes Kunz hat sich beim Zusammentragen der Texte beziehungsweise Witze für dieses Buch große Mühe gemacht. Vielleicht fühlen sich Leserinnen und Leser animiert, dem Autor dieses Buches noch weitere

---

\* Dem Verfasser des Vorwortes ist bewusst, dass Kreisky vor Reagan gestorben ist, aber die Pointe verlangt eben <u>diese</u> Reihenfolge.

Witze und Anekdoten aus diesem hinter uns liegenden Jahrhundert zur Verfügung zu stellen, um dadurch eine zweite, erweiterte Auflage zu ermöglichen.

Ich wünsche dieser Publikation jedenfalls eine gute Aufnahme in der Öffentlichkeit.

**Dr. Heinz Fischer**
Bundespräsident a. D.
Wien, im September 2017

# Humor ist, wenn man trotzdem lacht

Wie ein Volk seine Geschichte und Gegenwart humorvoll reflektiert, sagt viel über seine Menschen aus. Dieses Geschichtsbuch der etwas anderen Art, das auf 100 Jahre Republik Österreich in Satire, Kabarett, Witz, Anekdote und Karikatur zurückblickt, liefert somit auch ein Psychogramm des Österreichers.

Der deutsche Autor Erich Kästner, der auch Texte für das Kabarett verfasst hat, meinte zur Begabung der Menschen, den alltäglichen Schwierigkeiten und Missgeschicken mit heiterer Gelassenheit zu begegnen: »Der Humor ist der Regenschirm der Weisen.« Und der Aphorismus »Humor ist, wenn man trotzdem lacht« von Otto Julius Bierbaum, einem anderen Deutschen, den man auch unter den Pseudonymen Martin Möbius und Simplicissimus kennt, meinte das: Man lacht über Dinge, die eigentlich gar nicht lustig sind. Weil man eben mit Humor gerade schwierige Situationen leichter bewältigen kann. Somit ist Humor nicht der schlechteste Begleiter durch das Leben mit all seinen Widrigkeiten. Man kann es auch wie der deutsche Schriftsteller und Kabarettist Joachim Ringelnatz sehen: »Humor ist der Knopf, der verhindert, dass uns der Kragen platzt.« Ein Landsmann und Berufskollege von Ringelnatz, Werner Finck, formulierte es so: »An dem Punkt, wo der Spaß aufhört, beginnt der Humor.«

Zweifellos tun sich humorvolle Menschen im Leben leichter. Aber Humor ist eine Gabe, über die nicht jeder Mensch verfügt. Er ist auch nicht erlernbar. Im Allgemeinen verfügen humorvolle Menschen neben Geist und Witz auch über Geduld und Herzensgüte. Apropos Witz: Den politischen Witz gibt es schon seit dem Altertum. Zumeist ist er politisch nicht korrekt. Gerade in Diktaturen, die das Erzählen politischer Witze unter Strafe stellen, ist er ein Ventil für das Dampfablassen unzufriedener Untertanen. Ironie, Sarkasmus und Satire sind die wichtigsten Stilmittel nicht nur des politischen Witzes, sondern auch des Kabaretts.

Was macht ganz generell den österreichischen Humor aus und wodurch unterscheidet er sich etwa vom bundesdeutschen? »Österreichischer Humor«, so diagnostizierte einer, der es wissen muss, der Komiker Fritz

Muliar, »ist so wie die österreichische Nation ein Produkt jahrhunderte-langer Duldsamkeit, jakobinischen Kämpfertums und bekämpften Jako-binismus, katholischer Weihrauchschwadendiplomatie und böhmisch-hussitischer Schweigementalität«. Österreichischer Humor sei tolerierte Intoleranz und weite geistige Enge, Provinz und Großstadt, Duckmäuser-tum und Größenwahn, italienische Leichtigkeit, slawische Seele, verblö-delte Wahrheit und lachende jüdische Trauer, meinte Muliar: »Vor allem aber ist unser Humor Erinnerung, Verklärung und Bekenntnis. Zur wei-ten und nahen Vergangenheit, zu Schmach und Lumperei, zu Humanität und zu dem Land, dem er entstammt: Dem Vielvölkerstaat der elf Spra-chen unter einer Flagge und dem Kleinstaat, der – bei allem Streben nach Modernität – Siegelbewahrer der Vergangenheit ist. In unserer Republik, in der deutsch, kroatisch, ungarisch, slowenisch gesprochen und gedacht wird, ist bei aller nationalistischer Verblödung doch ein gewisser Hang zur Buntheit latent.«

Eine der Quellen unseres österreichischen Humors ist das Judentum, das so viel zur geistigen Bereicherung dieses Landes beigetragen hat. Friedrich Torberg: »Ich glaube in der Tat, dass die Juden eher auf Öster-reich verzichten können, als Österreich auf die Juden.« Die meisten guten Witze, die man sich erzählt, basieren auf dem jüdischen Humor. Der jüdische Witz ist nicht vordergründig, sondern hat Tiefgang. Er erschöpft sich nicht im Verspotten menschlicher Eigenschaften, sondern hinter-fragt die gesamte menschliche Situation. Auch die beliebten No-na-Witze gehören in diese Kategorie. Oder die Witze über die Frau Pollak von Parnegg, die Ehefrau eines geadelten und getauften Wiener Industriel-len. Diese populäre Figur hat tatsächlich gelebt. Die ganze Subtilität des jüdischen Witzes kommt freilich in der Nazizeit zur Geltung.

Nicht nur hat jedes Land seine eigene Form von Humor. Darüber hi-naus gibt es auch regionale Spielarten des Humors, die weit in unsere Geschichte zurückreichen. Man denke etwa an den »Wiener Schmäh«. Der Kabarettist Peter Wehle leitete das Wort »Schmäh« aus dem Jiddi-schen (Gehörtes, Erzählung) ab. »Schmäh führen« meint Sprüche klop-fen oder Scherze treiben. Der Bänkelsänger, Sackpfeifer und Stegreif-dichter Marx Augustin, der 1679, als die Pest in Wien grassierte, die Bevölkerung aufheiterte, galt als Humorkanone seiner Zeit und wurde durch die Ballade »O du lieber Augustin« unsterblich. Der legendäre

Wurstel wiederum war eine Schöpfung des aus Graz stammenden Anton Stranitzky. Um 1710 trat Stranitzky zum ersten Mal als »Hans Wurst« im Salzburger Bauernkostüm mit spitzem grünem Hut vor das Wiener Publikum.

Hier in Wien gab es allerdings nicht fröhlich-naive Typen wie die Kölner Tünnes und Schäl oder Antek und Frantek in Oberschlesien. Der Wiener Humor war stets etwas schwieriger. Melancholie und Depression gehören hier einfach dazu. Das sieht man auch in den Texten vieler Wienerlieder, in denen der Tod besungen wird. Dieser Schmelztiegel Wien war auch eine schwierige Stadt mit schwierigen Bewohnern. Kein Geringerer als Sigmund Freud brachte die Seelenkunde mit dem Witz in Verbindung. Das war im Jahr 1905 in seinem Buch »Der Witz und seine Beziehung zum Unbewussten«. Freuds Thesen liefen darauf hinaus: Humor ist nicht Selbstzweck, sondern Mittel zum Zweck. Freud mag mit seiner Bemerkung recht haben, dass der Witz imstande sei, dem Menschen selbst über körperliche Schmerzen hinwegzuhelfen.

Auf den Wechsel von der k. u. k. Monarchie zur Republik geht die Erfindung des Grafen Bobby, einer fiktiven Wiener Witzfigur, zurück. Für Gottfried Heindl war auch Bobby »ein Schwieriger deshalb, weil er – so überraschend es zunächst klingen mag – eine ganz und gar zwiespältige Grenzfigur zwischen Blödheit und Weisheit, Humor und Psychologie, seichter Vordergründigkeit und tiefer Hintergründigkeit ist.« Diese Witze beziehen ihre Pointe meist aus der Infantilität und Naivität Bobbys. Mit von der Partie sind häufig die ebenfalls nicht real existierenden Graf Rudi, Baron Mucki, Graf Poldi und Baron Scheidl, die Bobby an Dümmlichkeit um nichts nachstehen.

Die ambivalente Beziehung des Österreichers zu seinem Land und vor allem des Wieners zu seiner Heimatstadt schwankt zwischen Hass und Liebe. Karl Kraus brachte es auf den Punkt: »Ich, der Heimat treuer Hasser, will aus dieser Gegend weg – blau war nie das Donauwasser, doch die Spree hat noch mehr Dreck!« Und Sigmund Freud ließ sich zu dieser Bemerkung hinreißen: »Österreich, das ist ein Land, über das man sich zu Tode ärgert und in dem man trotzdem sterben möchte.« Oder Helmut Qualtinger, der scharfzüngige Ur-Wiener: »Das Problem für jeden Wiener: man kann es in Wien nicht mehr aushalten, aber woanders auch nicht.« Und noch schärfer: »In Wien musst erst sterben, damit sie Dich leben lassen, aber dann lebst lang.« »Wie schön wäre Wien ohne die Wiener«, formulierte Georg Kreisler und Fritz Kortner sprach: »Anderswo machen die Leute aus ihrem Herzen eine Mördergrube, in Wien machen sie aus ihrer Mördergrube ein Herz.« Auch Alfred Polgar äußerte sich zu diesem Thema: »Wien bleibt Wien – und das ist wohl das schlimmste, das man über diese Stadt sagen kann.«

Aus dieser Mentalität erwuchsen Satire, Kabarett, Witz, Anekdote und Karikatur als zeitgeschichtliche Dokumente. Das gilt sowohl für die Demokratie, in der die freie Meinungsäußerung nicht mit einem Begräbnis endet, wie auch für die Diktatur, in der man tun und lassen kann, was die Regierung vorschreibt und in der man zu allem, was nicht verboten ist, gezwungen wird. Österreich hat in den 100 Jahren seit 1918 beides erlebt. In Österreich, das sich von Deutschland hauptsächlich durch die gleiche Sprache unterscheidet, entwickelte sich eine eigene Nestroy'sche Art, autoritären Standesstaat, Nazidiktatur und Demokratie zu glossieren.

Jede Phase in den zurückliegenden hundert Jahren hat ihre Witze. Dem Bürger als Zaungast der Politik bleibt oft nur die Flucht in den Humor. Wie schrieb Karl Kraus so treffend: »Ich halte die Politik für eine mindestens ebenso vortreffliche Manier, mit dem Ernst des Lebens fertig zu werden, wie das Tarockspiel, und da es Menschen gibt, die vom Tarockspiel leben, ist der Berufspolitiker eine durchaus verständliche Erscheinung. Umso mehr, als er immer nur auf Kosten jener gewinnt, die nicht mitspielen. Aber es ist in Ordnung, dass der Kiebitz zahlen muss, wenn das geduldige Zuschauen seinen Daseinsinhalt bildet. Gäbe es keine Politik, so hätte der Bürger bloß sein Innenleben, also nichts, was ihn ausfüllen könnte.«

Doch wovor müssen sich Politiker hüten? – Vor freien Wahlen, vor freien Meinungsäußerungen, vor Fanatikern. Und vor Witzen. In einer Diktatur kann ein Politiker Wahlen verfälschen, Meinungsäußerungen verbieten, Fanatiker kaltstellen. Nur gegen Witze kann er sich nicht wehren. Aber auch in einer Demokratie eignet sich niemand besser als Ziel von Witzen wie der Politiker. Er ist der Buhmann der Nation, auch wenn er von ebendieser gewählt wurde.

Was ist der Unterschied zwischen einer Telefonzelle und der Politik? – In der Telefonzelle muss man erst zahlen und darf dann wählen, in der Politik darf man erst wählen und muss dann zahlen.

Gerhard Bronner hat Recht, wenn er sagt, die Zahl der guten Witze sei wesentlich kleiner als die Zahl guter Romane. Es gebe eben in der Literaturgeschichte mehr Romanautoren als Humoristen: »Die meisten Witze werden in der Praxis nicht erfunden (oder erdacht), sie passieren einfach irgendwie. Sie müssen nur als Witz erkannt, vielleicht ein bisschen umformuliert werden, sie gehen von Mund zu Mund, fast jeder Erzähler fügt etwas hinzu (oder lässt etwas weg) und schon ist ein neuer – manchmal sogar ein guter – Witz entstanden. Und damit sind wir übergangslos bei der Anekdote angelangt. Das Wort stammt natürlich aus dem Griechischen – wie vieles andere auch. ›Anekdoton‹ heißt, wörtlich übersetzt, ›das nicht Herausgegebene‹. Wieso? Ein gewisser Prokopios verfasste im 6. Jahrhundert ein Werk mit kritischer Tendenz und zahllosen Indiskretionen über den Kaiser Justinian – ein Werk, das allerdings erst nach dessen Tod erscheinen konnte. Dieses Pamphlet nannte er ›Anekdoton‹. Seither gilt die Anekdote als eine zunächst mündlich verbreitete Erzählung aus dem Leben einer prominenten Persönlichkeit. Es konnte ein Herrscher sein, ein Politiker, ein Künstler, oder einfach jemand, der sich für wichtig hält, weil er gerade in irgendwelchen Schlagzeilen aufscheint. Das wesentliche Merkmal einer Anekdote besteht darin, dass durch ein Zitat oder eine Aktion die charakteristische Eigenart dieser Person verdeutlicht wird – eine repräsentative Momentaufnahme sozusagen. Erzählenswert wird so eine Anekdote vor allem dadurch, dass am Ende derselben eine überraschende Wendung – also eine Pointe – zu finden ist. Diese Pointe allerdings muss von irgendwem als solche erkannt werden – und solche Menschen sind fast so selten zu finden wie die zuvor erwähnten Humoristen.«

Beginnen wir also unsere Zeitreise beim Ende der alten k. u. k. Monarchie, auf deren Trümmern das kleine Österreich als Republik entstand. Worüber konnten sich die Österreicher seinerzeit mokieren und amüsieren?

Viel Vergnügen bei der Lektüre!

Johannes Kunz
Wien, im September 2017

# Die Lage ist hoffnungslos, aber nicht ernst

Mit diesem Satz glossierte Karl Kraus die letzten Jahre der k. u. k. Monarchie, die vom Ersten Weltkrieg geprägt waren, der von 1914 bis 1918 in Europa, im Nahen Osten, in Afrika, in Ostasien und auf den Weltmeeren geführt wurde. 17 Millionen Menschen kamen darin um. Er begann am 28. Juli 1914 mit der Kriegserklärung Österreich-Ungarns an Serbien nach dem Attentat von Sarajewo auf den Thronfolger Erzherzog Franz Ferdinand und dessen Frau Sophie Chotek, Erzherzogin von Hohenberg.

Mitten im Krieg starb 1916 Kaiser Franz Joseph I., der seit 1848 in Wien regiert hatte. Sein Nachfolger Karl I. vermochte das Kriegsgeschehen nicht zum Besseren zu wenden. Karl I. sollte der letzte Repräsentant jenes Systems werden, das der Begründer der Sozialdemokratischen Partei, Victor Adler, so definierte: »Österreich ist eine absolutistische Monarchie, gemildert durch Schlamperei.«

Die Zeit der Monarchie lief langsam ab, da etablierte sich Anfang des 20. Jahrhunderts das Wiener Kabarett. 1906 eröffnete »Das Nachtlicht«. Roda Roda, Carl Hollitzer und Peter Altenberg traten hier auf. Und Karl Kraus gehörte zu den Stammgästen. Ebenfalls 1906 sperrte »Die Hölle« auf. Hier begann Fritz Grünbaum seine Karriere, der bald nach Berlin ging, von wo er 1914 zum »Simplicissimus« nach Wien zurückkehrte. »Die Fledermaus« startete 1907. Josef Hoffmann und Mitarbeiter der Wiener Werkstätte hatten die Innenausstattung gestaltet. Für Dekorationen und Programmzeichnungen sorgten Oskar Kokoschka, Gustav Klimt und Emil Orlik. Beiträge zum Programm lieferten Peter Altenberg, Hermann Bahr, Egon Friedell, Max Mell und Alfred Polgar. Auf der Bühne sah man u. a. Roda Roda. Der Erste Weltkrieg brachte eine Verschärfung der Zensurbestimmungen und verunmöglichte zunächst das politische Kabarett.

Anlässlich der Verhängung eines Aufführungsverbotes für das Stück »Der Feldherrnhügel« von Roda Roda und Carl Rössler wurde den Autoren schroff mitgeteilt: »Solange die österreichisch-ungarische Monarchie besteht, wird dieses Stück nicht aufgeführt!« Darauf Rössler zu seinem Partner: »Lieber Roda, die paar Wochen wart mal halt noch!« Freilich

konnte eine noch so strenge Zensur die Verbreitung von politischen Witzen über die Monarchie und den zunehmend negativen Kriegsverlauf
nicht verhindern.

Tauchen wir also ein in Stefan Zweigs »Welt von gestern«, in der sich
nicht nur die modernen Parteien, sondern auch neue Formen von Unterhaltung herausbildeten, indem Kabaretts, Varietés und Kaffeehäuser zu
Zentren bürgerlichen Vergnügens wurden.

Karl Lueger, Sohn eines Hochschulpedells, von Beruf Rechtsanwalt, ist
von 1897 bis 1910 Wiener Bürgermeister. Der Christlich-Soziale, genannt
»schöner Karl«, entwickelt sich zum Volkstribun. Wenngleich seine Partei antisemitisch eingestellt ist, hat er viele jüdische Freunde, wofür er
diese apodiktische Erklärung hat: »Wer a Jud is, bestimm i.« Und obwohl
die Christlich-Sozialen ihren Zulauf nicht zuletzt den kleinen Gewerbetreibenden verdanken, die sich von den Zuwanderern aus den verschiedenen Teilen der Monarchie bedrängt fühlen, quittiert Lueger Attacken
gegen die vielen böhmischen Schuster und Schneider mit den Worten:
»Laßt's mir meine Böhm in Ruah …«

In Kreisen des Hochadels inklusive Kaiser Franz Joseph I., der übrigens
mehrmals die Bestätigung der Wahl Luegers zum Bürgermeister wegen
dessen Antisemitismus verweigert, ist die christlich-soziale Partei als
revolutionär verschrien. Lueger selbst ist stets auf die Propagierung der
Leistungen seiner Stadtverwaltung bedacht. Auf keinem Bauwerk darf
eine Gedenktafel mit dem Hinweis auf Bürgermeister Karl Lueger fehlen,
der entweder der Initiator gewesen sei oder wenigstens den Denkanstoß
hiezu gegeben habe. Als im Schönbrunner Zoo eine Zebukuh ein Junges
zur Welt bringt, schlägt ein politischer Gegner des charismatischen Bürgermeisters vor: »Da muss dringend eine Tafel mit der Aufschrift hin:
›Geworfen unter dem Bürgermeister Karl Lueger.‹«

Der aus einer großbürgerlichen jüdischen Familie stammende und
ursprünglich bei den Deutschnationalen aktiv gewesene Arzt und Journalist Dr. Victor Adler, der 1888 auf dem Hainfelder Parteitag die öster-

reichische Sozialdemokratie begründet, wird aufgrund seiner politischen Tätigkeit siebzehnmal bei Gericht angeklagt und muss insgesamt neun Monate hinter Gitter. In einem seiner Prozesse kommentiert er das so: »Es sind mir so viele Verbrechen, Vergehen und Übertretungen zur Last gelegt worden, als man überhaupt anständigerweise begehen kann.«

Berühmt ist der Prozess vor dem sogenannten Holzinger-Senat, in dem sich Adler wegen Aufwiegelung zu verantworten hat. Nachdem ihn der Staatsanwalt mit einem Mann verglichen hat, der mit einer brennenden Fackel in einem Magazin voller Pulverfässer herumgeht, antwortet ihm Adler: »Wenn Sie keine Explosion haben wollen, dann räumen Sie die Pulverfässer weg!«

Die Deutschnationalen unter Führung Georg von Schönerers sind die dritte Partei neben den Christlich-Sozialen und den Sozialdemokraten, die aus dem Zerfall der einst mächtigen liberalen Bewegung hervorgegangen ist und das politische Leben in der Monarchie mitbeherrscht. Aber um die Einigkeit der Großdeutschen ist es nicht gut bestellt. Über ihr Verhalten im Reichsrat geht der Spottvers um:

»*Der eine saß, der andre stand,*
*Der stimmte für, der wider,*
*Das ist der Nationalverband,*
*Stimmt an das Lied der Lieder ...*«

Als Franz Joseph vor einer wichtigen Abstimmung seinen Ministerpräsidenten fragt, wie sich wohl die Deutschnationalen verhalten würden, antwortet Graf Eduard Taaffe: »Es ist sehr schwer, Majestät, so aus dem Handgelenk zu sagen, was das Dümmste ist, was man machen kann.«

Im Wien zu Beginn des 20. Jahrhunderts, das Karl Kraus eine »Versuchsstation für den Weltuntergang nennt«, befinden sich Josef Stalin, der hier seine Studie über das Nationalitätenproblem schreibt, Leo Trotzki, der im Café Central Schach spielt, wenn er nicht gerade die illegale »Prawda« redigiert, und der junge Nikolai Bucharin, den seine konspirative Tätigkeit so erschöpft hat, dass er einem Nervenzusammenbruch nahe ist. Er wendet sich daraufhin an Dr. Alfred Adler, den nachmaligen Schöpfer der Individualpsychologie, der ihm den Rat gibt, sich ein Mädchen zur Freundin zu nehmen. Als Adler einige Zeit später seinen Patienten fragt, ob das Mittel geholfen habe, erhält er zur Antwort: »Wunderbar! Wir haben die ganze Nacht über die Kapitalismustheorie von Rosa Luxemburg diskutiert!«

Mit Beginn des Ersten Weltkrieges bricht eine schwere Zeit an – auch für die Politiker der betroffenen Nationen. Die besonderen Probleme der Abgeordneten schildert Aristide Briand, der französische Politiker: »Wenn der Abgeordnete nicht bei den Wählern ist, fragt man, wo er sich herumtreibt. Ist er bei seinen Wählern, fragt man, warum er in Zivil ist. Ist er in Uniform, fragt man, warum er nicht an der Front ist. Ist er an der Front, fragt man, warum er nicht verwundet ist. Ist er verwundet, fragt man, warum er nicht gefallen ist. Und ist er gefallen, kommen die Beschwerden, dass er die Briefe nicht beantwortet.«

Feldzeugmeister Graf Pschistranek inspiziert ein Festungsartillerieregiment und kommt in ein Mannschaftszimmer, in dem ein Bild des Feldzeugmeisters Uchatius hängt. Graf Pschistranek fragt einen Kanonier: »Wer ist das?«

»Feldzeugmeister Uchatius!«, antwortet der Kanonier wie aus der Pistole geschossen.

»Gut. Und warum hängt er da?«

»Exzellenz, melde gehorsamst, er war ein General!«

»Schön, mein Sohn. Aber ich bin doch auch ein General und hänge nicht da. Warum also Uchatius?«

Der Kanonier denkt eine Minute nach, dann schmettert er: »Exzellenz, melde gehorsamst, weil er ein *guter* General war!«

Manöver in Lemberg. Kaiser Franz Joseph I. kommt. Im Rathaus wird ein Empfang gegeben. Alle Honoratioren sind da und der Kaiser unterhält sich freundlich mit jedem einzelnen. So kommt er auch zu Rabbi Mardochaj Lechowitz.

»Haben Sie Söhne?«, fragt der Kaiser.

»Sieben, Gott sei Dank.«

»Und haben Ihre Söhne gedient?«

»Keiner, Gott sei Dank!«

Zu Kriegsbeginn 1914 glaubt man in Wien noch, der Feldzug werde sehr rasch beendet sein. Doch schon im ersten Kriegswinter steht es an der österreichisch-ungarischen Ostfront gar nicht gut. Der Vorstand der k. u. k. Militärkanzlei, General Bolfras von Ahnenburg, regt an, der Kaiser selbst solle die Truppen an der Front aufsuchen und den Soldaten neuen Mut machen. Franz Joseph steht bereits in den 80ern und meint skeptisch: »Glauben S' wirklich, Bolfras, dass so was etwas nützen tät? Wo stehen denn die Russen eigentlich?« Auf die Auskunft, die Heere des Zaren seien dabei, in die ungarische Tiefebene hinabzusteigen, sagt der greise Monarch in einem Anflug von Galgenhumor: »So weit sind die also schon. Dann wart' ma noch ein bisserl, bald können wir mit der Elektrischen zur Frontbesichtigung fahren.«

Während der ersten Kriegsmonate 1915 inspiziert der Feldmarschall-Leutnant die Stellungen der Tiroler Standschützen. Nach einem mühsamen Aufstieg zum Bataillonsgefechtsstand besichtigt er durch ein Scherenfernrohr die Linien. Plötzlich ist bei den vorgeschobenen Stellungen der Teufel los.

»Wer liegt da vorne?«, erkundigt sich der hohe Offizier.

»Der Hauptmann Anderl mit seiner Standschützenkompanie«, wird ihm gemeldet.

Der Feldmarschall-Leutnant deutet auf das Feldtelefon: »Verbinden Sie mich mit ihm!«

»Jawohl«, antwortet der Bataillonsadjutant und lässt unverzüglich die Verbindung herstellen. Am anderen Ende der Leitung meldet sich Hauptmann Anderl.

»Was ist denn los?«, ruft der Feldmarschall-Leutnant in den Hörer. »Warum wird da vorne geschossen?«

Prompt kommt die Antwort: »Weil Krieg is', Du Depp!«

Schmul, der zur Assentierung gehen muss, fragt seinen Freund Moische, ob er ihm nicht einen Rat geben könne, damit er »untauglich« geschrieben werde. Moische klärt kurz und rät Schmul dann, sich alle Zähne ziehen zu lassen. Ein paar Tage später begegnet er neuerlich dem jetzt sehr erbosten Schmul, der gleich loslegt: »Einen schönen Rat hast Du mir gegeben!«

»Was meinst Du? Bist Du nicht ›untauglich‹?«

»Ja, das schon, aber wegen die Plattfüß'!«

Bei der Musterung gebärdet sich ein jüdischer Junge äußerst nervös: »Ich bitt' schön, Herr Doktor, versetzen Sie mich nicht zur Artillerie. Ich kann das Schießen nicht hören!«

»Haben S' ka Angst«, sagt der Arzt, »die schießen so laut, das werden S' schon hören!«

Bei Gewehrübungen brüllt der Feldwebel: »Nicht so zaghaft, Blau! Sie präsentieren ein Gewehr, nicht einen Wechsel!«

In einem Feldlazarett liegt ein Soldat mosaischer Konfession. Als es mit ihm zu Ende geht, fragt ihn der behandelnde Arzt: »Nun, Mandelbaum, haben Sie noch einen Wunsch?«

»Ja«, sagt dieser leise, »ich mecht haben einen katholischen Priester!«

Der Arzt verwundert: »Warum einen katholischen Priester?«

»Mei Rebbe geht in ka Choleraspital«, sagt der Patient.

Im Nebensaal spielt sich Ähnliches ab. Dort verlangt ein jüdischer Patient sogar einen Erzbischof.

»Warum einen Erzbischof?«, will der Arzt wissen.

»Weil ich mich mecht lassen taufen!«

Der Mediziner, selbst Jude, setzt sich an die Bettkante, nimmt die Hand des Sterbenden in seine und sagt gütig: »Schauen Sie, Hirschfeld, so viele Jahre waren Sie ein guter Jude. Sie haben mit Ihrem Gott in Frieden gelebt und die Religionsgesetze befolgt. Warum wollen Sie sich jetzt, so kurz vor Ihrem Ableben, taufen lassen?«

»Wissen Se, Herr Doktor, ich hab' ma die Sach ieberlegt und bin zu dem Schluss gekommen, wenn schon einer sterben soll, soll sterben a Goi (Anm.: Nichtjude)!«

Einjährig-Freiwilliger Katz: »Ich bitt' um Urlaub, Herr Feldwebel.«

»Warum?«, fragt der Offizier.

Katz: »Immatrikulation.«

Der Feldwebel: »Immer diese verfluchten jüdischen Feiertage!«

Im Trommelfeuer russischer Soldaten steht ein Wiener Leutnant im Schützengraben. Er träumt von seiner fernen Braut und seufzt: »Ach Zitta!«

Soldat Mandelbaum hat zugehört und gesteht: »Ach Zitta auch!«

Als der alte Kaiser 1916 stirbt, folgt ihm sein Großneffe Karl I. nach. Sofort nach der Thronbesteigung lässt er den Kriegsminister kommen, um ihm zu befehlen: »Exzellenz, teilen Sie Ihren Generälen mit, dass die Schlampereien ab sofort aufzuhören haben. Von jetzt an wird gesiegt!«

Der junge Monarch ist voll des guten Willens, aber seine impulsive Art trägt ihm bald den Spitznamen »Karl der Plötzliche« ein. In Wien charakterisiert man den politischen Stil des neuen Monarchen mit dem Scherz, Karl habe einmal zum Telefon gegriffen und gesagt: »Hallo? Ich ernenne Sie zum Finanzminister! Wer dort?«

Im Kriegspressequartier sitzt der Dichter Franz Werfel. Er hat den Auftrag, Worte und Aussprüche zu finden, die Kaiser Karl bei offiziellen Anlässen von sich gegeben haben könnte. Im Kaffeehaus geben sich Freunde redlich Mühe, ihm Anregungen zu liefern. Manche davon greift er auf, eine allerdings nie. Sie stammt von Anton Kuh und lautet: »In meinem Reich geht die Sonne nie auf.«

Feldwebel bei Exerzierübungen: »Warum soll der Soldat nicht mit brennender Zigarette über den Kasernenhof gehen?«

Rekrut Blau: »Recht ham Se, Herr Feldwebel. Warum soll er nicht?«

Mitten in einer Schlacht befiehlt der Oberst seinen Soldaten: »Los, jetzt geht es Mann gegen Mann!«

Infanterist Seidenblatt: »Zeigen Se ma bittschön meinen Mann! Vielleicht kann ich mich mit ihm gütlich einigen.«

Während einer Zugfahrt stellt man sich einander vor.

»Von Bredow, Leutnant der Reserve.«

»Morgenthau, dauernd untauglich.«

In einem anderen Bahncoupé spürt ein Offizier plötzlich einen Floh auf seinem Hals. Er vermutet, dass dieser wohl von dem vis-à-vis sitzenden Juden zu ihm herübergesprungen ist. Der Offizier schubst den Floh mit der Bemerkung »Deserteur!« zum Juden hin. Dieser knipst den Floh wieder hinüber mit den Worten: »Zurück zur Armee!«

Kaiserin Zita besucht ein Verwundetenlazarett und tritt an das erste Bett heran: »Wie ist Ihr Name? Wo wurden Sie verwundet? Welcher Konfession gehören Sie an?«

Auf die Antwort »katholisch« legt die Kaiserin fünf Zigaretten auf den Nachttisch.

Sie kommt zum zweiten Bett. Der Patient ist evangelisch. Die Kaiserin legt vier Zigaretten hin.

Da winkt eine schwer bandagierte Gestalt aus dem nächsten Bett und ruft der Monarchin zu: »Mir kimmen drei!«

Zwei jüdische Soldaten unterhalten sich in der Ukraine über Militärflugzeuge. Meint der eine nachdenklich: »Sag', wie kann man vom Boden überhaupt sehen, ob es russische oder deutsche Flugzeuge sind?«

»Das ist ganz einfach«, sagt der Zweite, »wenn ein Flugzeug wirklich fliegt, dann gehört es den Deutschen.«

Wieder einmal verbringt der führende Bolschewik Leo Trotzki einen Teil seiner Emigration in Wien. Im Oktober 1917 wird einem Hofrat im k. u. k. Außenministerium von einem Referenten aufgeregt berichtet: »Herr Hofrat, in Russland ist Revolution!«

»Aber ich bitt' Sie! Wer soll die denn gemacht haben? Vielleicht der Herr Trotzki, der Schachspieler vom Café Central?«

Der aus Wien stammende Soziologe Paul F. Lazarsfeld zu diesem Thema: »Erfolgreiche Revolutionen wie in Russland brauchen Ingenieure, gescheiterte Revolutionen wie in Österreich brauchen hingegen Psychologen.«

Wissen Sie übrigens, woran man in Wien eine Revolution erkennt? – Wenn die Ringwagen über die Zweierlinie fahren.

# Die Republik ohne Republikaner

Der verlorene Erste Weltkrieg, der für Franz Kafka »aus einem entsetzlichen Mangel an Phantasie entstanden« ist, bedeutete nach mehr als 600 Jahren das Ende des Habsburgerreiches. Alexander Lernet-Holenia kam zu dieser Erkenntnis: »Nie noch ist eine Monarchie an ihren Monarchen, immer noch ist sie an ihren Monarchisten zugrunde gegangen.« Am 11. November 1918 verzichtete Kaiser Karl I., der Großneffe Franz Josephs, »auf jeden Anteil an den Staatsgeschäften« und verabschiedete sich mit seiner Familie via Schloss Eckartsau und der Schweiz in Richtung Madeira. Am selben Tag starb übrigens Dr. Victor Adler. Tags darauf wurde die Republik ausgerufen. Dieser Rumpfstaat zählte nur noch sechs Millionen Bürger. Karl Kraus befand: »Es ist an sich eine unerträgliche Vorstellung, als Einwohner eines Kleinstaates mit einem derartigen Übermaß an Vergangenheit konfrontiert zu werden.« Er blickte im Groll zurück, indem er die Kaiserhymne umdichtete: »Gott erhalte, Gott beschütze vor dem Kaiser unser Land …« Die »gute alte Zeit« war jedenfalls endgültig vorbei, von der Karl Farkas sagte, sie verdanke ihr Renommee ohnedies nur dem Umstand, dass ältere Leute schon ein schlechtes Gedächtnis haben.

Der sozialdemokratische Staatskanzler Dr. Karl Renner sah Österreich als »eine Republik ohne Republikaner« und sagte später einmal: »Ich weiß nicht, ob wir uns getraut hätten, die Republik auszurufen, wenn der alte Kaiser Franz Joseph noch gelebt hätte.« Bei den Friedensverhandlungen in St. Germain 1919 fielen seitens des französischen Ministerpräsidenten Georges Clemenceau die berühmten Worte »der Rest ist Österreich« bezüglich der Aberkennung des Großteils der Gebiete der versunkenen k. u. k. Monarchie. Viele Bürger dieser »Republik Deutschösterreich« hielten den Rumpfstaat nicht für lebensfähig und suchten »Anschluss« beim großen Nachbarn. Es mangelte den Österreichern an Selbstvertrauen, dafür hatten sie – nicht zuletzt wegen der großen wirtschaftlichen Probleme – viel Selbstmitleid.

Für Friedrich Torberg war der Untergang des alten Österreich »eine der katastrophalen Humorlosigkeiten der Weltgeschichte«. Dennoch oder vielleicht gerade deshalb boomte der Humor in den ersten Jahren der jungen Republik. So ist es immer, wenn es den Menschen schlecht geht. In Wien gab es zeitweise bis zu 25 Kellertheater, in denen politisches Kabarett geboten wurde. In den 1920er- und 1930er-Jahren setzten Fritz Grünbaum und Karl Farkas im »Siplicissimus«, von den Wienern liebevoll »Simpl« genannt, Meilensteine der Kleinkunst. Beide entwickelten damals die legendäre Doppelconférence. Dazu Farkas zu seinem Partner Grünbaum: »Man nehme einen äußerst intelligenten, gutaussehenden Mann, das bin ich, und einen zweiten, also den Blöden. Das bist, nach allen Regeln der menschlichen Physiognomie, natürlich Du!«

Zwei gesellschaftliche Gruppen kommen mit der neuen Republik besonders schlecht zurecht: der Adel und die Offiziere der alten k. u. k. Armee. Treffen einander zwei pensionierte Generäle im Café Sacher in Wien. Der eine Stammtischstratege: »Zurück hätten wir gehen müssen, von Anfang an zurück!«

Darauf der andere: »Dann wären die Russen doch über die Karpaten gegangen!«

Der Erste: »Das macht nichts. Zurück hätten wir gehen müssen.«

»Aber dann wären sie womöglich über die Leitha nach Österreich gekommen.«

»Macht nichts. Zurück hätten wir gehen müssen.«

»Also jetzt versteh' ich Dich gar nicht mehr! Dann hätten die Russen doch Wien belagert oder sogar eingenommen!«

»Das macht alles nichts. Aber die Armee war' intakt geblieben!«

In Graz, das man in jenen Jahren »Pensionopolis« nennt, weil hier zahlreiche ehemalige Offiziere und hohe Beamte ihren Lebensabend verbringen, sitzen ein früherer Feldmarschall und dessen ehemaliger Adjutant bei einer Schale Gold im Hotel Erzherzog Johann. Die langen Virginier-Zigarren qualmen und die beiden alten Herren ergehen sich, nachdem sie die Tagesfragen in militärischer Kürze erledigt haben, in Reminiszenzen an die k. u. k. Armee.

»Weißt, lieber Freund«, sagt der pensionierte Feldmarschall nach einer Weile gedankenvoll, »wenn man bedenkt, was wir für eine herrliche Armee gehabt haben, für eine wunderbare Armee – was sag' ich, die fabelhafteste Armee der ganzen Welt! Und was machen die Trotteln mit der Armee? In den Krieg haben sie's g'schickt!«

Im Zug von Wien nach Graz sitzt ein pensionierter General der k. u. k. Armee in Zivil und trägt am Revers seines Sakkos das militärische Verdienstkreuz. Bei einer Station steigt ein galizischer Jude zu, der zur Verblüffung des Generals das gleiche Verdienstkreuz am Sakko trägt. Auf seine Frage, wie der Jude zu einem solchen Orden komme, antwortete dieser auf Jiddisch: »Ich hob geliefert Weizen far dem Militär, hot men mir dus gegeben! Und wus hat Ihr geliefert?«

Der General mit stolzgeschwellter Brust: »Ich habe Schlachten geliefert!«

»Un wus meint Ihr, ich hob giten geliefert?« (»Und meinen Sie, ich hätte guten geliefert?«)

In der neuen Republik wird der Adel per Gesetz abgeschafft. Daraufhin lässt sich Adalbert Graf Sternberg neue Visitenkarten drucken: »Adalbert Sternberg aus jenem Geschlecht, welches im Jahre 800 von Karl dem Großen geadelt und im Jahre 1919 von Karl Renner entadelt wurde.«

Viele einstige Aristokraten verlieren nicht nur Titel und Ansehen, sondern steigen auch materiell ab. Klagt ein früherer Baron: »Wenn ich mir mit meinem Stammbaum wenigstens einheizen könnt'!«

Und ein Wiener Hotelier über die Herkunft seines Personals: »Seh'n Sie, mir ham's zu was bracht: Unser Liftbua is a junger Graf, der Kutscher war a Oberleutnant, a Prinz von Geblüt putzt die Stiefeln und unser Stubenmadel is a ehemalige Comtess!«

Herr und Frau Wamperl führen ein politisches Gespräch.
Sie: »Geh, sag amal, Alter, was is denn das eigentlich, a Republik?«
Er: »Na hörst, schamst Di net, dass Du des net waaßt? A Republik, das

**Naheliegende Vermutung** (Fritz Gareis)

Der Besuch, den Dr. Renner im Vatikan abgestattet hat, gab zu
den Gerüchten Anlaß, daß er in einen Bettelorden eintreten wolle.

*Diese Zeichnung zum Beiblatt der »Muskete« vom 22. April 1920 von Fritz Gareis be-
schreibt die wirtschaftliche Not und Armut im Österreich der Nachkriegszeit.*

kann i Dir ganz genau sagen, a Republik, das is – wie soll i denn nur
g'schwind sagen – a Monarchieersatz!«

Ein Antirepublikaner bekennt offenherzig: »Nein, ich kann nie ein Republikaner werden, wenn ich bedenke, dass ich beim Zusammenbruch der
Monarchie gerade an der Reihe war, den Franz-Josephs-Orden zu bekommen!« Orden spielen in Wien seit jeher eine große Rolle. Wie in dieser
Stadt üblich, wird ein Beamter vor seiner Pensionierung noch mit einem
Orden ausgezeichnet. »Was ham's denn Besonderes g'macht, dass Sie so
an schönen Orden kriegt ham?«, fragt einer. »Nix«, antwortet der Ausge-
zeichnete. »Aber das dafür lang.«

Bei der Wahl zur Konstituierenden Nationalversammlung am 16. Februar 1919 erreichen die Sozialdemokraten 72 Mandate und werden zur
stärksten Partei vor den Christlich-Sozialen mit 69 Sitzen. Dazu findet

sich in den »Wiener Stimmen« folgender Kommentar: »Zwischen Herrschen und Regieren ist doch ein Unterschied – das sieht man an der neuen Mehrheitspartei.«

In welchem Punkt tritt der Interessenkonflikt zwischen der Bevölkerung und Kaiser Karl, der Restaurationsversuche unternimmt, besonders krass zutage? – Im Punkte der Krone: Die Bevölkerung Österreichs ergreift die Flucht vor der Krone … und Karl läuft ihr nach!

Bei einer Versammlung ruft ein Mann, nachdem man die aktuellen Missstände erörtert hat, immer wieder: »Wenn nur der Karl da wär!« Allgemeine Entrüstung über die Hartnäckigkeit dieses »Karlisten«, der sich so verteidigt: »Gönnt Ihr ihm denn die Genüsse nicht, die ihn hier erwarten? Nur ein verbissener Karlist kann ihm – so mein' ich – vergönnen, dass er sich's im Ausland gutgehen lässt, während wir hier die Sünden Habsburgs abbüßen. Und darum bleibe ich als überzeugter Antimonarchist und Antihabsburger bei dem Rufe: Wenn nur der Karl wieder da wär! Ganz recht g'schehert ihm!«

Je mehr die Politiker einander verbal befehden, desto geringer ist ihr Ansehen in der Bevölkerung. Das ist heute so und gilt auch für die ersten Jahre der Republik. Als der sozialdemokratische Staatskanzler Karl Renner 1920 zurücktritt, widmet ihm das christlich-soziale Witzblatt »Kikeriki« diesen Abschiedsbrief: »Aus Anlass Ihres Rücktritts drängt es mich zu einer feierlichen Danksagung für die treuen Dienste, die Sie als unfreiwilliger Mitarbeiter meinem Witzblatte geleistet haben. Wenn die Zeit noch stier, der Stoff noch so knapp war, ein Blick auf Ihre neueste Regierungshandlung genügte, und die gesuchte Dummheit war gefunden, die Nummer gerettet.« Nicht viel besser ergeht es dem ab 1920 als Bundespräsident agierenden parteilosen Michael Hainisch mit der Presse. Ihm unterschiebt die Wochenzeitung »Götz von Berlichingen«, die den Untertitel »Eine lustige Streitschrift gegen Alle« führt, folgendes Tagesprogramm: »Der Bundespräsident wohnte gestern dem einjährigen Bestandsjubiläum des Oberhollabrunner Kegelklubs bei, eröffnete sodann in feierlicher Weise die neue Wasserrutschbahn in Krumpendorf, besichtigte in Allentsteig den dortselbst gefundenen Riesenstein-

VERSE VON
JEREMIAS

SONDERNUMMER

GEZEICHNET VON
FRITZ GAREIS

Band XXX — Nr. 781

Wien, am 23. September 1920

Preis K 6.—, Kč 2.50, M 1.50

# DIE MUSKETE

## DER KAISERLICHE REPUBLIKANER

Ein Erbauungssang für Gegenrevolutionäre von Jeremias

## DIE ANFECHTUNG

 as tut der Bürger, wenn er sich
          besinnt
    Und so das Pathos der Distanz
          gewinnt?
    Er schimpft.
Er rümpft die Nase und erkennt
Bei irgendeinem Sakrament,
Daß alles miserabel war
Und wird ein Revolutionär.
So tat auch Östierl ebenda,
Als der Zusammenbruch geschah. —
Abscheu war ihm seit langen Wochen
Tief in das Fettherz eingebrochen,

Ein Zug von Grimm lag faltenschwer
Auf seinem Antlitz, breit und leer,
Und selbst der Kirche ewiges Licht
Wies ihm die rechte Straße nicht
Zu seinem Herrn, denn irr geworden
War er im Hinterland am Morden,
Zu dem das »Gott erhalte« klang
Wie höllischer Triumphgesang. —
Kurz, Östierl fühlt' den Boden schwanken
Und hegte häßliche Gedanken.
Zwar ganz natürlich schwieg er erst,
Doch als der abgesetzte Fürst
Von dannen fuhr, als gassenweit
Des Volkes rote Herrlichkeit
Der Freiheit eine Gasse brach,
Da rülpste er und sprach und sprach:
»Jetzt laß i net nach!

Jetzt soll sie walten,
Die Gerechtigkeit,
War ja nimmer zum Aushalten
In der Zeit.
Dö Verbrecher g'hören am Galgen, alle,
Die was alsdann von Fall zu Falle
Versäumt haben, den Frieden zu schließen,
Alle soll man erschießen!
Aufhängen dö Bagaschi, Rest!
Und vom Kopf is der Fisch stinkat g'west.
Jawoi, im Allerhöchsten Haus...«
Also ließ Vinzenz Östierl sich aus.
Frau Anna, die ihm treu ergeben,
Zur Seite lag im Eheleben;
Erblaßte und rief desparat:
»Vinzenz, als kaiserlicher Rat!
Bedenk!!« Doch er bedachte nicht,
Rot und verwogen im Gesicht:

*Nicht allen fiel der Übergang von der Monarchie zur Republik leicht.*

29

pilz und stattete dem kürzlich von einem tollwutverdächtigen Maulwurf gebissenen Nationalrat Hinterstoisser im Bludenzer Spital einen Besuch ab.«

Chefredakteur der sozialdemokratischen »Arbeiter-Zeitung« ist durch mehr als drei Jahrzehnte der legendäre Friedrich Austerlitz, der als Pedant gilt. Eines Tages gibt es einen Riesenwirbel in den Redaktionsräumen. Ernst Fischer, Redakteur bei diesem Blatt und später Politiker der KPÖ, eilt auf den Gang, wo man ihn beruhigt: »Nur keine Aufregung. Austerlitz erklärt gerade einem jungen Mitarbeiter, dass er einen Beistrich falsch gesetzt hat.«

Die Politiker müssen sich von der Presse viel gefallen lassen, aber auch die Medien kommen ins Kreuzfeuer. Von Karl Kraus etwa: »Der Journalismus hat keine Auswüchse, sondern ist einer.« Ein andermal formuliert er so: »Der Journalist ist immer einer, der nachher alles vorher gewusst hat.« Reporter nennt Karl Kraus »Kehrrichtsammler der Nachrichtenwelt« und für das Produkt von deren Recherche findet er diese Worte: »Je größer der Stiefel, desto größer der Absatz.« Beißender Spott über »die Journaille« kommt auch aus dem Mund von Fritz Grünbaum: »Man kann, wenn sie Bericht erstatten, genau, wer sie besticht, erraten.«

Übrigens gibt es auch in der jungen Republik einen Einfluss der staatlichen Zensurbehörden auf Theater und Medien, was Karl Kraus zu der Bemerkung veranlasst, nichts habe sich geändert, außer dass man es nicht sagen darf: »Das ist kein Übergriff, denn Satiren, die der Zensor versteht, werden mit Recht verboten.«

Als Kaiser Karl am 1. April 1922 in Madeira, erst 34-jährig, stirbt, erinnert sich ein Wiener an einen großen Vorteil der Monarchie: »Damals hat man noch genau gewusst, in welchen Hintern man kriechen muss. Jetzt gibt es so viele Hintern, dass man den Überblick verliert!«

### Volkesstimme

(Zeichnung von Alfred Gerstenbrand)

»I sog', sie soll'n wieder an Kaiser nehma. Dümmer konn er 's a net mach'n
wia dö, wos jetztn ob'n san!«

*Der Zeichner Alfred Gerstenbrand im Beiblatt der »Muskete« vom 22. Juli 1920 über die
Stimmung in der Bevölkerung.*

Die sozialdemokratische Satire freilich artikuliert strikt Habsburg-feindlich:

> *»Pofelstaat, Du warst zum Speien,*
> *Wert so schäbig einzugehen,*
> *Deine Schranzen und Lakaien*
> *Will das Volk nie wiedersehen.«*

# Neue Lebewelt

(Zeichnung von Willy Stieborsky.)

WILLY STIEBORSKY

»Wenn man doch nur abwarten könnte, bis die neuen Reichen ihre
Söhne so weit erzogen haben, daß man sich mit ihnen öffentlich
zeigen kann!«

*Willy Stieborsky im Beiblatt der »Muskete« vom 19. August 1920 über eine zeitlose Aktualität*

# Welche Nation? Die Resignation!

Also dem deutschen Volk soll sich Österreich nicht anschließen. Welcher Nation wird es dann angehören? – Der Resignation! Dieser Spruch aus den 1920er-Jahren sagt sehr viel aus über den weitverbreiteten Pessimismus unter den Menschen. Der Anschlussgedanke hatte Hochkonjunktur, während die Christlich-Sozialen die Sozialdemokraten in der Wählergunst überholten und beide Großparteien paramilitärische Verbände gründeten: die Heimwehr auf der einen, den Republikanischen Schutzbund auf der anderen Seite. Zur politischen Radikalisierung trug die katastrophale wirtschaftliche Lage mit hoher Arbeitslosigkeit und Inflation bei.

Die neue Verfassung von Prof. Hans Kelsen konstituierte Österreich als einen aus neun Bundesländern bestehenden Bundesstaat. Die schwarzen Länder standen geschlossen gegen das rote Wien, wo beispielhafte Reformen – vom Wohnbau über die Gesundheitsversorgung bis zum Schul- und Bildungswesen – umgesetzt wurden. Für die mehrheitlich sozialdemokratischen Wiener galt die konservativ wählende Provinz als Hort einer christlich-deutschnationalen Reaktion oder, wie es Gottfried Heindl nannte, des »arisch-alpinen Sumpertums«. Für die mehrheitlich schwarz wählenden Bewohner der Bundesländer wiederum war die Metropole ein Sumpf aus Radikalen, Freimaurern, Bolschewiken und Juden. Es klaffte also ein Gegensatz zwischen Wien und der Provinz. Für das so klein gewordene Österreich schien die Hauptstadt nun viel zu groß. Der Begriff vom »Wasserkopf Wien« entstand. Immerhin neideten die kriegsgeschädigten Wiener der Landbevölkerung, dass diese sich aufgrund der Agrarwirtschaft besser versorgen und ernähren konnte.

Sprüche wie der folgende zeugen von der weitverbreiteten Zukunftsangst dieser Jahre: Das ist bei Neuösterreich das Fatale – man fragt sich: Ist's Ouvertüre oder schon Finale? Viele Menschen glaubten einfach nicht an dieses Rumpfösterreich. 1925 löste der Schilling die Krone als Zahlungsmittel ab. Zwar konnte die Inflation gestoppt werden, doch mit dem Rückgang der Wirtschaftsleistung und dem Ansteigen der allgemeinen Not stieg insbesondere in Wien die Selbstmordrate an.

Man blickte nach Osten in Richtung des versunkenen Zarenreiches und fragte sich: Welcher Unterschied besteht zwischen Russland und Österreich? – In Russland herrscht der Bolschewismus, in Österreich der Vollbeschissmus. Und traurige Witze wie dieser über den Ausspruch eines Vaters kursierten: »Für meine Buben steht der Beruf schon fest: Den einen lass ich Arbeitslosen werden, den anderen Mindestbemittelten.« Von der Untätigkeit zur Untat ist es bloß ein Schritt und so nahm auch die Kleinkriminalität zu.

Das Verhältnis der Österreicher zur Demokratie und auch das Demokratieverständnis der politischen Parteien sind in den 1920er-Jahren zwiespältig, wovon dieser Reim Zeugnis gibt:

*Im Wachen und Schlummer*
*Der Mensch sei, wer er sei,*
*Wird er zur nackten Nummer*
*Im Rahmen der Partei.*

*Und kommt es zu den Wahlen.*
*Dann klingt die Litanei,*
*Man lässt sich überstrahlen*
*Vom Glanze der Partei.*
*Und wagt ein Schaf zu blöken,*
*Erhebt sich ein Geschrei.*
*Es frevelt an den Zwecken*
*Der heiligen Partei.*
*Die Viecher müssen schweigen*
*Und zahlen nebenbei.*
*Kuscht Euch! Ihr sollt Euch neigen*
*Der Knute der Partei.*

*So macht Euch doch den Rücken*
*Ein wenig grad und frei!*
*Wer darf uns unterdrücken?*
*Zum Teufel die Partei!*

Band XXX — Nr. 772      Wien, am 22. Juli 1920      Preis K 6.—, Kč 2.50, M 1.5

# DIE MUSKETE

## Wählerfang

(Zeichnung von Ludwig Kmoch)

Aufs neue fängt nun an bereits
Die Jagd nach Stimmvieh allerseits
Mit Halleluja, Hussassa,
Hepphepp, Heilo und mit Hurra.

Und ob es noch so sehr sich sträubt,
Man bringt zur Strecke es, betäubt,
Mit Halleluja, Hussassa,
Hepphepp, Heilo und mit Hurra.

So war's und wird es immer sein:
Die größten Viecher fängt man ein
Mit Halleluja, Hussassa,
Hepphepp, Heilo und mit Hurra.

*Ludwig Kmoch im Beiblatt der »Muskete« vom 22. Juli 1920 über das Buhlen der Parteien um Wählerstimmen*

35

Zwei flüchtige Bekannte treffen einander zufällig auf der Straße. Es kommt zu diesem Dialog:

»Lieber Freund, neulich demonstrierten Sie mit den christlich-sozialen Gewerbetreibenden, gleich darauf mit den Sozialdemokraten, welche ist denn eigentlich Ihre Gesinnung?«

»Ich demonstriere immer mit der Partei, die im Recht ist, und im Recht ist immer die, die zuletzt demonstriert.«

Typisch für diese Zeit auch der Wortwechsel zweier Berufskollegen:

»Gestern habe ich einem Schweinekerl ein paar Ohrfeigen gegeben!«

»Ah, betätigst Du Dich jetzt auch politisch?«

Politische Versammlung in der Wiener Vorstadt.

Ein Redner: »Wir müssen abbauen, meine sehr Geehrten, alles abbauen, was morsch und faul ist in unserem Staate.«

Da meldet sich lautstark ein Zwischenrufer: »Machen S' eahna ka ung'schaffte Arbeit, s' fallt eh scho alles z'samm!«

Zu Beginn einer Gerichtsverhandlung fragt der Richter: »Sind Sie vorbestraft?«

Der Angeklagte: »Ja, ich habe die letzten drei Jahre in Österreich verbracht.«

Für immer mehr Menschen ist es schwer, das Nötigste für den Lebensunterhalt zu verdienen. So sagt man über Wiener Mädchen: Ihre Väter sind im Felde gefallen, sie auf der Straße … Skurril auch die Unterhaltung zweier Geschäftsleute:

»Na, was machen Deine Geschäfte?«

»Naja, weißt eh, ma zahlt ja jetzt dauernd drauf!«

»No, dann sperr' doch einfach den Laden zu!«

»Und wovon soll ich leben?«

Das heutige Österreich, so sagt man in den 1920er-Jahren, ist ein Kompromiss zwischen Schleichhandel, Schlamperei und Anarchie. Dazu passt dieser Dialog sehr gut:

»Eine niederträchtige Gemeinheit, dieses Gesetz, das den Unternehmer zwingt, Arbeitslose in seinen Betrieb aufzunehmen. Wo bleibt da die persönliche Freiheit?«

»Was für einen Betrieb haben Sie denn?«

»Betrieb? Ich bin ein Arbeitsloser!«

Auch diese Unterhaltung entspricht dem Zeitgeist:

»Wenn man in Russland nicht arbeitet, kann man glatt verhungern.«

»Das ist in Wien genauso. Arbeitest nix, verhungerst, arbeitest, verhungerst a. Also fang ma glei gar net an.«

Ein Optimist und ein Pessimist begegnen einander.

Der Optimist: »Sag' mir, warum bist Du denn ein so unverbesserlicher Pessimist?«

Der Pessimist: »Durch viereinhalb Kriegsjahre war ich Optimist und habe nicht recht behalten. Wer weiß – vielleicht werde ich mich jetzt auch blamieren.«

Die Pessimisten sind in der Mehrzahl in Österreich. Folgender Reim drückt diese Stimmung trefflich aus:

*Gib, was Du hast! Sei guter Dinge*
*Und schufte Dir den Buckel krumm!*
*Dir bleibt ein Strick mit einer Schlinge*
*Zur Existenz als Minimum.*

Mit dem Satz »Entweder Anschluss an Deutschland oder Kurzschluss in Österreich« beschreibt die »Muskete« das Dilemma des Rumpfstaates. Und im »Götz von Berlichingen« kann man lesen:

»*Was hilft's, wenn Optimisten*
*Vom Anschluss träumen?*
*Stets waren wir Spezialisten*
*Im Anschlussversäumen.*«

Viele Menschen leben auf Pump, um irgendwie über die Runden zu kommen.

Grün: »Sag' Blau, wann wirst Du mir endlich Deine Schuld begleichen.«

Blau: »Wie soll ich das wissen? Bin ich a Prophet?«

Kohn und Rosenblatt sprechen über die finanzielle Situation. Rosenblatt hat ein Problem.

»Sag', lieber Kohn, ich bin in einer Verlegenheit. Kannst Du mir aushelfen mit 5000 Schilling?«

»Dir gesagt, lieber Rosenblatt, ich bin flüssig, ich kann.«

»Was nimmst Du Perzente?«

»Neun.«

»Neun! Bist Du meschugge? Wie kannst Du nehmen von einem Glaubensgenossen neun Perzent! Was soll Gott denken von Dir, wenn er schaut herunter von oben?«

»Nebbich, wenn er schaut von oben herunter, sieht die Neun aus wie a Sechs!«


Die Verhältnisse sind schlecht und in solchen Zeiten haben die Gerichte viel zu tun.

Richter: »Was haben Sie für einen Beruf?«

Angeklagter: »Versammlungsredner.«

Richter: »Welcher Partei gehören Sie an?«

Angeklagter: »Der kommunistischen Partei.«

Richter: »Und da haben Sie es notwendig gehabt, einzubrechen und Ihre Mitbürger zu bestehlen?«

Angeklagter: »I hab' halt auf eigene Faust mit dem Enteignen ang'fangen!«


Geht es der Wirtschaft schlecht, werden aus Banken Kaffeehäuser. Hier kann der Bürger bei einer Melange und der Lektüre der Tageszeitungen die Zeit totschlagen, Freunde treffen und auf die Politiker schimpfen.

Da stellt einer die rhetorische Frage: »Was ist der Unterschied zwischen einem Theater und dem Parlament? – Im Theater werden gute Schauspieler schlecht bezahlt ...«

Und ein Zweiter fragt: »Was ist der Unterschied zwischen einem Politiker und einem Telefonhörer? – Wenn man sich verwählt hat, kann man den Telefonhörer auflegen ...«

Ein Dritter wirft ein: »Politiker sind wie Tauben. Wenn sie etwas wollen, fressen sie Dir aus der Hand. Wenn sie es haben, scheißen sie Dir auf den Kopf.«

»Ja«, bemerkt ein Vierter, »Windeln und Politiker müssen regelmäßig gewechselt werden – aus dem gleichen Grund.«

Aber nicht nur »einfache« Bürger, auch Intellektuelle und Literaten verlegen ihr Wohnzimmer in ein Kaffeehaus. Einer von ihnen ist Anton Kuh, der praktisch nie über seine Familie spricht. Nur einmal bekennt er auf eine insistierende Frage nach seiner Herkunft: »Ich war ein schlimmes Kind. Meinen Eltern habe ich nur ein einziges Mal Freude bereitet: neun Monate vor meiner Geburt.« Und so beschreibt Kuh die Stimmung in der k. u. k. Hofzuckerbäckerei Demel, wo nach wie vor ehemalige Angehörige der Hocharistokratie Stammgäste sind: »Die Demel-Fräulein gehören enger und inniger zur Hautevolee als der Xandi Kinsky, der Dolfi Starhemberg und der Taschkerl Auersperg. Sie tragen auf ihren schwarzen Blusen unsichtbare Erinnerungsmedaillons an Altösterreich. Dieses geliebte, unvergessliche Land findet hier die letzte kulinarische Ruhestatt. Wenn alles wankt – die Schwester Thesa bleibt beständig. Ihr Handkuss ist die spontanste und legalste Anerkennung des alten Regimes.«

Unter Literaten besonders beliebt ist seit jeher das Café Central in der Wiener Innenstadt. Alfred Polgar: »Das Café Central ist eine Weltanschauung, und zwar eine, deren innerster Inhalt es ist, die Welt nicht anzuschauen.« Und für Friedrich Torberg gibt es im Café Central »keine Besucher, sondern Insassen«. Hier, im legendären Café Central, hat sich ein paar Jahre früher der 1919 verstorbene Peter Altenberg eines Tages bei einem Unbekannten einen Geldbetrag ausgeborgt. Seine Rechtfertigung: »Die Zeiten sind heutzutage schon so schlecht, dass man gezwungen ist, vor Leuten die Hand aufzuhalten, denen man sie im Normalfall nicht einmal reichen würde.«

Natürlich ist auch Karl Kraus häufig Gast im Café Central in den Jahren, in denen Prälat Ignaz Seipel die österreichische Politik dominiert. Von 1921 bis 1930 ist Seipel Parteiobmann der Christlich-Sozialen und zweimal, von 1922 bis 1924 und von 1926 bis 1929, Bundeskanzler einer Alleinregierung, nachdem die letzte Koalition 1920 zerbrochen ist. Karl Kraus: »Ich habe nichts gegen Seipel. Er hat für mich als Politiker den einen Fehler, dass er Priester ist, und als Priester, dass er Politik treibt.« Seipel selbst sagt einmal auf die Frage, wie er die Erfordernisse eines Politikers mit den Ansprüchen eines Professors der Moraltheologie vereinbaren könne: »Erstens sage ich weder in der Politik noch in meinen Vorlesungen alles, was ich weiß, und zweitens gibt es so vieles, was wir alle miteinander nicht wissen …«

Kritik an Ignaz Seipel begegnen Konservative mit dem Vorwurf: Was nicht rot ist, wird angeschwärzt. Dennoch richtet sich die Kritik vieler Menschen an die Christlich-Sozialen, die man als stärkste Partei als hauptverantwortlich für die Misere in Österreich ansieht. Dazu ein Dialog zwischen einem Vater und seinem Sohn:

»Nicht wahr, Papa, die Wörter ›Kopf‹ und ›Haupt‹ haben dieselbe Bedeutung?«

»Keine Spur, mein Sohn! Die christlich-soziale Partei hat zwar ein Haupt, ist aber kopflos!«

Freilich kommen die Sozialdemokraten nicht viel besser in der Volksmeinung weg, wie ein Gespräch bei einem familiären Mittagessen in der Provinz beweist.

»Was ist Wahrheit?«

»Wahrheit ist jede Lüge und Verleumdung, die sich gegen die Sozi richtet.«

»Was heißt also Lügen im Grunde genommen?«

»Lügen heißt im Grunde genommen, wenn man den Christlich-Sozialen etwas Schlechtes nachsagt.«

»Was heißt Lügen außerdem?«

»Lügen heißt außerdem, wenn man den Sozis etwas Gutes nachsagt.«

Insgesamt haben die Politiker aller Parteien ein sehr schlechtes Image. Scherze wie der folgende machen die Runde.

Minister: »Stellen Sie sich vor, in meiner Jugend wollte ich Räuber werden!«

Bürger: »Sie Glücklicher! Wer kann sich schon seinen Jugendtraum erfüllen!«

Zwei Politiker auf dem Weg zu einer Sitzung im Gespräch über ihre Agenda.

»Was sagten Sie neulich in Ihrer Rede zur Rentenreform?«

»Nichts.«

»Das ist mir klar, aber wie haben Sie es formuliert?«

Der kleinste gemeinsame Nenner der immer mehr auseinanderstrebenden Meinungen der frustrierten Österreicher besteht in den späten

*Mirko Szewczuk zeichnete die beiden führenden Sozialdemokraten Renner und Seitz, die von Abrüstung sprachen, während der rote Republikanische Schutzbund und die schwarze Heimwehr gleichzeitig große Waffenlager anlegten.*

1920er-Jahren in der Erkenntnis: Wenn's so weitergeht, wird nix übrigbleiben zum Sozialisieren – als das Elend.

Der Jungsozialist Bruno Kreisky hat vor 1930 Parteiveranstaltungen in Niederösterreich zu organisieren. Zu dieser Zeit ist es in diesem Bundesland nahezu unmöglich, ein Versammlungslokal für die Sozialdemokratische Partei zu bekommen. Kreisky weiß aber Rat. Er gibt gegenüber einem Wirt vor, einen Vortrag über die legendäre Isonzo-Schlacht zu organisieren, und kann schließlich den Saal mieten. Am Abend der Veranstaltung erscheint General Theodor Körner. Er spricht ganze fünf Minuten über die Isonzo-Schlacht und legt in der Folge ein eindrucksvolles Bekenntnis zur Sozialdemokratie ab. Nach der Rede Körners verschwindet Kreisky per Fahrrad. Der Wirt später zu diesem Vorfall: »Dass der Kreisky damals entkommen ist, ärgert mich noch immer …«

Der junge Bruno Kreisky ist neben seinem Jusstudium als freiberuflicher Journalist tätig. Einmal wird ihm vom Korrektor vorgeworfen, dass er es mit der Interpunktion nicht allzu genau nehme. Worauf Kreisky, als er wieder einmal ein Manuskript in die Setzerei bringt, eine voll beschriebene Seite beilegt, auf der sich ausschließlich Beistriche befinden. Und Kreisky sagt zum Korrektor: »Da haben S' einen Haufen Beistriche. Machen S' damit, was Sie wollen!«

Als Nachfolger von Jakob Reumann ist der Sozialdemokrat Karl Seitz ab 1923 Wiener Bürgermeister und bleibt das bis zu seiner Amtsenthebung und Verhaftung am 12. Februar 1934. Das »rote Wien« setzt wichtige Reformen in der Gesundheits-, Sozial-, Schul-, Wohnbau- und Finanzpolitik durch. Dieser Reim ist Karl Seitz gewidmet:

*Vater unser, Sozi Seitz,*
*Der Du wie im Himmel*
*Herrscher bist in Wien*
*Bereits auf des Amtes Schimmel.*
*Wie ein Gott geheiligt*
*Werd' Dein hoher Name,*
*Wer sich nicht beteiligt –*
*Hin sei der Infame!*

# Einer-Seitz, ander-Seitz

(Zeichnung von Fritz Gareis)

»Preßfreiheit, soviel Sie wollen, meine Herren, — aber mit Papier kann ich leider nicht dienen.«

*Der Zeichner Fritz Gareis im Beiblatt der »Muskete« vom 20. Mai 1920 über die Situation der Tagespresse*

# Die Hakenkreuzler kommen

Wirtschaftliche Not und politische Radikalisierung führten in der zweiten Hälfte der 1920er-Jahre zu Gewaltakten. So wurde im burgenländischen Schattendorf am 30. Jänner 1927 von christlich-sozialen Frontkämpfern auf Schutzbündler geschossen. Ein Invalide und ein Kind starben. Die Täter wurden freigesprochen. Sozialdemokratische Demonstranten zündeten aus Protest gegen dieses Geschworenenurteil den Wiener Justizpalast an. Bei einem massiven Polizeieinsatz verloren 89 Menschen ihr Leben.

Die Nationalsozialistische Partei Deutschlands, die aus der Deutschen Arbeiterpartei hervorging und sich 1920 ein radikales Programm mit dem Ziel einer gewaltsamen Beseitigung der Demokratie gab, fand bald auch in Österreich Anhänger. Zunächst unter der studentischen Jugend, bald auch im bürgerlichen Lager und in der Arbeiterschaft. Die Weltwirtschaftskrise 1929 verstärkte in Deutschland Rezession und Arbeitslosigkeit. Ein Jahr später zerbrach die Große Koalition und bei der Reichstagswahl 1930 zog die NSDAP unter Führung des gebürtigen Österreichers Adolf Hitler, der aus Braunau am Inn stammte, als zweitstärkste Partei hinter den Sozialdemokraten in das deutsche Parlament ein.

Während Hitlers Nazis die Weichen in Richtung Diktatur, Unterdrückung bzw. Vernichtung von Minderheiten wie Sinti, Roma und Juden stellten, gründete ein anderer Österreicher, Richard Nikolaus Graf Coudenhove-Kalergi, 1922 die Paneuropa-Union mit dem Ziel der Schaffung eines europäischen Staatenbundes. Beim Pazifistenkongress in Berlin ein Jahr später ließ er seinem Pessimismus freien Lauf: »Das große Übel des Pazifismus sind die Pazifisten!«

Mit dem Aufkommen der Nazis bekam der Antisemitismus Konjunktur. Dieser Witz handelt von einer Hetzrede von General Erich Ludendorff in den 1920er-Jahren in einem Münchner Bierkeller. Ludendorff schreit in das angetrunkene Publikum: »Die Juden sind schuld an Deutschlands Niedergang! Nur die Juden!« Tosender Applaus. Plötzlich kommt ein offenbar jüdischer Herr zu Ludendorff, der im Krieg Erster

Generalquartiermeister und Stellvertreter Paul von Hindenburgs war, und sagt: »Ich wusste gar nicht, dass Sie Jude sind, Herr General!«

Karl Farkas, der brillante Blitzdichter, soll Anfang der 1930er-Jahre im Winter im »Simpl« einen Reim auf das von einem Besucher zugerufene Schimpfwort »Judenbengel« machen. Und das gelingt ihm famos. Farkas nimmt eine Rose aus einer Vase auf einem Publikumstisch und sagt:

*»Das ist die Rose,*
*Hier ist der Stängel,*
*Ich bin der Jud*
*Und dort sitzt der Bengel.«*

Der christlich-soziale Politiker Carl Vaugoin ist in den 1920er-Jahren Heeresminister, nachdem zuvor der Sozialdemokrat Julius Deutsch für das Militär zuständig war. Nun ist Deutsch Chef des Republikanischen Schutzbundes. Vaugoin, ein Reserveoffizier aus dem kleinen niederösterreichischen Städtchen Scheibbs, der im Ersten Weltkrieg gedient hat, ist das Ziel ständiger Angriffe der Sozialdemokraten, die ihm vorwerfen, aus dem Bundesheer eine christlich-soziale Parteiarmee zu machen. Die »Arbeiter-Zeitung« veröffentlicht unter Anspielung auf den italienischen Faschistenführer Benito Mussolini unter dem Titel »Vaugoins Kriegslied oder der Mussolini von Scheibbs« dieses Gedicht:

*Hoch zu Roß mit Schwert und Tschako*
*Zieh ich aus zum Kampf, per Bacco,*
*Wie der Duce von Italia,*
*Denn es naht der Tag der Wahl ja.*
*Nicht im Land der Makkaroni,*
*Sondern an der Donau wohn i,*
*Trink nicht feurigen Chianti,*
*Bin doch auf die Sozi granti!*
*Stamm ich auch nicht aus Milano,*
*Mach ich's doch und besser a no*
*Wie der große Mussolini,*
*Ich, der Carlo Vaugoini.*
*Saß einst auf dem Bock der Kutsche,*

*Mach jetzt wie der Duce Putsche.*
*Wenn ich noch a bissel warte,*
*Bring ich es zum Bonaparte!*

Die politische Radikalisierung erfasst jetzt auch die Hochschulen. Das folgende Gedicht aus den 1920er-Jahren ist eine Persiflage auf »Die Universität«, den Refrain eines Revolutionsliedes aus dem Jahr 1848, in dem die liberale Gesinnung der Studentenschaft gefeiert wird:

*Was kommt heran mit Gummiknüppeln?*
*Der Schlagring blinkt, die Fahne weht.*
*Es naht mit Schrei'n und Fäusteschütteln –*
*Die Universität.*

*Des Ruhmes Gipfel ist erklommen*
*Und Gnade wird umsonst erfleht,*
*Wenn über einen fünfzig kommen –*
*Die Universität.*

*Die Knüppel hoch, das Wissen nieder,*
*Dass es im Sturme abwärts geht!*
*Der neue Geist fasst Haupt und Glieder –*
*Die Universität.*

*Als Erster war ein Jud gefallen,*
*Im Freiheitskampfe hingemäht.*
*Ein »Vivant sequens« lässt erschallen –*
*Die Universität.*

*Was wird einst die Geschichte künden?*
*Wer weiß, was dort zu lesen steht*
*Von Ruhmestaten und von Sünden –*
*Der Universität.*

Bisher kennt man in Österreich zweierlei Arten von strafbaren Ehrenbeleidigungen: die wörtlichen und die tätlichen. Nunmehr soll eine dritte Kategorie dieses Deliktes hinzukommen: die universitätliche.

Dazu passt diese satirische Nachricht: Der Vollzugsauschuss der Deutschen Studentenschaft an den Wiener Hochschulen hat den Beschluss gefasst, von nun an bei ihren Kommersen den Text des altehrwürdigen Eröffnungsliedes wie folgt abzuändern: »Haudeamus igitur, juvenes dumm sumus!«

Auch dieser Reim spricht Bände:
*Bei Versammlungen in früherer Zeit,*
*Da wart beraten und beschlossen.*
*So reaktionär ist man nimmer heut,*
*Jetzt wird ganz einfach geschossen.*

Zwei Buben unterhalten sich:
»Hörst, mei Vata hat ma heut a Watschen geb'n!«
»Schieß'n nieda!«

Übermut und Überreizung gibt eine gefährliche Hakenkreuzung. Das zeigt sich immer mehr, denn die Nationalsozialisten entfalten längst auch in Österreich politische Aktivitäten, ausgehend von den Universitäten. Viele meinen, man sollte über die Bubenstücke der Hakenkreuzler nicht den Stab brechen – lieber sie damit durchhauen.

Den Unterschied zwischen einem Fass und der nationalsozialistischen Partei definiert man so: Dem Fass geben die Reifen, der Nazipartei die Unreifen den Halt.

Als 1931 die Creditanstalt, Österreichs größte Bank, in eine existentielle Krise gerät, zahlungsunfähig wird und damit viele Banken in Mitteleuropa sowie die Realwirtschaft mitreißt, urteilt Karl Farkas: »Leute mit Plattfüß' sind jetzt die glücklichsten. Sie sind die Einzigen, die ihre Einlagen herausnehmen können.«

Kohns Geschäft in der Wiener Innenstadt muss angesichts der Wirtschaftskrise zusperren. Draußen an der Tür hängt ein Schild mit der Aufschrift »Wegen eines Todesfalls geschlossen.« Da erkundigt sich Blau teilnahmsvoll: »Wer ist denn gestorben?«
»Die Kundschaft«, antwortete Kohn.

Mandelbaum fragt Rosenblatt: »Sag', ist's wahr, dass Du in Konkurs bist?«

»Ja, leider«, antwortete Rosenblatt.

»Aber Deinen Besitz in der Steiermark hast Du noch?«

»Nein, der ist weg.«

Mandelbaum lässt nicht locker: »Aber das schöne Schiff in der Adria gehört Dir noch?«

»Nein, das ist auch weg.«

Mandelbaum kommt zu diesem Schluss: »Also Du bist nicht in Konkurs, Du bist pleite!«


Karl Farkas liefert immer wieder Bonmots zum Thema Geld: »Wer Geld hat, kommt nach Österreich. Wer keines hat, ist schon hier geboren.« Oder: »Es genügt nicht, dass man reich ist, man muss auch Geld haben.« Und Peter Altenberg sagt: »Es gibt dreierlei Menschen, die kein Geld haben: die Verschwender, die Geizigen und die Armen.«


Zwei Schusterbuben begegnen einander und unterhalten sich über alles Mögliche. Trotz der tristen Verhältnisse in Österreich geht es ihnen relativ gut, da sie beide Beschäftigung haben.

Da sagt der eine: »Hast du g'hört, der Professor Schubert hat Selbstmord begangen!«

Darauf der andere: »Recht g'schieht ihm, wieso hat er nix g'lernt?«


Das bürgerliche Lager tut sich schwer mit den neuen gesellschaftlichen Verhältnissen, wie dieses Gedicht zeigt:

*Auf! Lasst uns laut die Freiheit loben!*
*Wie schön, kein Druck kommt mehr von oben!*
*Ei ja, jetzt dreht sich halt der Spieß:*
*Er kommt von unten – mir ist mies!*
*Die Freiheit, die Du selbst verkündigt,*
*Ist endlich das! Du bist entmündigt.*
*Fort ist, was einst Dich knirschen ließ –*
*Bis auf den Mob. Oh, mir ist mies!*

# Millimetternich, der kleine Schwarze

Dr. Engelbert Dollfuß, der frühere Direktor der niederösterreichischen Landwirtschafskammer, wurde 1932 neuer Bundeskanzler. Ob seiner geringen Körpergröße erhielt er sogleich einen Spitznamen: Millimetternich. Wenzel Fürst Metternich, der einstige k.k. Außenminister, spielte nicht nur eine führende Rolle beim Wiener Kongress zur Neuordnung Europas, sondern stand auch für ein polizeistaatliches System mit Zensur und Spitzelwesen.

Am 30. Jänner 1933 kam Adolf Hitler in Deutschland an die Macht, was den österreichischen Dichter Franz Theodor Csokor zur sofortigen Abreise aus Berlin und der Bemerkung veranlasste: »Ich habe mir geschworen, für die Dauer dieses tausendjährigen Reiches meinen Fuß nicht mehr auf deutschen Boden zu setzen – und ich fühle dabei, dass ich das Ende dieser tausend Jahre überleben werde.« Er sollte Recht behalten, denn Csokor starb erst 1969, 24 Jahre nach Ende der Hitlerei, in Wien.

In Österreich traten nach einer stürmischen Parlamentsdebatte am 4. März 1933 alle drei Präsidenten des Nationalrates zurück. Dollfuß betrachtete das Parlament jetzt als ausgeschaltet. Der christlich-soziale Regierungschef begründete ein autoritäres Regime. Der Republikanische Schutzbund wurde verboten, an die Stelle der politischen Parteien trat die Vaterländische Front. Die Republik nannte sich nun einen »sozialen, christlichen, deutschen Staat Österreich auf ständischer Grundlage, unter starker autoritärer Führung.«

Erbitterte Gegner dieses Regimes waren die Nationalsozialisten und die Sozialdemokraten. Am 12. Februar 1934 kam es zu einem Aufstand der Sozialdemokraten, als die Polizei in der Linzer Zentrale des Schutzbundes nach Waffen suchte. Die Heimwehren, das Bundesheer und die Polizei stellten sich den Sozialdemokraten entgegen. Zwei Tage dauerten die Kämpfe, die auf Seiten der Exekutive 128 Tote und 409 Verwundete forderten. 137 Schutzbündler fielen und 399 wurden verletzt. Neun Anführer richtete man hin.

Ein paar Monate nach den Februar-Unruhen, am 25. Juli 1934, wurde Dollfuß im Verlauf eines nationalsozialistischen Putschversuches im

Bundeskanzleramt von Otto Planetta ermordet. Und wieder folgten Kampfhandlungen. Diesmal war es die Österreichische Legion, ein Zusammenschluss von Nazis, die der Exekutive gegenüberstand. Der Putschversuch schlug fehl. Noch am späten Abend dieses Tages distanzierte sich Adolf Hitler von der Aktion. Der italienische Diktator Mussolini ordnete die Verlegung einiger Regimenter seiner Streifkräfte an die Tiroler und Kärntner Grenze zur Unterstützung Österreichs an.

Kurt von Schuschnigg wurde Nachfolger von Dollfuß. Ab 29. Juli 1934 regierte der Christlich-Soziale den austrofaschistischen Ständestaat. 1936 übernahm er auch die Führung der Vaterländischen Front.

,,Von mir aus können alle weggehen. Ich bleibe auf jeden Fall. Ich bin nämlich ein Freund der Demokratie!''

*Als sich im März 1933 das Parlament durch Rücktritt seiner Präsidenten selbst »ausschaltete«, begann Kanzler Dollfuß autoritär zu regieren.*

Was macht Bundeskanzler »Millimetternich« Dollfuß, wenn er nachts nicht schlafen kann? – Unter dem Bett spazieren gehen.

Ein Herr bestellt in einem Wiener Kaffeehaus »einen Dollfuß«. Der Kellner fragt, was denn »ein Dollfuß« sei. »No, ein kleiner Schwarzer!«

Und als die Post eine Briefmarke mit dem Bild von Dollfuß herausbringt, reagieren die Menschen mit der spitzen Bemerkung: »Die Marke bildet den Kanzler in voller Größe ab.«

Was ist eine Dollfuß-Allee? – Eine Allee von gepflanzten Österreichern.

Kennen Sie die Definition von Hochverrat im Ständestaat? – Hochverrat liegt vor, wenn ein Österreicher mit einem anderen Österreicher über Österreich spricht.

Die Regierungsaktion »Nehmt hungernde Kinder zum Mittagstisch!« veranlasst die Österreicher zu dem Scherz, Heimwehrführer Ernst Rüdiger Fürst Starhemberg habe eine Parallelaktion gestartet: »Nehmt frierende Mädchen ins Bett!«

Bundeskanzler Dollfuß wird zum lieben Gott gerufen, der ihn fragt: »Was ist denn los in Österreich? Allen Leuten geht es schlecht in Deinem Land.«

»Das ist nicht so, lieber Gott«, antwortete der Kanzler.

»Aber die Engel, die ich nach Österreich entsandt habe, erzählen mir, sie hätten das von den Menschen selbst gehört.«

»Aber lieber Gott, man darf doch nicht die Leute fragen. Radio Wien muss man hören!«

Die Nazis, die in Deutschland schon an der Macht sind und sich auch in Österreich immer stärker bemerkbar machen, provozieren die scherzhafte Frage: Was ist der Unterschied zwischen der Wüste Sahara und der NSDAP? – In der Sahara werden Kamele von Menschen geführt …

*Eine prophetische Karikatur von Georges aus »The Nation«, New York, vom 5. April 1933*

1933, im Jahr der Machtergreifung Adolf Hitlers in Deutschland, kursiert der folgende Vers über den »Führer«:

*Vom Duce hat er die Montur,*
*Die römischen Allüren,*
*Von Marx die Kollektivnatur,*
*Die Lust am Nivellieren.*
*Am Staat, der über Leichen geht,*
*Ist Machiavelli beteiligt,*
*Und St. Ignatius Pate steht*
*Beim Zweck, der alles heiligt.*
*Da man die Attribute nicht*
*Von der Substanz kann trennen,*
*Was, frag ich, ist am großen Licht*
*Noch Original zu nennen?*

*Das Ende der Parteien*

*Reiner Tisch ...*

*Der Karikaturist Karl Prähäußer in der »Brennessel«, München, vom 19. Juli 1933 über die Erosion der Demokratie in der Weimarer Republik*

Die Österreicher verfolgen natürlich genau, was sich im benachbarten Deutschland politisch abspielt. Großes Aufsehen auch hierzulande erregt der Brand des Berliner Reichstages in der Nacht vom 27. auf den 28. Februar 1933, knapp einen Monat nach der Ernennung Adolf Hitlers zum Reichskanzler. Ursache ist Brandstiftung. Die Konsequenz ist die Außerkraftsetzung wesentlicher Punkte der Weimarer Verfassung, um die brutale Verfolgung der politischen Gegner der NSDAP durch Polizei und SA betreiben zu können. Als am späten Nachmittag des 27. Februar 1933 ein Mitarbeiter des Nazibonzen Hermann Göring in dessen Büro stürmt und schreit: »Der Reichstag brennt!« blickt dieser auf die Uhr und fragt verwundert: »Jetzt schon?«

Im Mai 1933 findet in Berlin und anderen deutschen Universitätsstädten eine Verbrennung von Büchern jüdischer, marxistischer, pazifistischer oder anderer oppositioneller bzw. unliebsamer Autoren statt. »Aktion wider den undeutschen Geist« nennen die Nazis diese Aktion gegen Autoren wie Karl Marx, Sigmund Freud, Kurt Tucholsky, Heinrich und Thomas Mann. Ein paar Monate später proklamiert Julius Streicher, der Herausgeber des Nazi-Hetzblattes »Der Stürmer«, den Boykott jüdischer Geschäfte. Plötzlich bekommt er aus einer deutschen Kleinstadt ein Telegramm mit diesem Wortlaut: »sendet sofort juden stop sonst boykott unmöglich!«

Zu Beginn der Hitler-Ära fährt Itzhak Blumenthal von Wien nach Berlin, wo er bei einer Veranstaltung den hinkenden Propagandaminister erlebt. Wieder daheim, erzählt er seinen Freunden aufgeregt: »Stellt Euch vor, ich habe Goebbels gesehen. Er sieht aus wie Apoll …« »Bist Du wahnsinnig? Dieser mickrige Krüppel!« unterbricht ihn Rosenblatt.

»Lass mich doch ausreden! Er sieht aus wie *a pol*-nischer Jüd!«

Zu dieser Zeit erscheint in einem deutschen Amt ein Jude mit der Bitte, seinen Namen ändern zu lassen. Der Beamte sagt: »Auf Namensänderungen lassen wir uns im allgemeinen nicht ein, aber Sie werden wohl starke Gründe haben. Wie heißen Sie denn?«

»Adolf Pimpelhuber.«

»Also, da muss man schon Verständnis haben. Und wie möchten Sie heißen?«

»Moritz Pimpelhuber.«

Mitglieder der großbürgerlich-jüdischen Familien in Berlin bemühen sich nach der Machtergreifung der Nazis, ihren Besitz in wertvollen Antiquitäten anzulegen. Ein Kunsthändler macht einem reichen Bankier ein Angebot: »Herr Pfeffer, ich habe etwas ganz Besonderes für Sie: eine Totenmaske von Franz Liszt.«

Bankier Pfeffer betrachtet die Totenmaske ein, zwei Minuten lang und fragt schließlich: »Haben Sie so etwas nicht von Hitler?«

In der Nähe der Villa Mandelbaum bei München wird der Hund des Hausbesitzers von einem Auto überfahren. Es findet sich niemand, der sich getraut, dem Kommerzialrat Mandelbaum die schlimme Nachricht zu überbringen. Nur ein zufällig anwesender jüdischer Bettler erklärt sich bereit, gegen ein kleines Trinkgeld die Rolle des Informanten zu übernehmen. Nach zehn Minuten verlässt er die Villa Mandelbaum – mit einem großen Geldbetrag als Belohnung! Die herumstehenden Passanten fragen ihn verblüfft: »Wie haben Sie das bloß gemacht?«

Der Bettler gibt bereitwillig Auskunft: »Das war ganz einfach. Ich hab' gesagt: Heil Hitler, der Hund ist tot!«

In Österreich, wo nach dem Nazi-Putschversuch und der Ermordung von Bundeskanzler Dollfuß der Antisemitismus auch offener zutage tritt, überlegen sich viele Juden, das Land Richtung Skandinavien oder England zu verlassen. Itzig steht am Kartenschalter des Wiener Nordbahnhofes, klärt und murmelt: »Soll ich fahren auf Krakau bloß, oder bis auf Przemysel?« Der Schalterbeamte wird ungeduldig: »Also, wird's bald?!«

Daraufhin Itzig verärgert: »Sie, wer'n Se nicht unhöflich! Es gibt auch noch andere Bahnhöf' in Wien!«

Theodor Körner, 1934 wie viele andere sozialdemokratische Politiker vom Ständestaat-Regime verhaftet, wird zwar freigelassen, aber unter polizeiliche Beobachtung gestellt. Dennoch gelingt es Körner, Kontakt zu Parteifreunden wie Adolf Schärf, Josef Afritsch oder dem jungen Bruno Kreisky zu halten. Er befolgt nämlich diesen Rat eines ihm wohlgesonnenen Kriminalbeamten: »Wenn Sie Ihre Freunde am Abend besuchen, dann ist das sehr verdächtig, weil wir wissen, dass Konspiration immer nach Einbruch der Dunkelheit betrieben wird. Am Nachmittag ist das ganze schon weniger gefährlich. In der Früh aber passt kein Mensch auf Sie auf.« Also arrangiert Körner seine Treffen stets am frühen Morgen …

Ein jüdischer Händler wird auf ein Wiener Finanzamt zitiert. Er will seine Steuern nicht zahlen und streitet mit dem zuständigen Referenten. Endlich schreit er erbost: »Warten Sie nur ab, bis die Nazis nach Österreich kommen!«

»Was?«, fragt der Finanzbeamte: »Und das sagen ausgerechnet Sie?«

»Na, warum nicht?«, triumphiert der Jude. »Soll ich Ihnen sagen, was wird stehen über dem Finanzamt? Wird stehen: ›Für Juden verboten!‹«

# Der Tanz auf dem Vulkan

Die nur vier Jahre dauernde Regierung des Bundeskanzlers Dr. Kurt von Schuschnigg war ein mühsamer und letztlich erfolgloser Kampf, die Unabhängigkeit Österreichs zu erhalten. Adolf Hitler demütigte den österreichischen Kanzler, der nationalsozialistische Minister in sein Kabinett aufnehmen musste. Es kam zu einem Besuch Schuschniggs bei Hitler auf dessen Berghof. Doch es wurde immer klarer, dass der Naziführer einen zweiten deutschen Staat, wie sich Österreich selbst definierte, neben seinem Deutschen Reich nicht zu akzeptieren bereit war.

Bislang verbotene nationalsozialistische Zeitungen wurden in Österreich wieder erlaubt, was neben anderen Ereignissen zum Untergang des austrofaschistischen Regimes beitrug. Am 24. Februar 1938 beendete Schuschnigg einen flammenden Appell, die Unabhängigkeit Österreichs zu bewahren, mit dem Ruf »Bis in den Tod! Rot-Weiß-Rot! Österreich!« Der Tenor dieser Rede brachte Hitler zusätzlich auf.

Kurt von Schuschnigg startete noch einen letzten Versuch, die Souveränität des Landes zu behaupten, indem er für den 13. März 1938 eine Volksabstimmung plante. Dabei sollte über die Unabhängigkeit Österreichs abgestimmt werden. Für diese Unabhängigkeit wären neben den Christlich-Sozialen auch die Sozialdemokraten und die Kommunisten eingetreten. Die nationalsozialistischen Mitglieder der österreichischen Regierung erklärten das geplante Plebiszit für verfassungswidrig. Schuschnigg hatte das Kabinett nämlich nicht konsultiert und überdies war die Volksabstimmung administrativ aufgrund der Zeitknappheit nicht vorbereitet.

Jedenfalls war die Naziführung in Berlin nun alarmiert und änderte ihre Taktik gegenüber Österreich. Schließlich, so befürchtete Hitler, könnte ein Votum eine Mehrheit gegen den Anschluss Österreichs an das Deutsche Reich bringen. Am 10. März 1938 musste Schuschnigg die Volksabstimmung absagen. Der österreichische Kanzler wurde zum Rückzug gezwungen. Bundespräsident Wilhelm Miklas gelang es nicht, einen nicht-nationalsozialistischen Kanzler zu finden. Also übernahm der Nazi Arthur Seyß-Inquart für drei Tage die Regierungsgeschäfte, nachdem

Hermann Göring massiven Druck ausgeübt hatte. Am 13. März 1938, dem Tag des Anschlusses Österreichs an das Deutsche Reich, war alles vorbei.

Es war ein Tanz auf dem Vulkan, den die Bevölkerung des kleinen Österreich damals erlebte. Und dennoch behielten die Menschen auch in dieser Zeit ihren Humor.

Bundeskanzler Kurt von Schuschnigg schätzt es gar nicht, dass böse Witze über ihn verbreitet werden. Er lässt die Polizei nach den Urhebern dieser Witze suchen. Als ein Witzeproduzent festgenommen und zu Schuschnigg gebracht wird, herrscht ihn dieser an: »Was fällt Ihnen ein, blöde Witze auszustreuen. Sie wissen doch genau, dass neun Zehntel der Österreicher hinter mir stehen?!«

Da entkommt dem guten Mann ein lauter Lacher: »Herr Bundeskanzler, der Witz ist gut, aber dafür können Sie mich nicht bestrafen, der ist nicht von mir!«

Als eines Morgens vor dem Bundeskanzleramt in Wien ein Korb mit einem Säugling entdeckt wird, befragen die führenden Beamten sogleich alle Mitarbeiter, ob das Kind wohl aus dem Haus stammt. Ein Hofrat sagt, dies sei völlig unmöglich. Hier sei nämlich noch nie ein Akt innerhalb von neun Monaten erledigt worden. Überdies sei in diesem Amt auch noch nie mit Lust und Liebe gearbeitet worden. Und schließlich sei vom Ballhausplatz noch nie etwas in die Welt hinausgegangen, das Hand und Fuß hat …

Wissen Sie, wer der schlechteste Maler ist? – Schuschnigg. Der streicht ununterbrochen sein Kabinett neu an und immer wieder schlägt das Braune durch …

In Berlin, wo die Braunen längst fest im Sattel sitzen, steigt ein Mann in die Straßenbahn ein und will sich auf den einzig freien Platz neben einem Juden setzen. Aber auf diesem Platz liegt ein Paket. Also fährt er den Juden an: »Nehmen Sie das Paket von diesem Platz weg!«

»Warum denn?«, wehrt sich der Jude.

»Nehmen Sie unverzüglich das Paket weg oder ich rufe den Schaffner!«

Es entwickelt sich ein verbaler Schlagabtausch, da schaltet sich der Schaffner, offensichtlich ein Nazi, brüllend ein: »Nehmen Sie jetzt das Paket von dem Sitz oder ich werfe es aus dem Fenster!«

Der Jude tut so, als gehe ihn das nichts an, also schmeißt der Schaffner das Paket durch das offene Fenster auf die Straße und schreit: »Sie werden lernen, die Rechte anderer zu respektieren!«

Der Jude kurz angebunden: »Das war nicht mein Paket …«

Folgender Witz macht in Berlin die Runde: Propagandaminister Joseph Goebbels packt den ersten Juden, den er auf der Straße antrifft, beim Kragen und hängt ihm ein großes Plakat um den Hals, auf dem zu lesen steht: »Juden raus, Arier rein!« Der Jude, so befiehlt Goebbels, müsse dieses Plakat einen Tag lang auf einem öffentlichen Platz tragen. Am Nachmittag will er überprüfen, ob der Jude seine Anordnung ausführt. Nirgendwo ist der Mann zu finden, bis ihn Goebbels endlich auf dem Friedhof entdeckt – mit dem großen Plakat um den Hals: »Juden raus, Arier rein!«

Ebenfalls in Berlin bricht ein Tiger aus dem Zoo aus und rennt durch die Stadt. Die Menschen geraten in verständliche Panik, da gelingt es einem mutigen jungen Juden, die Raubkatze mit einem Lasso einzufangen und festzuhalten, bis die Wärter des Tiergartens den Tiger in seinen Käfig zurückbringen. Ein Zeitungsreporter informiert von diesem Vorfall seinen Chefredakteur, den Judenhasser Julius Streicher, der einen Bericht in sein Blatt »Der Stürmer« unter diesem Titel einrückt: »Grausamer Jude überfällt hilflose Katze!«

Ein Jude sitzt auf einer Parkbank und liest besagte Nazizeitung »Der Stürmer«. Da kommt ein anderer Jude vorbei, der sich empört: »Wie kann ein Jude ein antisemitisches Schmierblatt lesen?«

Darauf antwortet der Erste: »Wissen Sie, wenn ich die jüdische Presse lese, wird mir ganz übel, denn da stehen furchtbare Sachen über Misshandlungen, Verhaftungen und Vertreibungen von Juden. Da lese ich lieber den ›Stürmer‹, denn worüber berichtet der? Dass die Juden die ganze Welt beherrschen, den Welthandel domieren und alle Regierungen beeinflussen. Da wird mir ganz wohl ums Herz!«

Irgendwo in der deutschen Provinz befragt ein Lehrer seine Schüler:

»Wie lautet Dein Vorname, Mayer?«

»Horst.«

»Und Deiner, Müller?«

»Hermann.«

»Und Dein Vorname, Rosenblatt?«

»Sie werden lachen, Herr Lehrer: Adolf.«

Etwa zur gleichen Zeit sitzen im Wiener Stadtpark zwei Juden und räsonieren über den immer massiveren Antisemitismus in Österreich. Da kommt ein Vogel geflogen und lässt eine Absonderung auf Kohns Hut herunterfallen. »Da siehst Du«, sagt Itzig bitter, »was ich Dir gesagt hab': für die Goi (Anm.: Nichtjuden) singen sie!«

Levy und Blau sitzen in einem Kaffeehaus in der Wiener Innenstadt, studieren die Zeitungen und besprechen alles Mögliche.

Blau: »Stell Dir vor, der Ätna ist ausgebrochen!«

Levy: »Wer ist der Ätna?«

Blau: »Das ist ein italienischer Vulkan, der Feuer speit!«

Levy denkt nach und fragt dann: »Ist das gut oder schlecht für uns Juden?«

Dialog in der Wiener Straßenbahn.

Ein Antisemit: »Alles Unglück kommt von den Juden!«

Ein Jude: »Nein, es kommt von den Radfahrern.«

Der Antisemit: »Wieso von den Radfahrern?«

Der Jude: »Wieso von den Juden?«

Eine gut besuchte Varietévorstellung in Wien.

Ein Vortragskünstler kommt auf die Bühne, da dreht sich ein Jude zu seinem Nachbarn hin und raunt ihm zu: »Einer von unsere Leut'!«

Als nächstes betritt eine Sängerin die Bühne. »Auch eine von unsere Leut'«, sagt der Jude.

Schließlich ist ein Tänzer an der Reihe. »Wieder einer von unsere Leut'«, bemerkt der Jude.

»Oh Jesus«, stöhnt der genervte Nachbar.

»Der ist auch einer von unsere Leut'«, bestätigt der Jude.

Isidor Rosenzweig lässt sich in Wien zum lutherischen Glauben bekehren, obwohl die meisten Christen hier Katholiken sind. Befragt, warum er das mache, antwortet Rosenzweig: »Wenn ich gleich Katholik werde, will man von mir wissen, welche Konfession ich vorher hatte. Und dann muss ich sagen: Jude. Wenn ich mich aber jetzt katholisch taufen lasse und es fragt mich einer nach meinem bisherigen Glauben, kann ich ihm sagen: Lutheraner.«

Die Bedrohung Österreichs durch Hitler-Deutschland wird immer stärker. Dennoch ist Mandelbaum hinsichtlich der Anschlussgefahr zuversichtlich: »Niemals wird der Hitler in Österreich einmarschieren, denn sonst gibt's Krieg. Schau' Dir doch die Erdkugel an, lieber Blau: Da liegt das kleine Deutschland in der Mitte – und das alles rundherum gehört zu Frankreich, zu England, und dort das riesige Russland, von Amerika gar nicht zu reden!«

»Gut und schön«, wirft der skeptische Blau ein. »Aber weiß das auch der Hitler?«

Der spätere König Edward VIII. hält sich als Prinz von Wales gerne zur Jagd in Österreich auf. Bundespräsident Wilhelm Miklas lädt ihn zu einem festlichen Empfang in die Hofburg ein. Der Prinz fragt beim Betreten des Saales seinen Sekretär: »Was kann ich mit dem Präsidenten besprechen?«

»Königliche Hoheit«, erwidert der Sekretär, »Miklas war Mittelschulprofessor in Horn, ist politisch uninteressant und hat zwölf Kinder.«

Wenige Minuten später lehnen der Prinz und der Präsident an einem Fenster in der Hofburg. Nach ein paar höflichen Phrasen herrscht mangels Gesprächsthemen Stille. Da erinnert sich der Prinz: »Sagen Sie, Exzellenz, ist das wahr, Sie sind Vater von zwölf Kindern? Wie kommt das?« Darauf Miklas: »Mein Gott, königliche Hoheit! In Horn, in Horn, und wenn's regnet …«

Nach seiner kurzen Regentschaft 1936 trifft der nunmehrige Herzog von Windsor mit Bundeskanzler Kurt von Schuschnigg zusammen, der ihn fragt: »Wie machen Sie es bloß, dass Sie bei der Bevölkerung so beliebt sind?«

Der Herzog schlagfertig: »Tun Sie es mir einfach gleich und treten Sie zurück!«

Als Karl Kraus, der Autor des Buches »Die letzten Tage der Menschheit« und scharfzüngige Kommentator des Zeitgeschehens, 1936 in Wien stirbt, reagiert sein Intimfeind Anton Kuh mit den Worten: »Wenn einem so ein Feind wegstirbt, da geht ein Freund dahin.« Und Oskar Kokoschka sagt: »Karl Kraus – abgestiegen zur Hölle, zu richten die Lebendigen und die Toten!« Egon Friedell wiederum äußert sich so: »Ein Mensch, der davon gelebt hat, andere umzubringen, kann doch nicht tot sein!«

Die 1873 anlässlich der Weltausstellung errichtete Rotunde, ein großer Kuppelbau im Wiener Prater, fällt 1937 einem Großbrand zum Opfer. Die Schläuche der Feuerwehr sind gerade ausgelegt, da erscheint Bundespräsident Wilhelm Miklas, um sich über den Stand der Löscharbeiten zu informieren. Miklas dankt dem Polizeipräsidenten, nimmt eine Schere, zerschneidet einen Schlauch und sagt: »Hiermit erkläre ich den Brand der Rotunde feierlich für eröffnet!«

*So sah der Zeichner im »Daily Express«, London, vom 17. Februar 1938 die höchst prekäre Situation der österreichischen Regierung.*

Im Hofe eines Wiener Gefängnisses drehen die Häftlinge ihre Runden. Da fragt einer: »Ist Euch bewusst, dass in Österreich heutzutage die Maul- und Klauenseuche ärger wütet als früher einmal die Pest?«

»Wieso?«, wirft ein Zweiter ein.

Darauf der Erste: »Ich sage es Euch: Unten maulen's und oben klauen's!«

Anton Kuh wird kurz vor dem Anschluss Österreichs von Bundeskanzler Kurt von Schuschnigg aufgefordert, ihn in dessen Büro aufzusuchen und seine Einschätzung der politischen Lage zu erläutern. Später sagt Kuh dazu: »Am selben Tag packte ich die Koffer und fuhr nach Paris. Weil ein Land, das meinen Rat braucht, rettungslos verloren ist!«

Jene österreichischen Juden, die es sich finanziell leisten können, wollen nun aus Angst vor dem Einmarsch der Nazitruppen schleunigst das Land verlassen. Ein Jude geht mit seinem Koffer auf einen Wiener Bahnhof, da fährt ihm der Zug doch glatt vor der Nase weg. »Alles Antisemiten!«, murmelt er verbittert.

Ein anderer Jude schafft es gerade noch, in einen Fernzug zu steigen.

»Dann kam der Schaffner und schaute mich an, als hätte ich keine Fahrkarte.«

»Und was hast Du getan?«, fragt sein Freund.

»Ich habe ihn angeschaut, als hätte ich eine Fahrkarte.«

Wenige Tage vor der Abschlussprüfung seines Jusstudiums am Ende der Ära Schuschnigg wird der illegale Sozialist Bruno Kreisky, der zwei Jahre zuvor als 25-Jähriger im sogenannten Sozialistenprozess des Hochverrates angeklagt war, vom Leiter der Wiener Staatspolizei, Hofrat Weiser, zu sich bestellt. Der fragt ihn angesichts der Bedrohung durch das Dritte Reich beinahe freundschaftlich: »Na, was werdet's denn jetzt eigentlich machen?«

Kreisky antwortet ironisch: »Ja, so ist das mit der Diktatur. Wenn sie mit der Opposition in Kontakt kommen will, kann sie das nur über die Staatspolizei.«

*Der Zeichner Parrish in der »Chicago Tribune« vom 11. März 1938 über das Ende der Ersten Republik*

Und am 14. März 1938, als die Hitler-Truppen schon im Lande sind, erscheint die Gestapo in der Wohnung der jüdischen Familie Kreisky, um den Jungsozialisten festzunehmen. Zu diesem Zeitpunkt ist Bruno Kreiksy aber nicht zu Hause, sondern legt gerade die Abschlussprüfung seines Jusstudiums ab. Professor Schönbauer, ein prominenter Deutschnationaler, weiß genau, wen er vor sich hat, weshalb die Prüfungsfrage auch nicht einer gewissen Pikanterie entbehrt. Kreisky soll die Rechtmäßigkeit des Anschlussgesetzes begründen. Der Kandidat gelassen: »Ich bitte, mir eine andere Frage zu stellen, weil ich, eben wegen Bestreitung der Rechtsgrundlage der Regierungen Dollfuß, Schuschnigg und Seyß-Inquart, nicht in der Lage bin, eine positive Begründung zu geben.«

Professor Schönbauer, verblüfft: »Diese Antwort nennt man in Ihren Kreisen wohl Chuzpe?«

# Schweigen ist Gold, Reden ist Dachau

Nach dem Einmarsch deutscher Truppen meldete Adolf Hitler »vor der Geschichte« am 15. März 1938 den »Eintritt seiner Heimat« in das Reich. Erst drei Tage davor war die militärische Okkupation erfolgt. Das »Gesetz über die Wiedervereinigung Österreichs mit dem Deutschen Reich« wurde Bundespräsident Wilhelm Miklas zur Unterschrift vorgelegt, der sich aber weigerte und demissionierte.

Nur wenige Wochen nach dem Anschluss, am 1. April 1938, kam es bereits zum ersten Transport von 150 »Ostmärkern«, wie die Österreicher nun genannt wurden, in das Konzentrationslager Dachau in Bayern. Schon kritische Bemerkungen über die Okkupanten konnten einen ins KZ bringen. Einer der ersten Flüsterwitze, die nun in Umlauf kamen, war dieser Sager: Schweigen ist Gold, reden ist Dachau.

Karl Farkas und Fritz Grünbaum waren noch bis unmittelbar vor dem Anschluss im Kabarett »Simpl« aufgetreten. Jetzt wurde diese Bühne, die der Familie Goldfarb gehörte, arisiert. Der Nationalsozialist Felix Bernard als neuer Direktor engagierte Wondra und Zwickl als Conférenciers. Auch Fritz Muliar, Paul Löwinger und Mitzi Tesar wurden verpflichtet. Die Reichskulturkammer hatte ein Auftrittsverbot für jüdische Künstler erlassen. Grünbaum versteckte sich zunächst, wurde dann aber in ein Gestapo-Notgefängnis in der Karajangasse gebracht. Hier teilte er mit dem jungen Sozialisten Bruno Kreisky eine Zelle. Kreisky, dem später ebenso wie Karl Farkas die Emigration gelang, erzählte über diese Zeit: »Wir mussten den ganzen Tag nur gehen, fortwährend gehen. Da blickte einmal der kleine Grünbaum zu mir herauf und sagte: ›Und die draußen glauben, wir sitzen!‹« Selbst im Konzentrationslager Dachau behielt Fritz Grünbaum noch seinen Humor. Als er einmal nach Seife verlangte, die man ihm nicht gab, war seine Reaktion: »Wer kein Geld für Seife hat, soll sich keine KZs leisten!« Am 14. Jänner 1941 kam dieser große Humorist in Dachau zu Tode. Auch Jura Soyfer, Peter Hammerschlag und Paul Morgan wurden in KZs ermordet. Und Egon Friedell kam der Verhaftung durch die Gestapo am 16. März 1938 mit Selbstmord zuvor.

Viele österreichische Kabarettisten emigrierten nach Amerika oder Großbritannien. Schon 1938 etablierte sich in New York eine »Viennese Theatre Group«. Etwas später konnte man Karl Farkas ebenso wie Armin Berg in einem Emigrantencafé im Big Apple erleben.

Am 10. April 1938 fand im gesamten Deutschen Reich eine Volksabstimmung über den Anschluss Österreichs statt. Dieser »Volksentscheid, der keiner ist« erbrachte mehr als 99 Prozent Ja-Stimmen. Als der Münchner Komiker Karl Valentin über dieses Ergebnis informiert wurde, meinte er: »Sonderbar, ich treffe immer nur das eine Prozent!«

Nicht alle Österreicher nehmen den Anschluss an Hitler-Deutschland allzu ernst. Darunter ist der Sänger Leo Slezak, der vom Fenster seiner Wohnung im Heinrichshof vis-à-vis der Staatsoper gemeinsam mit Freunden die Fahrt Adolf Hitlers zum Heldenplatz verfolgt. Als einer ernste Zweifel äußert, ob sich Österreich werde behaupten können, meint Slezak schmunzelnd: »Lieber Freund, gegen den Knoblauch und den Weihrauch können auch die Piefke nicht anstinken.«

Als der Amtsdiener Pschistranek die Nachricht vom deutschen Einmarsch bekommt, eilt er zu Hofrat Pomeisl, einem altgedienten Beamten, den nichts so leicht erschüttern kann.

»Herr Hofrat«, meldet er aufgeregt, »ham S' scho g'hört? Die Deutschen sind einmarschiert!«

Der Herr Hofrat betrachtet sinnierend seine Zigarre, klopft bedächtig die Asche ab und weist den Amtsdiener zurecht: »Nur ka Aufregung, Pschistranek, nur ka Aufregung. Wir werden's scho demoralisieren!«

Dieser Reim schildert ein misslungenes militärisches Unternehmen der Habsburger-Monarchie, an das man sich 1938 erinnert:

*1866 warfen sie uns nieder,*
*Bei Königgrätz, die preußischen Brüder.*
*Und wie die räudigen Hund'*
*Warfen sie uns aus dem Deutschen Bund.*
*Wir waren immer die Lappen,*

*Ostmärker, die schlappen.*
*Doch als sie brauchten uns're Butter*
*Und uns selbst als Kanonenfutter,*
*Uns're Rohstoffe und unser Geld,*
*Da haben sie uns wieder heimgeholt.*
*Doch wir pfeifen auf die Preußen,*
*Und werden's wieder außischmeißen.*

Auf Königgrätz kommen ein Deutscher und ein Österreicher anlässlich des Anschlusses an das Reich zu sprechen. Der Deutsche sagt: »Hitler ist ein Geschenk Gottes an das deutsche Volk.«

Darauf der Österreicher: »Der Hitler? Den haben wir Österreicher doch auf Euch losgelassen aus Rache für 1866!«

Ein Piefke klopft einem wohlgenährten Wiener auf den Bauch: »Na, det is och so'n Backhendlfriedhof.«

Darauf das Wiener Urgestein: »Na, seit Ihr da seid, is' des nur mehr a Erdäpfelkeller.«

Ein Besucher aus dem »Altreich«, wie die Nazis ihr Deutsches Reich nennen, kommt in ein Wiener Papiergeschäft und verlangt Schreibpapier. Er befühlt es lange und kommt zu dem Schluss: »Bei uns im Altreich gibt es viel feineres Papier.«

Der Verkäufer schaut den Kunden an und sagt: »Ich möcht' Ihnen da net widersprechen, der Herr hat daheim bestimmt auch viel feinere Lumpen!«

Ein arroganter Piefke: »Jetzt ist es aus mit Eurer Gemütlichkeit, Eurer österreichischen. Ihr werdet erleben, dass in Deutschland alles verwertet wird. Bald werden wir sogar aus Zwiebeln Geld machen.«

Der Wiener unbeeindruckt: »Dös hab' i mir eh schon denkt. Denn immer, wenn i in mei Geldbörsel schau', kommen mir die Tränen.«

Ein »Altreichsdeutscher« besucht die »heimgeholte« Ostmark. Er möchte einen Kaiserschmarren essen, hat aber angesichts der »Neuordnung« Hemmungen, nach einem nach dem Kaiser benannten Schmarren zu fragen. Also bestellt er einen »Hitlerschmarren«. Der Kellner enteilt und bringt sodann eine Zeitung: »Bitt' schön, der Herr, hier ist der ›Völkische Beobachter‹«.

Man erzählt sich, dass die Piefkes jetzt einen Zippverschluss über den Mund bekommen sollen.

»Ja, warum denn das?«

»Na, dass ihnen nicht einmal beim Reden die obere Kopfhälfte nach hinten fällt.«

Ein Wiener sitzt einem Preußen in einem Zugabteil gegenüber. Der Piefke schläft und schnarcht mit weit offenem Mund. Der Wiener ärgert sich. Schließlich wird es ihm zu viel. »Hörst!«, schreit er aufgebracht. »Mach' doch wenigstens beim Schlafen das Maul zu!«

Wo auf der Welt ist jetzt das heißeste Klima? – In Österreich, denn da sind die Menschen über Nacht braun geworden.

Kurz nach dem Anschluss besucht Adolf Hitler inkognito Wien und geht hier auch zum Heurigen. Dort beobachtet er einen Mann, der einen Liter Wein nach dem anderen trinkt und schon ziemlich angeheitert ist. Schließlich kann sich Hitler nicht mehr zurückhalten: »Mann!«, sagt er, »ist Ihnen denn nicht leid um die Reichsmark?« »Nein«, sagt der Trinker, »aber um die Ostmark!«

Ein betrunkener Goi torkelt eines Nachts durch Grinzing auf den entgegenkommenden Samy zu und murmelt: »Sie – Sie sind – a Jud!«

Samy: »Und Sie? Sie sind total besoffen!«

Der Goi: »Ja, ja – aber das vergeht bis morgen früh!«

Ein Schweizer trifft in Wien seinen jüdischen Freund: »Wie kommst Du Dir vor unter den Nazis?«

»Wie ein Bandwurm«, antwortete der. »Ich schlängle mich Tag und Nacht durch die braunen Massen und warte, dass ich abgeführt werde.«

Der christliche Lieferant einer Wiener Mazzebäckerei, die das ungesäuerte Osterbrot der Juden herstellt, klingelt an der Tür eines Kunden, der sogleich öffnet und diese Botschaft vernimmt: »Heil Hitler, Herr Blau, ich bringe Ihre Mazzen!«

In einem Lokal in der Wiener Leopoldstadt beklagen zwei Juden ihre schweren Lebensumstände. Der Erste schwermütig: »Moses war ein großes Rindvieh!«

»Um Himmels willen!«, entgegnet der Zweite. »Wie redest Du vom großen Propheten, der uns aus Ägypten herausgeführt hat?!«

»Eben deswegen! Hätt' uns der Moses nicht herausgeführt, so hätt' ich jetzt einen englischen Pass!«

In einer Linzer Buchhandlung verlangt ein Mädchen schüchtern »Aus dem Leben eines Taugenichts«. Der Verkäufer überreicht prompt Hitlers »Mein Kampf«. Wenig später betritt eine Dame das Geschäft und sagt: »Ich möchte etwas zum Lesen für meinen kranken Mann.«

»Darf es etwas Nationales sein?«, will der Verkäufer wissen.

»Nein, so krank ist er auch wieder nicht!«

Auf der Wiener Mariahilfer Straße rempelt ein Jude versehentlich einen SS-Mann an, worauf ihn dieser anschreit: »Schwein!«

Der Jude verbeugt sich artig und sagt: »Rosenblatt!«

Ein Jude verlässt das Gestapo-Gebäude in Wien, da kommt ihm ein SS-Mann entgegen. Bewusst provozierend fragt er den Juden, der gerade ein langes Verhör hinter sich hat und nach Hause gehen möchte: »Wohin wollen Sie so eilig? Sie kommen von hier nur weg, wenn Sie mir diese Frage beantworten können: Welches meiner beiden Augen ist ein Glasauge?«

»Das linke«, sagt der Jude wie aus der Pistole geschlossen.

»Woher wissen Sie das?«, kontert der SS-Mann.

»Es blickt so menschlich …«

Zwei Schulkollegen im Gasthaus.

»Gestern ist Otto verhaftet worden.«

»Warum? Der war doch ein anständiger Mensch!«
»Eben darum.«

Die katholischen Feiertage werden alle umbenannt. Ab sofort heißen sie:
Maria Denunziata
Maria Haussuchung
Maria Gefängnis

Graf Bobby entkommt einer Verhaftung durch die Gestapo nur durch seine Zusage, für die Nazis Spitzeldienste zu machen. Bei der nächsten Begegnung mit Rudi fragt ihn Bobby: »Wie denkst Du über das Dritte Reich?«
»Komische Frage, genauso wie Du!«, lautet Rudis Antwort.
»Wenn das so ist«, sagt Bobby mit einem bedauernden Unterton, »muss ich Dich leider verhaften lassen!«

Der Gauleiter von Oberdonau inspiziert eine Schule in Linz.
Die Fragen des hohen Besuchers und die Antworten der Schüler sind genau vorbereitet.
»Wer ist Dein Vater?«
»Adolf Hitler!«
»Wer ist Deine Mutter?«
»Deutschland!«
Jetzt ist der kleine Maxi an der Reihe.
»Wer ist Dein Vater?«
»Adolf Hitler!«
»Wer ist Deine Mutter?«
»Deutschland!«
»Was möchtest Du gerne werden?«
»Vollwaise, Herr Gauleiter!«

Die neureiche Frau Pollak von Parnegg stellt bei einem Abendessen den Gästen ihre Kinder vor: »Moische von Parnegg, Itzig von Parnegg …«
Fragt ein Gast: »Gut und schön, aber sagen Sie: von Pollak ist keines?«
Als besagte Frau Pollak Ende März 1938 ein Transparent mit der Aufschrift »Wien ist frei!« auf der Ringstraße sieht, wendet sie sich an Frau Rubinstein: »Was, die Deutschen sind schon wieder weg?«

Die Situation der Juden wird immer bedrohlicher. All jene, die keinen »Ariernachweis« erbringen können, schweben in Gefahr. Bis zurück zu den Großeltern muss gemäß der Naziterminologie »Reinrassigkeit« nachgewiesen werden. Also geht Sarah auf den Friedhof und besprüht das Familiengrab mit Weihwasser. Auf die Frage des verwunderten Friedhofswärters, warum sie das mache, sagt Sarah: »Ich taufe meinen Ahnen!«

Familiengespräch am Küchentisch.
»Wer ist die begehrteste Frau im Dritten Reich?«
»Die arische Großmutter.«
»Nein, die jüdische Urgroßmutter. Sie hat Geld in die Familie gebracht und schadet nicht mehr.«

Graf Rudi trifft auf der Wiener Kärntnerstraße seinen Freund Bobby, der ein Gewehr mit sich trägt. Auf die Frage des verblüfften Rudi nach dem Grund für diese »Bewaffnung« meint Bobby: »Die Nazis wollen eine Sterbeurkunde meiner Großmutter. Jetzt muss ich die nette alte Dame halt umbringen …«

Wie alle »Ostmärker« hat auch der aus Thessaloniki stammende große Schauspieler Raoul Aslan den »Ariernachweis« zu erbringen. Er begibt sich also auf das zuständige »Sippenamt« mit einer überdimensionierten Aktentasche, aus der er einen Wust von Dokumenten hervorzieht und auf den Tisch legt. Dann erklärt er in bestem Burgtheaterdeutsch: »Ich habe den gesamten Balkan mit Anfragen übersät. Hier sind die Antworten. Genügt es, ist es gut! Genügt es nicht, dann ist es auch gut. Dann mag ich eben fortan als Jude gelten …«

Raoul Aslan gilt als »Ein-Mann-Widerstandsbewegung«. Eines Tages wird er in die Reichsstatthalterei auf dem Ballhausplatz eingeladen. Er geht auch tatsächlich hin, was seine Freunde mit Besorgnis erfüllt. Am Morgen nach dem Abendessen, zu dem ihn Baldur von Schirach gebeten hat, erscheint Aslan bester Laune im Burgtheater und erzählt: »Dieser Schirach ist ein hochgebildeter, feiner Mann. Er empfing mich am Eingang des Hauses und hob die Hand. Ich tat desgleichen und also schritten wir segnend durch die Räume …«

Steht ein Jude vor einem Kiosk und studiert den ausgehängten »Stürmer«. Da kommt einer vorbei und sagt: »Gelt, da schaun S', was der alles über Euch weiß?«

Darauf der Jude: »Ich kann doch gar nicht lesen.«

Und der andere: »Dann werd ich's Ihnen vorlesen. Es steht da, dass Ihr uns vernichten werdet.«

Der Jude: »Gott soll geben!«

Ein Wolfshund fällt in einem Wiener Randbezirk über einen alten galizischen Juden her, der die Bisse mit seinem Stock abwehrt. Passanten verfolgen dieses Schauspiel und am nächsten Tag steht in der Zeitung: »Jüdischer Hausierer beißt deutschen Schäferhund.«

Noch können in Wien jüdische Kinder zusammen mit ihren »arischen« Kollegen in die Schule gehen.

»Was weißt Du von den alten Germanen?«, fragt der Lehrer den kleinen Moritz.

»Nur das Beste, Herr Lehrer, nur das Beste!«

Warum ist auf dem Stimmzettel für die Volksabstimmung über den Anschluss Österreichs an Hitler-Deutschland am 10. April 1938 das Ja so groß und das Nein so klein gedruckt? – Ersteres für die Kurzsichtigen und letzteres für die Weitsichtigen.

Nach der Volksabstimmung mit ihren mehr als 99 Prozent Ja-Stimmen kann man auf Hausmauern die Kreideschrift lesen: »Nur die allerdümmsten Kälber wählen ihre Henker selber.«

Am Tag nach dem Referendum läutet bei Graf Bobby um Mitternacht das Telefon. Bobby hebt den Hörer ab, da flötet am anderen Ende eine Frauenstimme: »Entschuldigen Sie vielmals, Herr Graf, aber ich hab' falsch gewählt.«

Daraufhin Bobby: »Aber meine Gnädigste, das haben wir doch alle gemacht. Das ist doch kein Grund, mich mitten in der Nacht aufzuwecken, um mir das mitzuteilen.«

Viele Österreicher, die vor dem Anschluss »Wir wollen heim ins Reich!« gerufen haben, rufen jetzt »Wir wollen heim, uns reicht's!«

Kohn zu Levy: »Weißt Du den Unterschied zwischen Hitler und einem Leberkranken?«
»Nu?«
»Der eine ist leberleidend und der andere ist leider lebend.«

Wie soll eine gut gebratene Gans sein? – Braun wie Hitler, fett wie Göring, einen Schnabel wie Goebbels und g'rupft wie das ganze Land.

Zwei Freunde gehen im Wienerwald wandern. Der eine tritt in eine Kuh-flade und schreit sofort »Heil Hitler!«
Fragt der andere: »Was soll denn das?«
»Kennst Du nicht die neue Regel: Trittst in einen Haufen hinein, soll der Gruß ›Heil Hitler!‹ sein.«

Hitler kommt nach Wien und wird von einem Mann freundlich begrüßt: »Guten Morgen!«
Da schreit ihn der »Führer« an: »Sind Sie wahnsinnig? Solange ich regiere, grüßt man mit ›Heil Hitler!‹, da gibt es keinen ›Guten Morgen‹, ›Guten Tag‹ und ›Guten Abend‹, verstanden?!«

Wie grüßt man in Wien? – Der Profitler mit »Heil Hitler!«, der mit Sor-gen sagt »Guten Morgen!«, der mit Courage sagt »Leckt's mi am …«

Was bedeutet der Hitlergruß wirklich? – Aufgehobene Rechte.

Allen Piefke werden die Ohren nach hinten versetzt, damit'S die Papp'n noch weiter aufreißen können.

Wie immer in autoritären Regimen grassiert der Opportunismus. Wissen Sie, was ein medizinisches Wunder ist? – Die meisten Österreicher, sie können nämlich aufrecht gehen, obwohl sie längst kein Rückgrat mehr haben.

Hitler, Göring und Goebbels: Sie sind humorlos, sie sind nicht lustig, aber zutiefst lächerlich – Witzfiguren eben!

Was ist Mut? – Einen Witz zu erfinden.
Und was ist Übermut? – Diesen Witz zu erzählen.

Der von den Nazis 1938 abgesetzte oberösterreichische Landeshauptmann Heinrich Gleissner wird nach Fürsprache seiner Frau aus der Haft entlassen, was er so kommentiert: »Meine Politik hat mich ins KZ gebracht, die Politik meiner Frau hat mich wieder herausgebracht.«

Professor Sigmund Freud, der Begründer der Psychoanalyse, wird 1938 von der Gestapo in der Wiener Berggasse 19 aufgesucht, die ihn auffordert, das Land zu verlassen und schriftlich zu bestätigen, dass er von den Nazi-Behörden rücksichtsvoll behandelt worden sei und keinen Grund für irgendeine Beschwerde habe. Freud hat sich seinen Humor bewahrt, unterschreibt das vorbereitete Papier und stellt die Frage: »Darf ich den Satz anfügen, dass ich die Gestapo jedermann wärmstens empfehlen kann?«

So wie alle österreichischen Offiziere im Ruhestand bekommt der 65-jährige Theodor Körner einen Fragebogen zugeschickt. Man will seitens der neuen Machthaber in der »Ostmark« alles über seine Offizierslaufbahn wissen. Penibel füllt der General den Fragebogen aus. Auf die Frage nach seinen Auszeichnungen schreibt er nur: »Entfällt wegen Platzmangels.« Hingegen erwähnt er all seine Funktionen in der von den Nazis geächteten Sozialdemokratie oder seine Mitgliedschaft bei der gleichfalls verpönten Liga für Menschenrechte: »Denen hab' ich die Lust genommen, mich zu reaktivieren.«

# Eine gute und eine schlechte Nachricht

Am 20. August 1938 wurde auf Weisung des Gauleiters Josef Bürckel die Zentralstelle für jüdische Auswanderung gegründet. Diese Dienststelle des Sicherheitsdienstes der SS im 4. Wiener Gemeindebezirk richteten die Nazis zur Beschleunigung der jüdischen Auswanderung ein. Wer es sich leisten konnte, verließ die »Ostmark«, ging dabei allerdings des Großteils seines Hab und Guts verlustig. Der berüchtigte Adolf Eichmann und sein Mitarbeiter Alois Brunner leiteten dieses Amt, das ab Oktober 1939 auch Deportationen von Juden organisierte. Die Möglichkeit der Auswanderung endete offiziell am 23. Oktober 1941. Zwischen 1938 und 1941 wurden vom NS-Regime mehr als 130 000 österreichische Juden im Sinne der Nürnberger Rassengesetze vertrieben. Darunter waren zahlreiche Wissenschaftler, Künstler und Kulturschaffende. Karl Farkas, Max Reinhardt, Otto Tausig, Leon Askin, Billy Wilder, Arnold Schönberg, Ernst Krenek, Robert Stolz, Bruno Walter, Oskar Kokoschka, Fritz Wotruba, Elias Canetti, Ödön von Horváth, Robert Musil, Joseph Roth, Hilde Spiel, Friedrich Torberg, Franz Werfel, Manes Sperber und Stefan Zweig zählten zu den Vertriebenen, deren Werke als »entartete Kunst« von den Nazis geächtet wurden. Der Aderlass für das österreichische Kulturleben war gigantisch.

Der jüdische Humor fand nicht mehr im Kabarett statt, das natürlich »arisiert« wurde. Reichspropagandaminister Joseph Goebbels befand: »Wir haben eine Unterstützung durch Conférenciers und sogenannte Ulkmacher nicht nötig.« Aber im »Wiener Werkel« unter der Leitung des NSDAP-Mitgliedes Adolf Müller-Reitzner konnte die Kleinkunst doch irgendwie überleben. Unter den Autoren und Mitwirkenden waren Wilhelm Hufnagel, Rudolf Steinböck, Josef Meinrad, Hugo Gottschlich, Erich Nikowitz, Oskar Wegrostek oder Hans Putz. Bis zur Theatersperre im Herbst 1944 brachte das »Wiener Werkel« zehn Programme heraus. Zeitzeugen bewerteten diese Programme, die den engen Spielraum der Nazigesetze bis an die Grenze ausloteten, als mutig. Für Goebbels war das »Wiener Werkel« »keine Kleinkunstbühne, sondern ein KZ auf Urlaub.«

In den Flüsterwitzen, deren Erzählen freilich existenzbedrohend war, überlebte der jüdische Humor jedoch. Der Witz wurde gleichsam als Waffe gegen die Unterdrücker eingesetzt. Berühmt ist dieses Gespräch zweier Juden:

»Herr Kohn, ich kann Ihnen zwei Nachrichten überbringen, eine gute und eine schlechte. Welche wollen Sie zuerst hören?«

»Zuerst bitte die gute.«

»Hitler ist tot.«

»Wunderbar. Und jetzt die schlechte Nachricht!«

»Es is nebbich nix wahr!«

Zwei Juden kommen überein, ein Auswanderungsgesuch direkt an Adolf Hitler zu richten. Bloß über die zu wählende Anrede gibt es Unstimmigkeiten.

»Majestät? Das passt nicht zu einem Tapezierer!«

»Vielleicht Exzellenz?«

»Geht auch nicht. Herr Diktator?«

»Unmöglich!«

»Jetzt hab ich's. Wir schreiben ›Sehr geehrter Herr!‹ Durch Ihre Broschüre ›Mein Kampf‹ auf Sie aufmerksam geworden …«

Ein Jude, der das Deutsche Reich verlassen möchte, sucht ein Reisebüro auf, lässt sich einen Globus geben und überlegt anhand der Weltkugel, wohin er emigrieren könnte: Amerika hat seine Grenzen geschlossen, Palästina ist für Juden gesperrt, die südamerikanischen Länder geben keine Visa mehr aus. Völlig verzweifelt fragt der Jude den Chef des Reisebüros: »Entschuldigen Sie meine Zudringlichkeit, aber haben Sie vielleicht noch einen anderen Globus?«

Der alte Itzig will mit der Reichsbahn das Deutsche Reich verlassen. Wie er so allein im Abteil sitzt und aus dem Fenster des fahrenden Zuges blickt, entdeckt er ein Propagandaplakat: »Ein Deutscher lügt nicht!« Itzig liest halblaut: »*Ein* Deutscher lügt nicht!« Dann kommentiert er nachdenklich: »Mieses Perzent bei achtzig Millionen!«

Zwei Juden, die emigrieren wollen, stehen in der Schlange bei der Auswanderungsstelle.

»Sag', wohin willst Du auswandern?«

»Nach Schanghai.«

»Was? Soweit!«

»Weit von wo?«

Rosenblatt, der gerade noch aus Nazi-Deutschland entkommen ist, geht durch die Straßen von Manhattan und registriert erleichtert, dass es hier in Amerika keine Bänke mit der Aufschrift »Nur für Arier!« und keine Ämter mit dem Türschild »Eingang nur für Juden« gibt. Wie er bei einem Obstgeschäft vorbeikommt, tritt er ein, um ein paar Orangen zu kaufen.

»For juice?«, fragt die Verkäuferin.

Rosenblatt, verblüfft: »Was, auch hier?«

In New York eröffnet ein zugewanderter Jude eine Eisdiele. Über der Eingangstür befestigt er ein großes Schild: »Juden ist der Eintritt verboten!« Natürlich gibt es in der jüdischen Gemeinde darob große Empörung und man schickt zu dem Juden eine Delegation. Der hört sich die Vorwürfe geduldig an und fragt dann trocken: »Haben Sie denn mein Eis schon einmal gekostet?«

Emigrantentreffen im Big Apple. Der Erste sagt: »Ihr werdet es mir nicht glauben, aber zu Hause in Berlin war ich der größte Konfektionär der Stadt.«

Und der Zweite: »Ihr werdet es mir nicht glauben, aber daheim in Wien hatte ich ein großes Stadtpalais eines alten Adelsgeschlechtes.«

Der Dritte, mit einem Zwergpinscher auf dem Schoß: »Was mich betrifft, so war ich zu Hause genauso ein Nebochant wie jetzt. Aber mein Pinscher, der war zu Hause ein Bernhardiner.«

Zwei jüdische Emigranten aus Nazi-Deutschland unterhalten sich im Amazonasgebiet über ihre aktuellen Berufe.

»Ich fang' Schlangen, sammle das Gift, bring' es zur Flussmündung, dann fahr' ich wieder hierher. Me lebt.«

»Ich zapf' die Gummibäum' an«, erzählt der andere. »Hab' ich genug, bring' ich's zur Mündung und komm wieder hierher. Me lebt.«

»Was aber ist geworden aus dem alten Meisl?«

»Der ist geworden e Abenteurer.«

»Was?

»Der ist zurück nach Deutschland!«

Samir ist es endlich gelungen, aus Nazi-Deutschland nach Amerika zu emigrieren. Hier in New York besucht er Itzig, der längst da ist. Mit Verwunderung bemerkt Samir in Itzigs Wohnung ein Hitler-Bild an der Wand.

»Bist Du übergeschnappt? Wozu dieses Bild?«

»Gegen's Heimweh!«

Der Komponist Robert Stolz hat wie viele andere in den USA Zuflucht gefunden, wird aber immer wieder von Joseph Goebbels aufgefordert, in das Deutsche Reich zurückzukehren. Seine Antwort: »Gerne möchte ich zurückkommen. Ich möchte auch gerne wieder in meiner Heimat komponieren – aber nur, wenn es ein Trauermarsch für Adolf Hitler ist!« Später erzählt Stolz über seine Emigration: »Damals, als ich zu dem barbarischen Geräusch des Stechschritts meine Heimat verließ, da hab' ich mir gedacht: Zu so was san mir net geboren! Es war grad so, als hätt' ma dem Mozart einen Stahlhelm aufg'setzt …«

In der Emigration ist der Dichter Joseph Roth total verarmt und in Ostende darauf angewiesen, dass ihm Stefan Zweig eine Hose kauft. Eines Abends, man hat schon viel getrunken, schüttet sich der Dichter ein Glas Genever auf sein Sakko. Erstaunten Reaktionen aus dem anwesenden Freundeskreis begegnet Roth mit der Bemerkung: »Ich bestrafe den Millionär Stefan Zweig, der dem armen Roth eine Hose gekauft hat, aber keine Jacke dazu!«

In Paris wird Joseph Roth wiederholt von Damen der Gesellschaft eingeladen. Schließlich ist der Autor des »Radetzkymarsch« eine interessante Persönlichkeit. Auf die Frage einer Aristokratin, wie man den berühmten Wiener Apfelstrudel mache, sagt Roth: »Dazu brauchen Sie vor allem 1000 Jahre unwandelbaren Katholizismus und 700 Jahre Erzhaus Habsburg …«

Für den Romancier Raoul Auernheimer, der in Wien über ein Haus mit Dienerschaft verfügt hat, bedeutet die Emigration nach Kalifornien ein Leben in größter Bescheidenheit. Die Frage eines Freundes, wie er diese Umstellung bewältige, beantwortet Auernheimer so: »Ganz einfach, wenn ich läute, dann komme ich!«

Hans Jaray zählt auch zu jenen österreichischen Künstlern, die von den Nazis ins Exil getrieben werden. In New York spielt er Theater, und in Hollywood dreht er Filme. Auf die Frage, wie es ihm in Amerika gefalle, antwortet Jaray: »Amerika gefällt mir, aber ich gefalle mir nicht in Amerika.«

Der große Theatermann Max Reinhardt in der Emigration in Santa Monica: »Was die Zukunft anbelangt, glaube ich gewiss, dass die Sonne wieder aufgehen, die Glocken wieder läuten, die Menschen wieder zusammenkommen, die Erzbistümler wieder ›Grüß Gott‹ sagen werden, dass auch der Teufel eines schönen Tages wieder heimgehen wird, um seine eigene Großmutter zu fragen, wer ihn gemacht hat, und dass endlich statt Blut wieder Wein fließen wird. Aber: 's wird halt anders sein, und mir wer'n nimmer sein.«

Der Großbürgersohn Hermann Broch, der in der amerikanischen Emigration seinen »Tod des Vergil« vollendet, über die adeligen Damen, die den Bildungsbürger jüdischer Herkunft anhimmeln: »Der Adel hat eine Familiengeschichte, die jüdischen Bourgeoisie eine Neurosengeschichte.«

Beim Emigranten Isidor, der in einem drittklassigen Londoner Hotel logiert, läutet das Telefon. »Entschuldigen Sie«, sagt eine freundliche Stimme. »Bin ich richtig verbunden mit Baron Rothschild?« Darauf Isidor: »Joi, *wie* Sie falsch verbunden sind!«

Zwei jüdische Emigranten aus Wien besprechen im Londoner Exil, was wohl in zehn Jahren sein wird.
»Ich werd' wieder daheim in Wien sein. Und ich werd' mit meiner Sarah im Prater spazieren gehen. Es wird kommen ein alter Mann in

schlechten Kleidern. Stolz wird' ich zu meiner Sarah sagen: Schau hin, da geht er, der Hitler!«

Darauf der Zweite: »Ich hab' gewusst, Du bist ein Feigling. Ich werd' auch wieder in Wien sein, ins Kaffeehaus gehen und eine Zeitung lesen. Dann werd' ich eine andere Zeitung nehmen und es wird kommen ein Herr und höflich fragen: ›Verzeihung, ist diese Zeitung frei?‹ Da wird' ich nicht aufschauen, nur sagen: Für Sie nicht, Herr Hitler.«

Während der Nazizeit pendelt Kohn ständig zwischen Europa und Palästina hin und her. Als er gerade zum dritten Mal in Palästina ankommt, sagt er auf die Frage nach dem Sinn dieser Reisen: »Da ist es nicht gut, und drüben ist es erst recht nicht gut, überall gibt es nichts als Zores. Ruhe hat man nur auf dem Schiff.«

Blau ist von Wien nach Palästina ausgewandert. Bei der Einreise wird er gefragt, was er beruflich hier machen wolle.

»Ich mecht werden Ministerpräsident!«

»Sind Sie meschugge?«

»Gehört das zu den Qualifikationen?«

Der Kabarettist Werner Finck wird von der Gestapo verhaftet.

»Haben Sie Waffen bei sich? » fragt man ihn im Verhör.

Darauf Finck: »Wieso? Braucht man die hier?«

Die Wiener witzeln über Goebbels' Klumpfuß mit dem Satz: Lügen haben kurze Beine.

Was bedeutet NSDAP? – Na, Suchst Du Auch Pöstchen?

Kennen Sie den Unterschied zwischen Hitler und Gott? – Gott weiß, dass er nicht Hitler ist.

Was ist der Unterschied zwischen einem Nazi und einem Tumor? – Tumore können gutartig sein.

Warum hat sich der Nationalsozialismus so rasch verbreitet? – Weil er eine ansteckende Krankheit ist.

Was ist Glück? – Wenn im Herbst im Dritten Reich das Gras nicht auch noch braun wird.

Was sind Nazis in einer Ecke? – Ein rechter Winkel.

Warum haben Nazis immer Sägespäne unter den Fingernägeln? – Weil sie sich so oft am Kopf kratzen.

Gesamtdeutscher Schriftstellerkongress in Weimar Ende 1938. Reichspropagandaminister Joseph Goebbels fragt den österreichischen Dichter Josef Weinheber: »Sagen Sie mir bitte, was wir tun können, um die Kultur in der Ostmark zu fördern?« »In Ruah lassen«, antwortet Weinheber lapidar, »nur in Ruah lassen.«

Den intelligenten Österreichern dämmert es bereits: Bevor die Nazis kamen, ging es uns schlecht. Jetzt geht es uns besser. Aber wann wird es uns wieder gut gehen?

In Westösterreich kommt ein Bauer an einem Kruzifix vorbei und ruft »Grüß Gott!« In der Nähe sind SA-Männer, die das hören und sofort reagieren: »Das heißt ›Heil Hitler‹!« Der Bauer lässt sich freilich nicht aus der Ruhe bringen: »Solange der da oben hängt, gilt für mich ›Grüß Gott‹!’ Wenn der Führer da oben hängt, ist das etwas anderes.«

Auch zu diesem Thema erfindet man einen Reim:
*Der Bauer in seiner Not*
*Sagt wieder Grüß Gott,*
*Die Frauen mit ihren Sorgen*
*Sagen wieder Guten Morgen.*
*Der Arbeiter mit seiner Plag’*
*Sagt wieder Guten Tag.*
*Nur der Profitler*
*Grüßt mit Heil Hitler.*

*Der Mann mit Courage*
*Sagt leck mich am Arsch.*
*Die Bonzen und Profitler*
*Grüßen zackig mit Heil Hitler!*
*Beamte und der Mittelstand*
*Heben auch die Hand.*
*Das Volk jedoch mit seinen Sorgen*
*Sagt so wie gestern Guten Morgen!*
*Und nach dem großen Krach*
*Sagt alles wieder Guten Tach!*

Auch Adolf Hitler widmen die Untergrunddichter so manchen Vers:
*Wer italienisch grüßt,*
*Deutsche Mädchen Kinder kriegen lässt,*
*Aber selber keine Kinder machen kann,*
*Das ist ein deutscher Mann!*
*Wer grüßt auf römische Art*
*Und hat einen englischen Bart?*
*Wer trägt die Locken Napoleon gleich*
*Und ist geboren in Österreich?*
*Wer regiert wie Attila mit der Peitsche?*
*Adolf – der Teitsche!*

# Der Prototyp eines echten Ariers

Blond wie der »Führer« Adolf Hitler, schlank wie der Reichsmarschall Hermann Göring und athletisch gebaut wie der Reichspropagandaminister Joseph Goebbels – so wurden die drei Nazibonzen in einem Flüsterwitz karikiert. Denn Hitler war dunkelhaarig, Göring dickleibig und Goebbels schmalbrüstig und klein mit einem Klumpfuß. »Schrumpfgermane« oder »Humpelstilzchen« nannten Nazigegner hinter vorgehaltener Hand diesen gefährlichen Demagogen.

In der Nacht vom 9. auf den 10. November 1938 initiierte Goebbels ein Pogrom gegen die jüdische Bevölkerung im gesamten Deutschen Reich als »spontane Vergeltungsmaßnahme« für ein auf einen deutschen Diplomaten in Paris verübtes Attentat. In Wien dauerte der Schrecken mehrere Tage. 42 Synagogen und Bethäuser wurden verwüstet beziehungsweise in Brand gesetzt. Tausende Geschäfte und Wohnungen von Juden, die bislang noch nicht »arisiert« worden waren, plünderte der Nazimob beziehungsweise zerstörte oder beschlagnahmte sie. Mehr als 6500 Juden wurden verhaftet, fast 4000 von ihnen in das Konzentrationslager Dachau überstellt. Ähnliches ereignete sich in den österreichischen Bundesländern. Am 12. November 1938 wurde in einer Sitzung unter dem Vorsitz von Hermann Göring eine »Verordnung zur Ausschaltung der Juden aus dem deutschen Wirtschaftsleben« beschlossen. Wenige Wochen später, am 3. Dezember 1938, wurde eine weitere Verordnung in Kraft gesetzt, welche die Schließung noch bestehender jüdischer Betriebe sowie die Deponierung von Bargeld und Wertgegenständen jüdischer Bürger auf Sperrkonten vorsah. Die sogenannte »Reichskristallnacht«, das Novemberpogrom 1938, in der im gesamten Deutschen Reich 400 Menschen ermordet oder in den Suizid getrieben wurden, markierte den Übergang von der Diskriminierung der Juden, die von Hitler 1933 begonnen worden war, zur systematischen Verfolgung, die drei Jahre später in den Holocaust, also den organisierten Völkermord an den europäischen Juden mündete.

Das Naziregime hatte sein wahres Gesicht gezeigt. Und so wurde in einem Flüsterwitz die Frage gestellt: Gegen welchen Stand haben sich die

Nazis am meisten versündigt? – Gegen den Wohlstand, gegen den Anstand und gegen den Verstand.

Beißender Spott machte sich im Untergrund breit. Wer einen Witz wie diesen erzählte, spielte mit seinem Leben: Adolf Hitler besucht ein Irrenhaus. Er geht durch ein angetretenes Spalier der Insassen. Alle brüllen »Heil Hitler!« Einer aber schweigt, worauf ihn der »Führer« fragt: »Warum grüßen Sie nicht?«

»Ich bin nicht verrückt, ich bin der Wärter!«

Die Bauern eines Tiroler Dorfes wollen wissen, was denn der Nationalsozialismus eigentlich ist. Sie beschließen, durch eine Abordnung Hitler befragen zu lassen. Der empfängt die Delegation und führt sie an ein Fenster der Reichskanzlei: »Seht!«, sagt er und deutet hinaus: »Da fährt jetzt ein Auto, bald schon werden es viele sein. Das ist der Nationalsozialismus.« Dann weist er auf einen Schornstein: »Seht Ihr, das ist ein Schornstein. Bald werden es tausende sein. Das ist der Nationalsozialismus.« Die Abordnung ist zufrieden und kehrt in die »Ostmark« zurück. Im Dorf versammeln sich die Bauern, um ihre Abgesandten zu hören. Der Leiter der Delegation tritt an das Fenster der Gemeindestube. Er sieht hinaus. Ein Auto fährt nicht vorüber, wohl aber ein Mistwagen. Rasch entschlossen erklärt er: »Seht Ihr, das ist ein Mistwagen. Bald werden es viele sein. Das ist der Nationalsozialismus.« Und da er keinen Schornstein rauchen sieht, zeigt er auf den gegenüberliegenden Friedhof: »Seht Ihr, das ist ein Friedhof. Bald werden es tausende sein. Das ist der Nationalsozialismus.«

Der kleine Poldi fragt seine Mutter in der Wiener Straßenbahn: »Wer ist denn der Mann, der immer die Fahrkarten zwickt?«

»Der Schaffner.«

»Und wer ist der, der das Lenkrad dreht?«

»Der Führer.«

»Also, des is der, auf den der Vata allerweil schimpft!«

Göring und Goebbels veranstalten ein Preisausschreiben für die besten politischen Witze, um den angeblichen Lügen der Emigrantenpresse ein Ende zu bereiten, wonach die Nazis keinen Sinn für Humor hätten.

Erster Preis: drei Jahre Zuchthaus.

Zweiter Preis: zwei Jahre Konzentrationslager.

Dritter Preis: Besichtigung eines Gestapo-Kellers mit anschließendem Verhör.

Zwei Irrenärzte treffen einander.

»Heil Hitler« grüßt der eine.

»Nein, heilen *Sie* ihn!«, entgegnet der Kollege.

Ein Dorflehrer bekommt für sein Schulzimmer ein Hitler- und ein Göring-Bild. Er fordert die Schüler auf, ihm von zu Hause noch ein Bild zu bringen, um es dazwischen zu hängen. Am nächsten Tag bringt der kleine Hans ein Christus-Bild: »Der Vata hat g'sagt, das passt am besten dazu, denn der is scho amal zwischen zwa Schächer g'hängt!«

Obwohl Pomeisl wie alle »Ostmärker« beim Schilling-Umtausch in Reichsmark kräftig über's Ohr gehauen worden ist, hat er sich Ende 1938 doch 300 Mark ersparen können. Er geht zur Creditanstalt und will das Geld einlegen. Während er am Schalter warten muss, kommen ihm Bedenken, ob das Geld denn hier auch sicher sei.

»Sie wünschen?«, fragt der Schalterbeamte.

»Ja … ich will, ich wollte … ich wollte eigentlich 300 Mark einlegen. Aber ich weiß nicht … ist das Geld bei Ihnen auch sicher?«

»Absolut sicher. Wir haften mit dem gesamten Vermögen unseres Institutes für Ihre 300 Mark.«

»Ja aber … nix für ungut, aber was ist, wenn Ihr Institut zugrunde geht?«

»Also dann«, erklärt der Beamte, »dann würde das großdeutsche Reich mit seinem beweglichen und unbeweglichen Vermögen für Ihr Geld haften!«

»Aber wenn nun … ich meine, was ist mit dem Geld, wenn das großdeutsche Reich zugrunde gehen sollte?«

Da reißt dem Beamten die Geduld: »Das sollte Ihnen doch die 300 Mark wert sein!«

Die Gerichte sind auf einmal so leer. Über die Gründe dafür diskutieren zwei Richter.

»Oft habe ich bloß eine Verhandlung im Monat«, klagt der Erste.

»Ich glaube, ich kenne den Grund«, sagt der Zweite.

»Wir haben nichts zu tun, weil ein Jude nicht einen anderen Juden verklagen wird. Und er traut sich auch nicht, einen Arier zu verklagen. Ein Arier wiederum wird keinen Prozess gegen einen Juden anstrengen, weil ihn dies als Mann abstempeln würde, der sich mit Juden abgibt.«

»Was Sie sagen, überzeugt mich. Aber ein Arier könnte doch einen anderen Arier verklagen! Warum macht er das nicht?«

»Na, das geht auch nicht. Wo würde er denn einen jüdischen Verteidiger finden?«

Ein SA-Trupp bringt anlässlich der »Reichskristallnacht« zwei Juden auf das Wachlokal.

»Was haben die zwei Kerle denn angestellt?«, fragt der Sturmführer.

»Melde gehorsamst, sie haben frech gezittert.«

Eine Szene auf dem Innsbrucker Bahnhof anno 1939:

SS-Leute schleppen ein paar Juden zu einem Zug. Das sehen zwei zünftige Tiroler mit Joppe und Lederhose. Wendet sich der eine zum anderen: »Dö san doch saudumm, dö Juden! Sollten sich a Lederhosen und a Joppen anziehen wie unseraner, und koa Mensch tät wissen, dass sie Juden san.« Darauf der Erste: »Wemenem sogen Sie dos!«

Der homosexuelle SA-Führer Ernst Röhm ist zu Beginn der Naziherrschaft in Deutschland ein enger Mitarbeiter Adolf Hitlers – bis ihn dieser wegen eines angeblichen Putschversuchs ermorden lässt. Darauf bezieht sich diese Geschichte: In einer Schulkasse, in der noch einige wenige jüdische Schüler sind, findet der Lehrer beim kleinen Samy ein Notizbuch. Darin steht auf der ersten Seite links: »Gott erhalte Adolf Hitler.« Auf der nächsten Seite wieder links: »Gott erhalte Hermann Göring.« Interessiert blättert der Lehrer weiter und findet auf der Folgeseite wieder links den Satz: »Gott erhalte Dr. Joseph Goebbels.« Da ruft der Lehrer in die Runde: »Hört, Ihr Kinder, was der Samy geschrieben hat!« Er liest vor, blättert immer weiter und findet die Eintragung: »Gott erhalte Ernst Röhm.« Da stockt der Lehrer plötzlich, denn auf der rechten Seite steht: »… hat er erhalten am 1. Juli 1934.«

Unter Anspielung auf die homosexuelle Orientierung Röhms wird folgende Inschrift auf dessen Grabstelle kolportiert: »Wer hier verkehrt, verkehrt verkehrt.«

Der Vater sagt zu seinem Sohn: »Vor jeder Mahlzeit musst Du ein Dankgebet aufsagen: ›Ich danke Dir, lieber Gott, und Dir, mein Führer, für das Essen, das ich jeden Tag bekomme!‹«

»Aber«, fragt der Sohn, »was soll ich sagen, wenn der Führer stirbt?«

»Dann«, antwortet der Vater, »sagst Du nur: ›Lieber Gott, ich danke Dir!‹«

Ein katholischer Priester nennt seine Sonntagspredigt »Die hinkende Lüge«. Prompt wird er sofort nach der Messe verhaftet.

»Wissen Sie nicht, dass der Reichspropagandaminister Goebbels hinkt?«, brüllt man den Geistlichen an.

»Schon, schon«, sagt dieser, »aber dass er lügt, habe ich noch nie gehört!«

Zwei Freunde in einem Wiener Kaffeehaus.

»Warum hältst Du Dir dauernd die Nase?«

»Sie tut mir furchtbar weh. Ich war nämlich gerade beim Zahnarzt, der mir einen Zahn gezogen hat.«

»Komisch! Wieso tut Dir da die Nase weh?«

»Ganz einfach: der Zahn wurde mir durch die Nase gezogen, weil man ja jetzt den Mund nicht mehr aufmachen darf.«

Graf Bobby zu seinem Freund Rudi: »Stell Dir vor, der berühmteste Zauberer der Welt kommt nach Wien. Der kann 30 Leute aus dem Publikum verschwinden lassen!«

»Das ist ja toll«, befindet Rudi. »Glaubst’, könnte man eine Sondervorstellung für die Mitglieder der Reichsregierung organisieren?«

Minister Goebbels besucht eine Salzburger Schule, um sich ein Bild davon zu machen, wie die Jugend in der »Ostmark« die Naziphrasen intus hat. Er fordert die Schüler auf, patriotische NS-Parolen aufzusagen.

»Heil Hitler!«, ruft ein Bub.

»Sehr gut«, sagt Goebbels.

»Deutschland über alles!«, ruft ein zweiter Schüler.

»Großartig«, zeigt sich der Reichspropagandaminister begeistert. »Habt Ihr noch etwas auf Lager?«

Ein dritter Bub zeigt auf und ruft: »Möge unser Volk ewig leben!«

»Wunderbar«, findet Goebbels. »Wie heißt Du, junger Mann?«

»Israel Goldberg.«

Wissen Sie, wie man in Wien betet?

*Lieber Gott, mach mich blind,*
*Dass ich alles herrlich find'.*
*Lieber Gott, mach mich taub,*
*Dass ich allen Unsinn glaub'.*
*Lieber Gott, mach mich stumm,*
*Dass ich nicht nach Dachau kumm.*
*Bin blind ich, taub und stumm zugleich,*
*Dann bin ich reif für's Dritte Reich.*

Wissen Sie, wieso die Hitler-Briefmarken so schlecht kleben? – Weil die »Ostmärker« immer auf die verkehrte Seite spucken!

Der »Führer« will in das »Vater unser« aufgenommen werden. Die Reaktion des lieben Gottes: »Das geht ganz leicht. Wir werden beten: Und erlöse uns von Adolf Hitler, Amen.«

Was ist ein Österreicher? – Einer, der es vor 1938 gar nicht erwarten konnte, ein Deutscher zu werden, und nachher Rotz und Wasser heult, weil er es sein muss.

Hoffentlich wird bald der Streit beigelegt, welchen von beiden Ländern – Deutschland oder Österreich – die Ehre gebührt, dass Hitler *nicht* sein Abkömmling ist.

Und kennen Sie den Unterschied zwischen den Sozis und den Nazis? – Die Sozis machen aus jeder Mistgstätten einen Park und die Nazis aus jedem Park eine Mistgstätten.

Kennen Sie den Unterschied zwischen dem Dritten Reich und der Wiener Straßenbahn? – Es gibt keinen. In beiden Fällen steht vorne der Führer. Hinter ihm steht das Volk und wer nicht hinter ihm steht, der sitzt. Dauernd wird kassiert und Abspringen während der Fahrt ist verboten.

Bei einem Großbauern will jemand ein ganzes Schwein kaufen.

»Es muss aber ein arisches Schwein sein!«

»Arisch?«, fragt der Bauer. »Woran erkennt man das?«

»Es muss Borsten haben wie Hitler, einen Bauch wie Göring und ein Maul wie Goebbels!«

Dialog zweier junger Mädchen.

»Mein Vater ist bei der SA, mein großer Bruder bei der SS mein kleiner Bruder bei der HJ, meine Mutter in der NS-Frauenschaft und ich bin beim Bund Deutscher Mädchen.«

»Das ist ja toll, aber seht Ihr Euch bei den vielen Aufgaben auch gelegentlich?«

»Ja doch, wir treffen uns jedes Jahr auf dem Reichsparteitag in Nürnberg.«

Wissen Sie, was ein Brudermord ist? – Wenn Hermann Göring ein Schwein schlachtet. Und was ist ein Selbstmord? – Wenn man diesen Witz in der Öffentlichkeit erzählt.

Dialog zwischen Bobby und Rudi Anfang 1939.

Graf Bobby: »Es sieht wieder sehr nach Krieg aus!«

Graf Rudi: »Wieso?«

Graf Bobby: »Hitler hat wieder eine Friedensrede gehalten!«

Den im August 1939 unterzeichneten Hitler-Stalin-Pakt kommentiert der Kommunist Egon Erwin Kisch, der vielleicht bedeutendste Reporter in der Geschichte des deutschsprachigen Journalismus, später gegenüber Friedrich Torberg lakonisch so: »Ich habe die Tatsache zur Kenntnis genommen und Schluss.« Auf den Einwurf Torbergs, Kisch müsse sich doch angesichts seiner Gesinnung etwas dabei gedacht haben, entgegnet dieser nur: »Für mich denkt Stalin.«

# Kan Krieg, kan Sieg, los vom Reich und a schöne Leich'

Das haben sich die Wiener 1939 gewünscht. Doch der Krieg blieb ihnen und der ganzen Welt nicht erspart. Mit dem deutschen Angriff auf Polen am 1. September 1939 begann nämlich der Zweite Weltkrieg. Der Jubel über den Anschluss an das Deutsche Reich war verflogen. Aus dem Volk der Dichter und Denker war das Volk der Richter und Henker geworden. In Wien kursierte dieser Flüsterspruch: Gut, dass Hitler im Ersten Weltkrieg schon Gefreiter war, sonst wäre er noch gemeiner. Und es machte sich diese Einsicht breit: Früher ist uns Unrecht geschehen. Jetzt geschieht uns recht!

Der jüdische Humor trieb auch in diesen schweren Tagen seine Blüten, wovon diese Geschichte zeugt: Kurz vor Beginn des Zweiten Weltkrieges besucht eine Delegation aus Nazi-Deutschland unter Führung von Wirtschaftsminister Hjalmar Schacht London. Man will Lord Rothschild ungeachtet seiner jüdischen Herkunft um einen Kredit für das Dritte Reich bitten.

»Seien Sie versichert, Eure Lordschaft, dass wir das Darlehen inklusive Zinsen pünktlich zurückzahlen werden«, sagt Minister Schacht unterwürfig. »Wir sind ein sehr reiches Land. Unter der deutschen Erde liegen große Eisen- und Kohlevorkommen. Und hier auf der Erde haben wir unseren großen Führer!«

Lord Rothschild schaut sein Vis-à-vis prüfend an und sagt schließlich: »Ich würde ein solches Kreditbegehren wohlwollend prüfen, wenn Ihre Garantien genau umgekehrt wären – Eisen sowie Kohle auf der Erde und ...«

Auch die Weisheit der Rabbiner ist gefragt. Kommt ein Gläubiger zu seinem Rabbi und fragt: »Sag', Rabbi, wann wird der Hitler sterben?«

Der Rabbi klärt und antwortet dann: »Das genaue Datum kenne ich nicht, aber eines weiß ich ganz bestimmt: es wird ein Feiertag sein!«

In der »Ostmark« war schon im August 1938 die Weisung ergangen, im oberösterreichischen Mauthausen ein Konzentrationslager zu errichten. Dieses KZ hatte 49 Nebenlager, von denen 47 auf dem Territorium des heutigen Österreich lagen. Mehr als 335 000 Menschen waren bis zum Kriegsende 1945 in Mauthausen inhaftiert. Offiziell registrierte die Lagerleitung die Tötung von rund 123 000 Menschen, die Opferzahl war

freilich wesentlich höher, weil viele Menschen sofort nach der Einliefe-
rung erschossen wurden.

Ein »Ostmärker« wird bei der Wehrmacht eingeschult. Der Ausbildner
stellt ihm die Frage: »Was würden Sie machen, wenn direkt neben Ihnen
ein feindliches Geschoß explodierte?«

Der angehende Rekrut denkt kurz nach und sagt: »Mein letzter
Gedanke wäre: wenn jetzt bloß unser geliebter Führer neben mir stünde!«

Ein anderer »Ostmärker« kommt zur Musterung bei der Wehrmacht.

»Ich bin kurzsichtig«, sagt der Brillenträger zum Arzt.

»Für den Nahkampf geeignet!«, diktiert der seiner Sekretärin.

Aus dem Führerhauptquartier in Berlin dringt dieser Befehl in die Ostmark: »Alle Wiener müssen zur Marine einrücken!«

Im Kaffeehaus fragt einer seinen Freund: »Warum gerade zur Marine?«

Darauf der andere: »A echter Wiener geht net unter!«

Graf Bobby erscheint bei der Stellungsbehörde.

Der Einstellungsoffizier sagt: »Aufgrund Ihrer freiwilligen Meldung können Sie sich die Waffengattung aussuchen, bei der Sie dienen möchten!«

Bobby: »Am liebsten möcht' ich ins Führerhauptquartier, bittschön.«

Der Offizier: »Sind Sie verrückt?«

Bobby: »Nein. Ist das Vorbedingung?«

Bobby wird schließlich der Luftwaffe zugeteilt. Von einem Feindflug
kommt er mit allen Bomben wieder zurück, worauf man ihn fragt, warum
er das gemacht habe.

»Ich wollte die Bomben ohnedies abwerfen, aber da unten war schon
Entwarnung«, entgegnet Bobby dem verblüfften Frager.

Welche Arten von Juden gibt es um 1940 im Deutschen Reich?

Zwei: Optimisten und Pessimisten. Die pessimistischen sind im Exil,
die optimistischen im KZ.

Ein Rabbiner wird gefragt, ob er den Unterschied zwischen einer Katastrophe und einem Unglück kenne.

»Das lässt sich leicht beantworten«, sagt der Rabbi. »Wenn die Decke im Sitzungssaal der Reichskanzlei einstürzt und die gesamte Naziführung unter sich begräbt, so ist das eine Katastrophe, aber kein Unglück.«

Auch die christlichen Geistlichen grüßen jetzt mit »Heil Hitler!« Aber der katholische Priester grüßt anders als der evangelische Pastor. Der Pastor sagt: »Im Namen Gottes, Heil Hitler!« Der Priester hingegen: »In Gottes Namen, Heil Hitler!«

Wieder einmal soll Graf Bobby einrücken. Kurz nach dem angekündigten Einrückungstermin begegnet ihm Rudi: »Ich hab' glaubt, Du musst zur Wehrmacht!«

Darauf Bobby: »Ja, ich war auch schon am Bahnhof, da hab' ich gelesen: ›Erst siegen, dann reisen‹. Da bin ich wieder z'Haus g'fahren, ich kann ja warten!«

Dialog zweier Anti-Nazis in einem Wiener Kaffeehaus.

»Hast' schon g'hört? Die Schweiz bekommt jetzt ein Marineministerium!«

»Wozu brauchen die das, die haben doch gar keine Marine!«

»Na und? Das Deutsche Reich hat ja auch ein Justizministerium …«

Das Wettrennen zwischen einer Ziege und einer Schnecke endet mit einem überraschenden Sieg der Schnecke. Nach langer Zeit erst kommt die abgerackerte Ziege ins Ziel: »Mir ist es sehr schlecht gegangen. Ich habe ein bisschen gemeckert und schon hat man mich ins Konzentrationslager gesteckt!«

»Es geschieht Dir recht«, sagt die Schnecke kühl. »Immer schon hab' ich g'sagt: mit dem Schleimen und Kriechen kommt man heutzutage am schnellsten voran!«

Ein Wiener kommt an einem Plakat vorbei, auf dem steht: »Der größte Lump im ganzen Land ist der Gerüchtefabrikant.« Verwundert sagt er vor sich hin: »Also, dass sich der Goebbels das bieten lässt!«

Eine jüdische Familie schreibt an Verwandte im Ausland: »Uns geht es gut. Keinem Juden wird in Wien ein Haar gekrümmt. Hitler führt uns in eine bessere Zukunft. Moritz, der das Gegenteil behauptet hatte, haben wir gestern begraben.«

Ein SA-Mann beobachtet, dass ein Jude Schillers Werke liest. Er stänkert ihn an: »Wie können Sie sich als Jude unterstehen, unseren nationalen Dichter Schiller zu lesen?«

Der Jude: »Wieso nationaler Dichter? Schiller war doch international. Er hat geschrieben

für die Engländer ›Maria Stuart‹,
für die Franzosen ›Die Jungfrau von Orleans‹,
für die Holländer ›Die Erhebung der Niederlande‹,
für die Spanier ›Don Carlos‹,
für die Italiener ›Die Braut von Messina‹,
für die Schweizer ›Wilhelm Tell‹ und
für die Deutschen ›Die Räuber‹«.

Warum herrscht denn gar so ein Fleischmangel in der »Ostmark«? – Nun, die Ochsen sind beim Militär, die Schweine bei der Partei und die Kälber bei der Hitler-Jugend.

Ein echter Deutscher im Dritten Reich muss drei Eigenschaften haben: Er muss ehrlich, klug und nationalsozialistisch ein. Doch leider ist das nicht möglich, denn ein Deutscher hat immer nur zwei davon: Ist er ehrlich und klug, dann ist er nicht nationalsozialistisch. Ist er klug und nationalsozialistisch, dann ist er nicht ehrlich. Und ist er ehrlich und nationalsozialistisch, dann ist er nicht klug.

Welcher Unterschied besteht zwischen SA-Männern und Maikäfern? – Gar keiner. Beide sind braun, treten in großen Schwärmen auf und fressen alles kahl.

Adolf Hitler kommt – gewiss irrtümlich – nach seinem um 1940 von vielen erhofften Ableben zunächst in den Himmel. Schon im Vorzimmer kritisiert er dauernd an den Anwesenden wegen deren mangelnden arischen Aussehens herum. Besonders hat es ihm ein junger Mann angetan. Schließlich wird es einem der Kanzleiengel zu bunt und er fährt den »Führer« an: »Seien Sie doch endlich still, das ist der Sohn vom Chef!«

Letztlich landet Hitler natürlich in der Hölle. Nachdem er dort über zwanzig Jahre abgesessen hat, bekommt er Urlaub. Es ist um die Mitte der 1960er-Jahre. Nach bloß drei Tagen klopft Hitler wieder an die Pforte der Hölle. Verblüfft fragt ihn der Teufel: »Warum kommen Sie denn so bald wieder zurück?«

»Ach«, klagt Hitler betrübt, »ich finde mich in der Welt da oben überhaupt nicht mehr zurecht. Die Juden kämpfen in Palästina an drei Fronten zugleich wie früher die Wehrmacht und die SS, und meine Deutschen machen nichts als Geschäfte, wie früher die Juden …«

Österreichischer Reim zu Beginn der 1940er-Jahre:
*Bei Gulden und Kreuzer*
*Hamma g'lebt wie Schweizer,*
*Bei Kronen und Heller*
*War a Schnitzel am Teller,*
*Bei Schilling und Groschen*
*Lief das Fett über'd Goschen,*
*Bei Mark und Pfennig?*
*Ans is a Dreck und's and're zuwenig.*

An der schweizerisch-deutschen (ehemals österreichischen) Grenze unterhalten sich Anfang der 1940er-Jahre Zollbeamte von hüben und drüben.

Sagt der Schweizer: »No, zum Essen haben wir genug, sogar Schokolade haben wir, trotz des Krieges.«

Darauf der »Ostmärker«: »Wir haben dafür unseren Führer, den habt Ihr nicht.«

Der Schweizer: »Gott sei Dank, denn wenn wir den hätten, hätten wir auch keine Schokolade.«

Auf der Wiener Mariahilfer Straße geht ein Passant auf einen anderen zu, deutet auf dessen Judenstern und fragt: »Jude?«

»No na, Sheriff!«

# Brauner Wellensittich entflogen

Am 10. Mai 1941 flog der Stellvertreter des »Führers«, Rudolf Heß, streng geheim in Richtung Großbritannien, um über einen Frieden mit dem 14. Duke of Hamilton zu verhandeln. Heß sprang mit dem Fallschirm aus seiner Messerschmitt-Maschine ab und kam in britische Kriegsgefangenschaft. In Deutschland bewertete man diese Aktion als Verrat und erklärte Heß für geisteskrank. Hitler veranlasste die sofortige Enthebung Heß' von allen politischen Ämtern. Heß, der im Auftrag der britischen Regierung in London inhaftiert wurde, stellte man nach Kriegsende vor das Nürnberger Kriegsverbrechertribunal, das ihn zu lebenslanger Haft verurteilte. Am 17. August 1987 beging er Selbstmord. Für die Bevölkerung im Dritten Reich war der Flug von Heß nach Großbritannien eine Flucht und somit das erste Signal des Untergangs des NS-Regimes. Es kursierte der Flüsterspruch: Brauner Wellensittich entflogen. Abzugeben Reichskanzlei.

Im Sommer 1941 begann Adolf Hitler seinen Angriffskrieg gegen die Sowjetunion. Der am 22. Juni gestartete »Russland-Feldzug«, wie die Nazis diese Operation bezeichneten, bedeutete einen bewussten Bruch des 1939 geschlossenen deutsch-sowjetischen Nichtangriffspaktes. Die Nazis wollten »Lebensraum im Osten« für die »arische Herrenrasse« erobern und den »jüdischen Bolschewismus« ausrotten. Anfängliche Erfolge der Wehrmacht mündeten in Siege der Roten Armee in der Schlacht um Moskau 1941 und in der Schlacht von Stalingrad 1942. Auf die rhetorische Frage, wann der Zweite Weltkrieg zu Ende sei, antwortete man spöttisch so: Wenn Hitler vor Stalin »grad« steht.

In Wien ließ man den lieben Augustin singen: »Der schwarzen Pest bin ich entkommen, die braune hat mich mitgenommen.« Der Wiener Librettist Peter Herz dichtete derweil in seinem Londoner Exil eine Wienerlied-Persiflage mit der Zeile »Erst wann's aus wird sein mit allen Nazi-Lumpereien …« Auch der Schlager »Lili Marleen« erhielt einen antinazistischen Text: »Unter der Laterne, vor der Reichskanzlei, hängen alle Bonzen, der Führer hängt dabei …« Anton Kuh starb Anfang 1941 in der Emigration in New York, wo auch Friedrich Torberg lebte. Und

Armin Berg begeisterte hier an der Seite von Karl Farkas mit Doppelcon-férencen im Kabarett »Old Europe«. Farkas, von dem auch die Schlager-texte »Pflückt ein Mädel Ribisel« und »Wenn die Elisabeth nicht so schöne Beine hätt'« stammen, war über Frankreich und Portugal nach Amerika gekommen, wo er mit Unterstützung von Roda Roda künstle-risch Fuß fasste. Im Jazz-Film »Boogie Woogie« wirkte er als Schauspie-ler mit.

Anfang der 1940er Jahre werden die Fleischhauer im Dritten Reich angewiesen, den Volksgenossen keine Kalbskeulen mehr zu verkaufen. Begründung: Es ist strengstens verboten, die Zivilbevölkerung zu bewaff-nen!

Ein Nazi dröhnt mit stolzgeschwellter Brust: »Natürlich werden wir den Krieg gewinnen. In einer Hand hat unser Führer die SS, in der anderen die SA und hinter sich das ganze deutsche Volk.« Da widerspricht ein Urwiener aus der Vorstadt: »Also, i hab' scho Leut' g'sehn, die in aner Hand den Schlüssel und in der andern das Papierl g'habt ham – und die ham si do ang'macht!«

Graf Bobby wird in die Sowjetunion abkommandiert. Er bekommt den Befehl, dem Feind möglichst viele Waffen abzunehmen.
    »Für jede erbeutete Waffe gibt es Sonderurlaub« sagt der Offizier.
    Nach sehr kurzer Zeit kommt Bobby mit einem tollen russischen Gewehr zurück und meldet seinem vorgesetzten Offizier: »Ich habe einen russischen Soldaten getroffen, der auch Sonderurlaub wollte. Da haben wir einfach die Gewehre getauscht!«

Warum hat die deutsche Reichsregierung die Wüste Sahara gekauft? – Um dem Volk Sand in die Augen streuen zu können.

Adolf Hitler und Hermann Göring unterhalten sich über die Frage, wie lange noch ausreichend Nahrung vorhanden sei.
    »Ungefähr für sieben Jahre«, sagt Göring.

Hitler erfreut: »Wunderbar! Ich werde gleich eine Mitteilung an das deutsche Volk erlassen!«

»Halt«, wirft Göring ein, »ich meine doch: für uns beide«.

Ein Mann fragt eines Nachts in der Wiener Innenstadt einen vorübergehenden Passanten: »Illegal?«

»Aber na«, sagt der, »Zapletal.«

Kennen Sie den Unterschied zwischen dem Tierschutzverein und der deutschen Flak? – Es gibt keinen. Beide sind für die Katz'!

Wegen Materialmangels wird im ganzen Dritten Reich der Brückenbau eingestellt. Wissen Sie warum? – Die Mütter sind beim Bund Deutscher Mädchen, die Schrauben bei der NS-Frauenschaft, die Nieten bei der Partei, die Stützen bei der Wehrmacht und der Draht ist im Ausland.

Die Nazibonzen Hitler, Göring und Goebbels besprechen, was sie wohl nach dem verlorenen Krieg machen werden. Hitler sagt: »Ich gehe zu Mussolini nach Italien.«

Und Göring meint: »Ich ziehe auf die Güter meiner ersten Frau in Schweden.«

Etwas ratlos ist man hinsichtlich der Zukunft des Weiberhelden Goebbels. Da hat Göring eine Idee: »Geh' einfach nach Hause zu Deiner Frau, dort wird Dich niemand suchen!«

Während des Zweiten Weltkrieges unterhalten sich im Himmel Cäsar, Friedrich der Große und Napoleon über Hitlers Kriegsführung.

Gaius Julius Cäsar: »Wenn ich diese Panzer gehabt hätte, hätte ich ganz Germanien erobert!« Darauf Friedrich der Große: »Wenn ich diese Flugzeuge besessen hätte, ganz Europa wäre mein gewesen!«

Da meint Napoleon trocken: »Wenn ich Goebbels gehabt hätte, wüsste man heute noch nicht, dass ich die Völkerschlacht bei Leipzig verloren habe …«

Worin besteht der Unterschied zwischen dem Messias und Hitler? – Der Messias kommt nicht und Hitler geht nicht.

Kennen Sie auch den Unterschied zwischen Hitler und einem Blindgänger? – Es gibt keinen, denn beide können nicht krepieren.

Hitler begegnet einem Arbeiter und fragt ihn: »Wie lange arbeiten Sie täglich?«
»Acht Stunden.«
»Wenn ich Ihnen eine Anstellung in einem Rüstungsunternehmen anbieten würde, wie lange dann?«
»Sechzehn Stunden.«
»Und wenn Sie für unsere Partei tätig wären?«
»Dann selbstverständlich rund um die Uhr, 24 Stunden.«
»Sehr gut. Was sind Sie eigentlich von Beruf?«
»Totengräber.«

Das Deutschland von Hitler, Göring und Goebbels besteht jetzt aus: einem Allmächtigen, einem Prächtigen, einem Schmächtigen, 5000 Niederträchtigen und 80 Millionen Verdächtigen.

Wer ist der geizigste Mensch auf dieser Welt? – Es ist Joseph Goebbels, denn der hat schon zwei Jahre den Sieg in der Tasche und gibt ihn nicht her.

Und wer ist der größte Preistreiber? – Adolf Hitler, denn der lässt überall plakatieren »Sieg um jeden Preis!«

Wissen Sie auch, warum der »Führer« jetzt nur noch in Garagen Reden hält? – Weil er dort noch Anhänger findet.

Adolf Hitler geht zum Friseur und sagt, er solle ihm die Schmachtlocke wegschneiden und die Haare in eine andere Richtung bringen, möglichst aufstehend à la Hindenburg. Der Friseur versucht alles Mögliche, jedoch ohne Erfolg. Schließlich sagt er: »Wissen S' was, mein Führer, geben S' einen Tag Redefreiheit in Österreich und Ihnen werden gleich die Haare zu Berge stehen.«

Hitler besucht eine Mädchenschule, wo er mit Blumen begrüßt wird. Aber ein kleines Mädchen hält ihm ein Grasbüschel entgegen.

Hitler erstaunt: »Was soll ich damit?«

»Essen«, antwortet die Kleine. »Man sagt doch, erst wenn der Führer ins Gras beißt, wird es uns besser gehen.«

Aus dem Aufsatz eines Linzer Mittelschülers: »Die Juden wollten Deutschlands Kultur zerstören und unsere Heimat total zugrunde richten. Aber unser Führer Adolf Hitler ist ihnen zuvorgekommen.«

In einer Klagenfurter Schule fehlt das Hitler-Bild. Endlich wird es in einem Kasten gefunden, worauf die Lehrerin entrüstet meint: »Wie oft hab' ich Euch schon gesagt, der Führer gehört nicht eingesperrt, sondern aufgehängt!«

Eine alte Frau schreibt Hitler einen Glückwunsch zu seinem Geburtstag. In dem Brief steht: »Ich wünsche Ihnen alles, was das deutsche Volk Ihnen seit Langem wünscht.« Tags darauf wird sie wegen Anstiftung zum Mord verhaftet.

Adolf Hitler fällt in den Attersee. Ein junger Mann springt ins Wasser und rettet ihn. Der »Führer« gibt sich zu erkennen und fragt den Burschen nach einem Wunsch, den er ihm als Dank erfüllen wolle. Da fängt der Jüngling bitterlich zu weinen an und schluchzt: »Bitte, sagen Sie es bloß meinem Vater nicht. Denn wenn der erfährt, dass ich Sie gerettet habe, erschlägt er mich!«

Der »Führer« begegnet dem nackt durch die Straßen marschierenden Hermann Göring.

»Warum gehst Du denn nackt spazieren?«, mokiert sich Hitler.

»Damit die Menschen, sehen, dass es noch Speck mit Eiern gibt!«

Die drei Nazibonzen Hitler, Göring und Goebbels werden in der deutschsprachigen »Stimme Amerikas« von Karl Farkas und Oskar Karlweis in einem Chanson mit diesen Zeilen persifliert:

*»Ein Tapezierer,*
*Ein Stimmungsführer,*
*Ein Profitierer –*

*Sind die drei, die Deutschland regier'n,*
*Drei wilde Tiere,*
*Na gratuliere.«*

Wissen Sie übrigens, wieso Adolf Hitler der emsigste Tapezierer ist? –
Weil er die ganze Welt umkrempelt.

Theaterprogramm im Wien der 1940er-Jahre:
  Montag: »Die Heilige und ihr Narr« mit Hitler und Riefenstahl;
  Dienstag: »Maskerade« mit Göring;
  Mittwoch: »Weh dem, der lügt« mit Goebbels;
  Donnerstag: »2 mal 2 ist 5« mit Schacht;
  Freitag: »'s Nullerl« mit Seyß-Inquart;
  Samstag: »Ein Glas Wasser« fürs ganze Volk;
  Sonntag: »Die Räuber« mit der ganzen Gefolgschaft.

Kennen Sie den Unterschied zwischen Adolf Hitlers Deutschland und
Mahatma Gandhis Indien? – In Indien hungert einer für alle und in
Deutschland hungern alle für einen.

Im nationalsozialistischen Frauenbild wird die Rolle der Frau auf die
Gebärende und Mutter reduziert. Schon 1938 stiftet Adolf Hitler das
»Mutterkreuz« »als sichtbares Zeichen des Dankes des Deutschen Volkes
an kinderreiche Mütter«. Wissen Sie, wie die Wiener das »Mutterkreuz«
definieren? – Als Sexualsportorden.

Die preußischen Führer, Herumkommandierer, die Haxen-Hochschmei-
ßer, die Goschenaufreißer, die schreien: »Ihr schlappen ostmärkischen
Lappen, kommt nicht von der Stelle, aber jetzt macht mal schnelle. Ihr
müsst mit uns Schritt halten, bis zum Umfallen mithalten, arbeiten
pausenlos, kriegführen flausenlos, für Preußen in den Tod heißt das
Hitler-Gebot!« Der Österreicher antwortet seelenruhig: »Na, justament
nicht!«

Vor Gericht erscheinen drei Angeklagte. Sie werden beschuldigt, einen
Parteigenossen verprügelt zu haben. Überraschenderweise kommen sie

mit der milden Strafe von zwei Jahren Gefängnis davon. Dieser milde Urteilsspruch wird so begründet: »Angesichts der Verwerflichkeit der Tat war zwar eine ungleiche höhere Strafe angemessen, doch hat das Gericht als strafmildernd gelten lassen, dass den Angeklagten ihre Täterschaft nicht nachgewiesen werden konnte …«

In einer Wiener Straßenbahn ohrfeigt eine Frau einen SS-Mann. Ein Jude macht es ihr nach und schlägt auch zu. Beide landen vor dem Richter, der die Frau anfährt:

»Was fällt Ihnen ein, einen SS-Mann zu schlagen?«

»Es tut mir leid«, sagt die Frau, »aber ich bin schwanger und der SS-Mann ist mir mit seinen Stiefeln auf die Zehen getreten.«

Der Richter zeigt sich in diesem Fall angesichts der schwangeren Frau milde. Dann fragt er: »Aber was ist mit dir, Jude?«

»Ich hab' gesehen, sie hat ihm eine runtergehaut und gedacht, ma derf schon …«

Hermann Göring bestellt in einem Wiener Lokal Schmalznudeln, muss sehr lange warten und läuft schließlich erbost in die Küche. Dort sieht er, wie eine Köchin in einer staubtrockenen Pfanne Nudeln hin- und her-schupft und dabei laut »Heil Hitler!« ruft.

»Was machen Sie denn da?«, brüllt er sie an.

»Wir haben kein Schmalz mehr. Und da hab' i mir 'dacht, i mach's wie Sie. Sie san ja a durch's ›Heil Hitler!‹ schreien fett word'n!«

Hitler und Göring stehen auf dem Berliner Funkturm.

Hitler: »Ich möchte den Berlinern eine Freude machen!«

Darauf Göring: »Dann spring' doch hinunter!«

Zwei jüdische Partisanen sollen den »Führer« ermorden. Vom Britischen Geheimdienst erfahren sie, dass Hitler an einem bestimmten Tag zu einer bestimmten Zeit über eine Straßenkreuzung fährt. Also verstecken sie sich dort mit Handgranaten und einem Maschinengewehr. Doch der »Führer« kommt und kommt nicht. Nach einer halben Stunde sagt der eine Partisan zum anderen: »Es wird ihm doch nichts zugestoßen sein!«

In Wien gibt es nur noch drei Straßenbahnlinien. Eine fährt zum Zentralfriedhof für alle, die von den Lebensmittelkarten leben. Eine zweite zum Sondergericht für alle, die nicht nur auf Karte leben. Und die dritte fährt nach Steinhof für alle, die noch an den Endsieg glauben.

Gebet der Wiener Anfang 1940er-Jahre:
*Allgütiger, dort über den Sternen,*
*Heil Hitler von seinem Größenwahn.*
*Und mach, dass in nicht allzu fernen*
*Tagen Österreich wieder aufatmen kann.*

*Heil Hitler von seinem Aberglauben,*
*Dass Recht und Gewalt dasselbe sei*
*Und dass man durch Terror, Morden und Rauben*
*Ein friedliches Bruderland befrei.*

*Heil Hitler soweit, dass er wenigstens ahne,*
*Dass Österreich noch lange kein Preußen ist.*
*Und dass es trotz der Hakenkreuzfahne*
*Immer noch seine Kultur nicht vergisst.*

*Heil Hitler und seine Parteigenossen,*
*Klär ihren Geist, ihr Herz erweich.*
*Dass nicht nutzlos das Blut unseres Kanzlers geflossen,*
*geflossen für ein unabhängiges Österreich.*

Auf dem Wiener Naschmarkt kann man auf einer Inschrift lesen:
*Wir danken dem Befreier von Butter, Mehl und Eier.*
*Von Schmalz und Brot und Bier, Führer heil, wir danken Dir.*
*Leere Töpfe, leere Teller – immer in den Luftschutzkeller.*
*Immer nur den Tod vor mir – Führer heil, wir danken Dir!*

# Der Gefreite kann nicht weiter

Die militärische Lage für die Wehrmacht verdüsterte sich immer mehr. Der Angriff der Luftwaffe Japans, das mit Nazi-Deutschland verbündet war, auf die in Pearl Harbor auf Hawaii stationierte Pazifikflotte der USA am 7. Dezember 1941 war das Signal für den Eintritt Amerikas in den Zweiten Weltkrieg. Im Dritten Reich machte dieser Flüsterwitz die Runde: Was ist der Unterschied zwischen der Sonne und Adolf Hitler? – Gar keiner, beide gehen im Westen unter. Und die Wiener Bevölkerung unterteilte sich nun in Optimisten und Pessimisten. Erstere glauben, dass der Krieg schon 1942 verloren wird. Und Letztere befürchten, dass es erst ein Jahr später so weit sein wird. Der allerkürzeste Witz besteht jetzt freilich nur aus diesen beiden Worten: Wir siegen!

Als der Zweite Weltkrieg so gut wie verloren schien, brachte ein beherzter Wiener diese Inschrift am Denkmal des Prinzen Eugen an:

*Steig herunter, edler Reiter,*
*Der Gefreite kann nicht weiter.*

Der Wiener Humor hat den Bürgern dieser Stadt, soferne sie nicht an der Front oder in den Vernichtungslagern der Nazis umkamen, in diesen schweren Jahren das Überleben erleichtert. Selbst Joseph Goebbels konnte mit all seinen Repressionsmaßnahmen diesen Humor nicht ausrotten. Zwar wurden die Programme der hiesigen Kabarettbühnen nach Beginn des Zweiten Weltkrieges unpolitischer, aber in den Flüsterwitzen konnte transportiert werden, was in den Theatern vor großem Publikum nicht gesagt werden durfte. Goebbels machte dennoch dem Chef des »Wiener Werkel«, Adolf Müller-Reitzner, anlässlich eines Wien-Besuches schwere Vorhaltungen. Dem Parteimitglied Müller-Reitzner warf er an den Kopf, es sei ein Skandal, welches Programm er vor großem Publikum spielt. Wenn sich das wiederhole, werde er alle Mitwirkenden ins KZ stecken. Dennoch durfte das »Wiener Werkel« weitermachen. In einer seiner letzten Tagebucheintragungen notierte Joseph Goebbels, die Wiener Vorstädte hätten zum großen Teil »die Waffen zugunsten der Roten Armee« erhoben: »Das haben wir von dem sogenannten Wiener

Humor, der bei uns in Presse und Rundfunk sehr gegen meinen Willen immer verniedlicht und verherrlicht worden ist.«

Der Wiener Humor und insbesondere seine Spielart des Flüsterwitzes war im Dritten Reich eine unterschwellige Widerstandsbewegung. Vor allem die in den Kriegsjahren immer prekärer werdende Versorgungslage war neben den Nazi-Bonzen Gegenstand subversiver Witze.

Hitlers Weihnachtsrede 1942 wird in allen Zeitungen abgedruckt. Und zwar in kleinstem Druck, damit niemand zwischen den Zeilen lesen kann.

So singen die Österreicher zu Weihnachten 1942:
*Stille Nacht, heilige Nacht,*
*Was macht's, wenn der Magen kracht,*
*Die Braunen leben und fressen fein*
*Und stecken uns're Steuern ein.*
*Sie müssen verschwinden samt ihrer Macht,*
*Dann gibt es wieder stille und heilige Nacht.*
*Wer die Nazis hat erfunden,*
*Hat an Räuber auch gedacht,*
*Hitler, dieser edle Räuber,*
*Hat Österreich gestohlen über Nacht.*

Großvater, Vater und Sohn, alles gediente Soldaten, unterhalten sich über ihre Kriege. Der Sohn rühmt den modernen Krieg, der Vater den Ersten Weltkrieg, der Großvater aber sagt: »Am schönsten war's halt doch 1866 in der Schlacht bei Königgrätz, da hat man auf die Preußen schießen können!«

Es ist kaum zu glauben, aber noch immer melden sich Freiwillige beim Stellungsarzt, um zur Wehrmacht einzurücken. Einer von ihnen wird nach etwaigen Leiden gefragt.
»Ja«, sagt er, »am rechten Ohr hör' ich schlecht.«
Der Doktor zur Sekretärin: »Schreiben'S das auf.«
»Und am linken Aug' seh ich nicht gut.«
»Fräulein, notieren Sie das auch.«

»Und dann bitte sind meine Knie auch sehr schwach.«

»Also, schreiben'S auch das auf. Aber sagen Sie einmal, lieber junger Mann, wenn Sie so viele Beschwerden haben, warum melden Sie sich dann freiwillig?«

»Lieber Herr Doktor, ich möcht' halt für mein Leben gern den Endsieg an der Front miterleben!«

»Schreiben'S dazu«, wendet sich der Arzt an seine Sekretärin, »blöd ist er auch.«


Früher wünschten sich manche Österreicher den Anschluss, jetzt, 1943, wünschen sie sich nur noch »an Schluss«.


Beim Tierarzt erscheint eine Dame mit einem kleinen Dackel. Trotz eingehender Untersuchung kann der Tierarzt nichts finden.

»Aber warum zittert er denn dann den ganzen Tag?«, fragt die Dame.

»Ja, das ist eben jetzt so«, antwortet der Doktor. »Die braunen Hund' zittern jetzt alle!«


Was hat Adolf Hitler bei Kriegsende zu verlieren? – Zwei Mark: Die Ostmark und die Reichsmark.


Was ist der Unterschied zwischen einem Zwei-Röhren-Radioapparat, dem sogenannten »Volksempfänger«, und einem Fünf-Röhren-Radioapparat, mit dem man – was freilich streng verboten ist – Auslandssender hören kann? – Im »Volksempfänger« hört man »Deutschland über alles« und im Fünf-Röhren-Gerät alles über Deutschland.


Weihnachten 1943:
*Die Engländer setzen die Christbäume,*
*Die Flak liefert die Kugeln,*
*Goebbels erzählt uns Märchen*
*Und wir sitzen im Keller und warten auf die Bescherung.*


Die Luftangriffe häufen sich und man ermuntert sich gegenseitig:
*Bleib übrig! Bleib gesund*
*Und pfleg' mein Grab!*

Kennen Sie den Unterschied zwischen Wehrmacht und SA? – Bei der Wehrmacht heißt es: Legt an, gebt Feuer! Und bei der SA folgt man der Parole: Gebt an, legt Feuer!

Dialog zweier Wiener anno 1944.
»Wieso gehst Du mit einem ›Volksempfänger‹ in die Kirche?«
»Der Kerl muss beichten, weil er so viel lügt!«

Wer ist der größte Bauer? – Adolf Hitler. Er hat 80 Millionen Rindviecher und den größten Saustall.

Volkssturm nennen die Nazis ihr chancenloses Experiment, 1944 mit Buben um die 16 und alten Männern über 60 Jahren das Kriegsgeschehen doch noch zu ihren Gunsten zu wenden. Wer hat Gold im Mund, Silber im Haar und Blei in den Gliedern? – Der Volkssturmmann.

Aufschrift auf einem Volkssturmtransporter: »Wir alten Affen sind die neuen Waffen!«

Bei einem Volkssturm-Appell fehlen zwei Mann. Der Hauptmann ist wütend und fragt, wo die beiden sind. Da antwortet einer: »Der eine ist bei der Erstkommunion und der andere hat goldene Hochzeit!«

Wie grüßen Wehrmacht und Volkssturm, das letzte Aufgebot des Dritten Reiches? – Die Wehrmacht mit Erheben der rechten Hand, der Volkssturm mit Hochheben beider Hände.

Dialog im Luftschutzkeller:
»Wo wären wir jetzt, wenn wir den Führer nicht hätten?«
»Im Bett.«

Eine Apotheke heißt »Zum heiligen Adolf«. Hitler sieht das und ordnet an, dass diese Bezeichnung sofort zu ändern sei. Der Apotheker verspricht es. Als der »Führer« das nächste Mal vorbeifährt, steht auf dem Schild »Zum braunen Hund«.

Der eitle Hermann Göring besteigt den Wiener Stephansturm und lässt sich die Umgebung der Stadt erklären. Man zeigt ihm den Kahlenberg, den Leopoldsberg und schließlich den Hermannskogel. »Ach nee«, sagt Göring geschmeichelt, »det wär' ja jar nich nötich jewesen!«

Und warum ist der eitle Göring nur so kurz in Wien? – Man sieht ihn hier nicht gerne, weil alle um den Praterstern bangen.

Trotz der schlechten Stimmung in der Bevölkerung hat Goebbels mit einer Straßensammlung in Wien große Erfolge. Wenig Kleingeld, dafür viele große Banknoten sind in den Sammelbüchsen. Erstaunt fragen ihn Hitler und Göring, wie er das angestellt habe.

»Das war ganz leicht«, antwortet der Propagandaminister, »ich hab' mir nur einen Bart aufgeklebt, damit mich niemand erkennt, dann hab' ich laut und deutlich über Euch geschimpft!«

Joseph Goebbels muss operiert werden. Warum? – Bei seinem Versuch, die Stimmung der Bevölkerung zu heben, hat er sich einen Bruch zugezogen.

Hitler, Himmler, Göring und Goebbels sitzen im Luftschutzbunker. Volltreffer! Wer ist gerettet? – Das deutsche Volk.

Ein Mann trägt einen Koffer. Da kommt ein Polizist auf ihn zu und fragt: »Was haben Sie in dem Koffer?«
»Da ist die Reichsregierung drin!«
»Was ist in dem Koffer?«
»Die Reichsregierung.«
»Öffnen Sie den Koffer!«, verlangt der Polizist. Der Mann gehorcht.
»Was!«, schreit der Polizist. »Da sind ja nur Lumpen drin!«
»Na eben!«, sagt der Mann.

Ein Wiener geht ins Gasthaus: »Herr Ober, bitte ein Bier!«
Der Kellner: »Bier ist keines mehr da!«
Der Wiener: »Dann geben S' mir halt ein Sodawasser.«
Der Kellner: »Bedauere, das wird nicht mehr erzeugt!«

Der Wiener: »Dann soll den Hund, dem wir das alles verdanken, endlich der Teufel holen!«

Sogleich erscheint die Gestapo in dem Lokal und führt den Gast ab, der in einem strengen Verhör befragt wird, wen er mit »Hund« gemeint habe.

»Na, wen wohl – den Churchill natürlich!«

Darauf der Gestapo-Beamte: »Gut, das ist dann etwas anderes.«

Nachdem er das Vernehmungsprotokoll unterschrieben hat, wird der Wiener entlassen. Vor der Türe dreht sich der gute Mann noch einmal um und fragt herausfordernd: »Na und Ihr – wen habt's denn Ihr gemeint?«

Drei vom Nazi-Volksgerichtshof zum Tode Verurteilte werden nach ihren Wünschen bezüglich der letzten Mahlzeit und der Begräbnisstätte befragt. Der eine, ein Sozialdemokrat, bestellt einen Schweinsbraten und möchte neben dem Parteigründer Victor Adler liegen. Der Zweite, ein Christlich-Sozialer, wünscht sich ein Backhendl und möchte neben dem früheren Wiener Bürgermeister Karl Lueger beerdigt werden. Der Dritte, ein Jude, bittet um Bananen. Auf den Hinweis, Bananen seien im Krieg nicht erhältlich, antwortet er: »Ich kann warten.« Nun soll er noch sagen, wo er begraben sein möchte. »Neben Adolf Hitler« sagt der Jude, worauf man ihn anschreit und unterstellt, er sei wohl verrückt. Schließlich lebe der »Führer« ja noch. »Ich kann warten, hab' ich doch schon einmal gesagt!«, ist die Reaktion.

Im August 1944 werden alle Wiener Theater geschlossen. Welche Betriebe sind jetzt wirklich noch nationalsozialistisch? – Nur die Theater, denn die stehen alle geschlossen hinter dem »Führer«.

Graf Rudi kommt von einem Kurzbesuch im kriegszerstörten Berlin zurück nach Wien, wo ihn Bobby fragt: »Sag', wie schaut Berlin aus?«

»Pompeji hat mir besser gefallen!«

Im Landesgericht Wien sind einige Männer wegen Gerüchteverbreitung angeklagt. Knapp entkommen sie dem Todesurteil, werden begnadigt und verlassen den Saal. Auf der Straße sagt der eine zu den Mitangeklagten: »Waaßt eh, warum s' uns begnadigt ham? Weil s' ka Munition mehr ham!«

Die Volkssturmmänner werden ab sofort stets zu zweit an die Front kommandiert. Einer wirft einen Stein und der andere schreit »Bumm!«.

Wissen Sie, wann es wieder Schlagobers gibt? – Wenn alle Hitler-Bilder entrahmt sind.

Und kennen Sie den Unterschied zwischen dem Christentum und dem Nationalsozialismus? – Im Christentum stirbt einer für alle, im Nationalsozialismus sollen alle für einen sterben.

Eine neue Text-Variante des »Horst-Wessel-Liedes«:
*»Die Preise hoch, die Läden fest geschlossen,*
*Die Not marschiert mit unentwegtem Schritt –*
*Und Adolf, Hermann, Joseph und Genossen,*
*Sie hungern – aber nur im Geiste mit!«*

Erzählt ein Afrika-Kämpfer: »Stell' Dir vor, in Afrika haben wir eine Wasserleitung aus Kameldärmen!«
Erwidert sein Freund: »Das ist gar nichts gegen unsere Lage im Reich. Wir haben eine Kreisleitung aus Wasserköpfen!«

Wissen Sie, wann der Krieg definitiv zu Ende sein wird? – Wenn der Berliner Volkssturm mit der S-Bahn an die Front fährt.

Haben Sie schon gehört, dass jetzt alle Kinderwagen beschlagnahmt werden? – Der Jahrgang 1943 wird nämlich an die Front gefahren.

So singen jetzt die alten Nazis:
*»Wir eilten gern in die Partei*
*Und waren überall dabei.*
*Wir waren eifrige Profitler*
*Und schrien laut und oft ›Heil Hitler‹*
*Wir sahen in ihm ein höh'res Wesen,*
*Doch Nazis sind wir nie gewesen!«*

Ein Nostalgiker räsoniert: »Lieber ein Kaiser von Gottes Gnaden als ein Mörder von Berchtesgaden!«

Wissen Sie, was eine Ironie der Weltgeschichte ist? – Dass der Scharfrichter der Hölle Himmler heißt.

Die in den letzten Kriegsjahren häufig verwendete Abkürzung »Gröfaz« (für größter Feldherr aller Zeiten) soll Hitler und die Vorlieben der Nazis für Abkürzungen ironisieren.

Die letzte »neue Waffe« besteht aus einem langen Stecken mit einem großen weißen Tuch am anderen Ende.

In Wien übt man das Verhalten bei Luftangriffen. Auch das Burgtheater bleibt nicht verschont. Der Luftschutzwart erklärt dem großen Schauspieler Raoul Aslan, wie man bei Fliegeralarm zu reagieren hat: »Sie setzen den Stahlhelm auf. Wenn eine Brandbombe niederfällt, nehmen Sie die Feuerpatsche und schlagen so lange auf die Bombe, bis sie erlöscht.«
»Ausgezeichnet«, antwortet Aslan mit seigneuraler Würde, »und wer reicht mir die Patsche?«

Die NS-Führung beschließt, in der »Ostmark« vorläufig keine Gasmasken auszugeben, weil hier die Gesichter immer länger werden.

Der »Führer« betrachtet müde sein Bild, das an der Wand hängt. »Was wird wohl mit uns beiden nach dem Krieg geschehen?«
»Ganz einfach«, antwortete das Bild. »Mich nehmen sie herunter und Dich hängen sie auf!«

Zwei Freunde erwischt der Fliegeralarm auf der Straße. In ihrer Angst rennen sie jeder in eine andere Richtung davon. Sie können einander gerade noch zurufen, dass man sich später im Kaffeehaus treffen wolle. Nach der Entwarnung sitzt der eine schon längst im Stammcafé, der andere aber kommt und kommt nicht. Als er endlich daherwankt, ist er voller blauer Flecken und Beulen. Einen Arm trägt er in der Schlinge und überdies hinkt er.
»Was ist Dir denn passiert? Warst Du verschüttet«, fragt der eine.
Der andere verneint.

»War es ein Flaksplitter?«

»Nein.«

»Ein Bombentreffer?«

»Nein.«

»No, so erzähl' doch. Was ist denn mit Dir geschehen?«

»Ach Gott, ich Trottel hab' im Luftschutzkeller mit ›Heil Hitler‹ gegrüßt!«

Welche Sprachen seine Schüler nach dem Krieg lernen wollen, will ein Lehrer wissen.

Einer sagt: »Der Vater lässt uns Englisch lernen, weil ma nach dem Krieg auswandern wollen.«

Ein Zweiter: »Wir lernen Spanisch, weil ma nach Südamerika wollen.«

Und ein Dritter: »Wir lernen Russisch, weil ma dableiben wollen.«

Das Lebensmotto der Wiener 1944: Leere Töpfe, leere Teller, immer in den Luftschutzkeller. Immer nur den Tod vor mir – Führer Heil, wir danken Dir!

Von Grinzing fährt ein Betrunkener mit der Straßenbahn in das Wiener Stadtzentrum und räsoniert vor sich hin: »Da hat der Hitler g'sagt, Wien is a Perle und er wird ihr die richtige Fassung geben.« Der Mann nickt wieder ein, und wie er aufwacht, lallt er beim Anblick der vielen zerbombten Häuser: »Na, jetzt hamma die Fassung.«

Der »Führer« will Anfang 1945 die Schlagkraft seiner Wehrmacht vom Flugzeug aus begutachten. Er freut sich über die vielen Krater und Bombentrichter, die er überfliegt: »Wir haben schon eine herrliche Armee.«

Darauf der Pilot: »Sie irren, mein Führer, wir befinden uns gerade über Wien!«

Der Volkssturm hat soeben die Winteruniform ausgefasst. Sie besteht aus je einer pelzgefütterten Armbinde.

Und so fühlen sich die Wiener in diesen Wochen: Keine Kohle, kein Fett und man liegt im Bett, hat die Haxen kaum warm – kommt Fliegeralarm!

Ein Reichsdeutscher fragt einen Wiener auf der Ringstraße: »Sagen Sie, wie lange gehe ich denn noch zum Adolf Hitler-Platz?«

Die knappe Antwort: »Na, da werden S' gar nimma lang gehen!«

Sagt eine Flakhelferin zur anderen: »Was hast Du denn für Kondensstreifen unter den Augen?« »Ich hab' heut' Nacht fünf Einflüge gehabt!«

Gegen Kriegsende will sich ein Mann das Leben nehmen. Da ihn der Mut verlässt, zeigt er sich selbst an, wobei er vorgibt, illegal Schweine geschlachtet zu haben.

»Ham'S ma was mit'bracht?«, fragt ihn der Polizist leise.

Der Mann erkennt, dass da nichts zu machen ist, geht zu einem anderen Beamten und erklärt, einen feindlichen Auslandssender gehört zu haben.

»Was ham'S denn heut' g'sagt?«, will dieser Polizist wissen.

Jetzt geht der Mann aufs Ganze und gibt einer Nazigröße eine Ohrfeige. Der NS-Bonze hält sich die Wange und fragt besorgt: »Um Gottes Willen, ist es schon so weit?«

Da gibt der gute Mann sein Vorhaben auf und geht nach Hause.

Welches ist das gastfreundlichste Land? – Die Sowjetunion. Denn die Russen haben die Deutschen zwei Jahre ausgehalten und jetzt begleiten sie die Wehrmacht auch noch nach Hause.

Der Rückzug der Wehrmacht in der Sowjetunion seit 1943 leitet den Zusammenbruch des Dritten Reiches ein und wird im Untergrund »Kaiser Napoleon-Gedächtnisrennen« genannt.

Auch an der Front gibt es Reimeschmiede:
*Oh Adolf, denk an Stalingrad*
*Und befolge unsern Rat:*
*Mach Frieden, stell das Morden ein*
*Und lass uns Frontsoldaten heim!*

Was wünscht sich der Wehrmachtssoldat Anfang 1945? – Er wünscht sich die Kleidung des Russen, die Ernährung des Engländers, als Gegner den

Italiener – und dass Adolf Hitler der unbekannte Weltkriegssoldat geblieben wäre …

Wissen Sie, warum sich viele »Ostmärker« jetzt wünschen, dass nach dem Krieg alle Gefreiten erschossen werden? – Weil die Schweinerei mit dem unbekannten Gefreiten sich nicht wiederholten darf …

Fiktiver Dialog zwischen Adolf Hitler und dem »Duce« Benito Mussolini.
    Hitler: »Italien ist wirklich zu beneiden. Über Italien lacht immer der blaue Himmel.«
    Darauf Mussolini: »Was heißt das schon? Über Deutschland lacht doch die ganze Welt!«

Es scheint nun den meisten »Ostmärkern« klar, dass die Nazis mit ihrem Latein am Ende sind. Das ist der aktuelle Bewusstseinsstand: Wie schnell doch die Zeit vergeht! Schon sind tausend Jahre vergangen …

Als zwei Männer mit einem Spaten auf einem Wiener Friedhof erscheinen, wird ihnen zugerufen: »Ihr wollt wohl den Ersatz für den Volkssturm ausheben!«

Kennen Sie übrigens den Unterschied zwischen Blitz, Donner und der Vergeltung? – Den Blitz sieht man, aber hört ihn nicht. Den Donner hört man, aber sieht ihn nicht. Und von der Vergeltung sieht und hört man nichts …

Die feindlichen Bombenangriffe häufen sich, da treffen einander zwei Damen.
    Sagt die eine: »Wenn wirklich die Russen kommen, wird es schauerlich, die vergewaltigen angeblich alle Frauen.«
    Die andere entgegnet: »Das ist nicht so schlimm. Lieber hab' ich einen Russen auf mir liegen, als ein ganzes Haus!«

Wiener Luftalarm-Ballade:
*Im Raum von Steinamanger*
*Fliegt ein Fremdverband, ein langer.*

*Rechts ka Jäger, links ka Flak,*
*Vielleicht stürzt er von selber ab!*
*Doch der Kampfverband fliegt weiter,*
*Denn das Wetter ist so heiter.*
*In Wien schon die Sirenen heulen,*
*Die Leute in die Keller eilen.*
*Fluchen dort in allen Ecken,*
*Dass die Nazis bald verrecken.*

Wirtshausgespräch gegen Ende des NS-Regimes:
»Viele Parteigenossen sind jetzt blasenkrank.«
»Wieso denn das?«
»Sie möchten gerne austreten, können aber nicht!«

Hitler, Göring und Goebbels unterhalten sich, was sie anfangen sollen, wenn der Krieg verlorengeht.
Göring: »Mir kann nichts passieren. Ich werde wieder Flieger!«
Goebbels: »Mir auch nicht. Ich gehe zurück in meine Redaktion!«
Lacht Hitler, die später von seinen Landsleuten vertretene Opfertheorie ahnend: »Auch bei mir ist alles klar. Da ich Österreicher bin, werde ich dann zu den Siegern gehören!«

In Wien folgt man Anfang 1945 diesem Leitspruch:
Kopf hoch oder Kopf ab!
Glauben oder dran glauben!

Welche Stadt hat jetzt die meisten Warenhäuser? – Berlin. Wo man auch hinschaut, überall waren Häuser …

Ein Berliner berichtet, beim letzten Angriff der Alliierten seien die Ziegel noch drei Tage lang herumgeflogen. Da meint sein Wiener Freund: »Na und? Bei unserem letzten Angriff werden die Hitler-Bilder noch 14 Tage herumfliegen!«

Ein Telefonat Wien-Berlin:
»Hallo, ist dort Berlin-West?«

»Nein, hier ist Berlin-Rest.«

»Oh Verzeihung, dann habe ich falsch gewählt.«

»Ja, ich auch.«

Die im Dritten Reich gebräuchliche Bezeichnung PG hat im Laufe der Jahre eine andere Bedeutung bekommen:

1932 – Parteigenosse

1933 – Parteigenießer

1944 – Peinlich genug

1945 – Pech gehabt

Als die Nachricht vom Selbstmord Adolf Hitlers und seiner Geliebten Eva Braun, die er erst am Vortag geheiratet hat, am 30. April 1945 publik wird, macht dieser Witz die Runde: Der »Führer« wird begraben. Auf die Frage, wie das Leichenbegräbnis gewesen sei, bekommt man die folgende Auskunft: »Es war sehr feierlich. Zehnmal hat er rauf- und runtergezogen werden müssen.«

A. PAUL WEBER (1945)

DAS ERWACHEN

*So sah der deutsche Karikaturist A. Paul Weber die Situation seiner Mitmenschen angesichts des Zusammenbruchs des Dritten Reiches.*

Aufschrift auf einem Marterl in der »Ostmark«:
*Hier liegt Hitler, der Befreier*
*Von der Butter, Mehl und Eier,*
*Von die Kleider und die Schuh,*
*Gott schenk ihm die ew'ge Ruh.*

Am 8. Mai 1945 findet der Zweite Weltkrieg mit der Kapitulation von Nazi-Deutschland in Europa sein Ende. Ein hoher SS-Führer flüchtet vor den Alliierten in ein Kloster. Doch auch dort ist er nicht sicher. Als die amerikanische Militärpolizei kommt, sucht er unter der Kutte einer Nonne Zuflucht. Trotz der drohenden Gefahr wird er nach einer Weile zudringlich. Da flüstert die vermeintliche Nonne wütend: »Gib' Ruh, Du Trottel. Ich bin doch der Kreisleiter!«

Ein Jude, der glücklicherweise eine mehrjährige KZ-Haft überlebt hat, stirbt kurz nach Kriegsende an den Folgen seiner Entbehrungen. Auf dem Weg in den Himmel kommt er am Eingang der Hölle vorbei und bittet einen Engel, ihm zu zeigen, wo Adolf Hitler hier untergebracht ist. Zu seinem großen Erstaunen sitzt Hitler schreibend an einem Tisch.

»Das sollen Höllenqualen für ein solches Ungeheuer sein?!«, empört sich der Jude.

»Beruhigen Sie sich bitte«, entgegnet der Engel. »Hitler ist wirklich nicht zu beneiden. Er muss nämlich seine antisemitische Hetzschrift ›Mein Kampf‹ ins Hebräische übersetzen!«

Der St. Pöltner Domkurat Franz König hört, als die sowjetische Armee in Niederösterreich vorrückt, von Übergriffen der Rotarmisten gegen Frauen. Er greift zur Selbsthilfe und versteckt Krankenschwestern in der Nähe von Orgelpfeifen. Sie bitten ihn, in der Nacht bei ihnen zu bleiben, weil sie sich vor den Russen fürchten. Also legt sich König auf die erste Pritsche, wird um Mitternacht von einem Rotarmisten geweckt, der auf die Pritsche neben ihm deutet und ruft: »Ich will diese Frau!« Der Mann im Talar sagt mutig: »Das ist meine Frau!« Und was macht der Sowjetsoldat? Er entschuldigt sich – und geht.

In den ersten Tagen nach der Befreiung grassiert in Wien eine merkwürdige Epidemie, die im Volksmund den Namen »Powidlkrankheit« erhält. Um vor den auf der Tagesordnung stehenden Nachstellungen und gewaltsamen Annäherungen der sowjetischen Besatzer sicher zu sein, schmieren sich die Frauen Marmelade ins Gesicht. Der dadurch hervorgerufene Anschein von Ausschlag und seuchenartiger Erkrankung wirkt in vielen Fällen auf die Besatzer tatsächlich abschreckend.

Viktor Matejka, der legendäre Kulturstadtrat der unmittelbaren Nachkriegszeit, erinnert sich an die Tage vor der Befreiung Wiens: In kurzer Abfolge kommen einander widersprechende Meldungen. Einmal heißt es, die Russen marschierten ein, und schon liegen Parteiabzeichen, Hakenkreuze und Orden zu Tausenden in den Straßengräben und Rinnsalen. Wenig später kommt die Berichtigung: Nicht die sowjetischen Befreier rückten ein, sondern die deutsche Wehrmacht kehre vom anderen Ufer der Donau, wohin sie sich zurückgezogen hat, in die Stadt zurück. Und die Menschen strömen wie aufgescheucht zu den »Deponien« hin und fischen sich die weggeworfenen Zeugen ihrer mithin wieder aktualisierten Vergangenheit aus dem Mist hervor. Viktor Matejka denkt dabei an die Parole: »Raus aus die Kartoffel, rin in die Kartoffel …«

# Land der Erbsen, Land der Bohnen

Nach der Kapitulation des Dritten Reiches wurde die NSDAP verboten. Der Zweite Weltkrieg forderte 55 Millionen Tote, zig Millionen Menschen wurden verwundet oder vertrieben, zwei Millionen vermisst. In 22 Konzentrationslagern ermordeten die Nationalsozialisten sechs Millionen Juden und 500 000 Nichtjuden.

Schon am 27. April 1945, also noch vor dem offiziellen Kriegsende, wurde die Wiedererrichtung der Republik Österreich proklamiert und eine Provisorische Regierung unter dem sozialdemokratischen Staatskanzler Karl Renner gebildet, der diese Funktion bereits nach dem Ende des Ersten Weltkrieges und dem Zusammenbruch des Habsburgerreiches innehatte. Der Provisorischen Regierung Renner gehörten neben SPÖ und ÖVP auch die Kommunisten an.

Der Niederösterreicher Leopold Figl gewann mit seiner ÖVP bei der Nationalratswahl am 25. November 1945 die absolute Mehrheit an Mandaten und wurde erster Bundeskanzler der Zweiten Republik. Wieder wurde eine Koalitionsregierung aus ÖVP, SPÖ mit Vizekanzler Adolf Schärf und KPÖ gebildet. In seiner Weihnachtsansprache 1945 bat Figl seine Mitbürger, trotz der großen Not an Österreich zu glauben. Figl wurde zum populärsten Politiker der unmittelbaren Nachkriegszeit. Und Karl Renner wurde jetzt von der Bundesversammlung zum ersten Bundespräsidenten des jungen Staates gewählt.

Die siegreichen Alliierten USA, Sowjetunion, Großbritannien und Frankreich unterteilten das Land in vier Besatzungszonen. Während es zunächst darum ging, die Versorgung der Bevölkerung und die öffentliche Ordnung wiederherzustellen sowie neue demokratische Strukturen aufzubauen und eine österreichische Verwaltung zu etablieren, kehrten viele Emigranten in ihre Heimat zurück. Darunter waren Hans Weigel, Friedrich Torberg, Robert Stolz und Karl Farkas, der ab 1950 wieder auf der Bühne des »Simpl« stand, für das er fortan gemeinsam mit Hugo Wiener alle Programme schrieb. Das »Simpl« gehörte nun Baruch Picker. Im Team um Farkas waren Ernst Waldbrunn, Cissy Kraner, Elly Naschold, Fritz Muliar, Heinz Conrads, Alfred und Maxi Böhm, Otto Schenk, Ossy

Kolmann und ganz kurz auch Peter Alexander. Der Soziologe Paul Lazarsfeld hingegen blieb in Amerika, wo er sagte: »In Europa fürchten sich die Eltern vor den Kindern. Da ich das Pech hatte, in Europa ein Kind und in Amerika ein Vater zu sein, habe ich mich eigentlich mein ganzes Leben lang gefürchtet.«

Aus einem Wettbewerb für den Text der neuen österreichischen Bundeshymne ging Paula von Preradović, die Ehefrau des »Presse«-Chefs Ernst Molden, als Siegerin hervor. Ihren Hymnentext »Land der Berge, Land am Strome« dichtete ihr Sohn Fritz Molden um: »Land der Erbsen, Land der Bohnen, Land der vier Besatzungszonen, wir verkaufen Dich im Schleich, vielgeliebtes Österreich! Und droben über'm Hermannskogel flattert froh der Bundesvogel …«

Karl Farkas, zurück in Wien, heiratet seine Frau Anny zum dritten Mal. Das erste Mal 1924 standesamtlich, das zweite Mal 1934 in der Pfarre St. Rochus, weil Anny als Katholikin auf eine kirchliche Trauung Wert legte. Nach der Emigration von Farkas, dessen Frau mit dem geistig behinderten Sohn wegen eines Einreiseverbotes nach Amerika hier bleiben musste, wurde die Ehe 1944 in Budweis geschieden, weil die aufrechte Bindung mit einem Juden zu Problemen mit dem Naziregime führte. Jetzt, 1946, also die neuerliche dritte Heirat mit der selben Frau.

Hans Weigel geht gleich nach seiner Rückkehr in sein geliebtes Café Schottenring, wo ihm der Oberkellner im März 1938 seinen täglichen Frühstückskaffee mit dem Hinweis »Juden wird nicht serviert« verweigert hat. Dieser Oberkellner ist noch immer da, erkennt den Gast und ruft: »A Melange und zwa Kipferl für den Herrn Weigel!«

Verlaufen die ersten Begegnungen der jüdischen Heimkehrer mit den Daheimgebliebenen – wie das geschilderte Beispiel zeigt – oft beschämend, wenngleich typisch österreichisch, so wird nach 1945 die Wiedergutmachung ein großes politisches Thema. Wissen Sie, was das Gegenteil von Arisierung ist? – Wieder*jud*machung, meinen einige Ewiggestrige.

Der aus Schweden nach Wien zurückgekehrte Ernst Molden kämpft um die Zuteilung von Rotationspapier, um seine »Presse« wieder erscheinen zu lassen. Innenminister Oskar Helmer von der SPÖ zum Ersuchen des als liberal geltenden Molden: »Verhindern werd' ich Ihre Zeitung nicht können. Aber verzögern …«

Der sowjetische Marschall Tolbuchin lädt österreichische Politiker zu einem Empfang, bei dem Zigaretten und Zigarren aus den Beständen der ehemaligen Tabakregie angeboten werden. Der Sozialdemokrat Karl Renner nimmt sich eine Kiste Zigarren und sagt zu den verdutzten Gastgebern: »Ich halte mich an die Lehren von Karl Marx – Expropriiert die Expropriateure!«

Ein Besucher aus den Bundesländern fragt in der Straßenbahn einen neben ihm sitzenden Wiener: »Wie heißt der Platz da drüben?«
    »Das ist der Rooseveltplatz, früher Adolf-Hitler-Platz.«
    Ein paar Minuten später: »Und wie heißt das Gebäude da?«
    »Das ist das Parlament, früher Gauhaus.«
    Ein Stück weiter: »Und wie heißt dieser Platz?«
    »Das ist der Stalinplatz, früher Schwarzenbergplatz.«
    Der Besucher steigt mit diesen Worten aus: »Auf Wiedersehen, früher Heil Hitler!«

Oberösterreich ist zweigeteilt: Das Mühlviertel nördlich der Donau ist sowjetische Besatzungszone, das restliche Oberösterreich amerikanische Zone. Die streng bewachte Donaubrücke zwischen Linz und Urfahr verbindet die beiden Zonen. »Wir haben«, sagt einmal der oberösterreichische Landeshauptmann Heinrich Gleissner, »die längste Brücke der Welt. Sie beginnt in Washington und endet in Sibirien.«

In einer Zeitung findet sich 1945/46 dieses Inserat: »Papagei entflohen. Ich erkläre dem ehrlichen Finder, dass ich die politische Gesinnung meines Papageis nicht mehr teile.«

»Entnazifizierung« heißt die große politische Aufgabe dieser Zeit. Für viele »Ehemalige« bringt sie ein Berufsverbot. Auf dem Wiener Stephansplatz schaut ein Mann einem Straßenkehrer zu, der sich so ungeschickt anstellt, dass er ihm gute Ratschläge gibt.

Der Straßenkehrer: »Schaun S', ich bin ja eigentlich Universitätsprofessor, aber ich war a Nazi. Aber wenn Sie es so gut können, warum kehren Sie dann nicht die Straße?«

»I bin ja a Straßenkehrer«, antwortet der andere, »aber i derf net. I war nämlich auch a Nazi!«

Der erste Unterrichtsminister der Zweiten Republik, Felix Hurdes von der ÖVP, unternimmt alles, um die letzten Reste nationalsozialistischer Gesinnung zu beseitigen und das Österreich-Bewusstsein zu reaktivieren. Er geht sogar so weit, in den Lehrplänen und Schulzeugnissen die Bezeichnung »Deutsch« durch »Unterrichtssprache« zu ersetzen. Einer seiner Beamten nimmt an dieser neuen Wortschöpfung Anstoß und schlägt statt »Unterrichtssprache« den Ausdruck »Hurdestanisch« vor.

An der Wiener Opernkreuzung unterhalten sich ein amerikanischer und ein britischer Besatzungsoffizier, beide Emigranten, da kommt ein französischer Major vorbei. Darauf der Amerikaner zum Briten: »Also der Teitelbaum ist auch wieder in Wien!«

An der Wiener Universität fragt ein Professor für Zeitgeschichte seine Studenten, welche Ursachen ihrer Ansicht nach für die Niederlage der deutschen Wehrmacht im Zweiten Weltkrieg ausschlaggebend waren.

»Die Juden waren schuld«, sagt ein Student, »es gab zu viele jüdische Generäle.«

»Aber«, so der Professor, »in der Wehrmacht gab es doch keinen einzigen jüdischen General!«

»Ich meine auch nicht die Wehrmacht«, entgegnet der Student, »sondern die jüdischen Generäle in den Armeen der Alliierten!«

Der Wiener sozialdemokratische Bürgermeister Theodor Körner kümmert sich recht wenig um die nach 1945 in der SPÖ noch existenten antiklerikalen Tendenzen, wie diese Geschichte zeigt: Zum Begräbnis des niederösterreichischen ÖVP-Landeshauptmannes Josef Reither im Tullnerfeld kommt Körner in Begleitung seines Vizebürgermeisters Lois

Weinberger von der ÖVP. Mitten hinein in dieses festliche Bauernbegräbnis mit dem feierlichen Einzug der Geistlichkeit sagt der schwerhörige Körner recht laut zu seinem Begleiter: »Weinberger, 20 Priester!« Und dann nach einer Pause wieder deutlich vernehmbar: »Was glaubst', Weinberger, was meine Genossen sagen werden, wann i bei mein Begräbnis 25 Geistliche hab'?«

Graf Bobby in seinem Wiener Stammcafé: »Eine Melange, Herr Ober, und den ›Völkischen Beobachter‹ bitte.«

Der Kellner bringt den Kaffee: »Herr Graf, den ›Völkischen Beobachter‹ gibt's nicht mehr.«

Nach Trinken seiner Melange ruft Bobby neuerlich den Ober: »Einen Cognac und den ›Völkischen Beobachter‹«.

»Aber Herr Graf, ich hab' doch schon gesagt: den ›Völkischen Beobachter‹ gibt's nicht mehr!«

»Ich weiß«, sagt Bobby, »ich weiß, aber ich hör's so gern!«

Die Amerikaner helfen Österreich beim Wiederaufbau des Landes und ernten dafür Sympathie bei der Bevölkerung, die nur bisweilen durch die Erinnerung an die Bombenangriffe der US-Air-Force während der letzten Kriegsmonate getrübt wird. Ein amerikanischer Offizier, der auf der Ringstraße einen Wiener nach dem Weg zur Staatsoper fragt, erhält die grantige Antwort: »Wann's es aus der Luft g'funden habt's, werd's es z'Fuaß a finden!«

In der sowjetischen Besatzungszone, in der die Wiener Bevölkerung mit diversen Mangelerscheinungen konfrontiert ist, kursiert der Spruch: Was ist der Unterschied zwischen Marx und Murx? – Marx ist die Theorie!

Der Alliierte Rat, bestehend aus den vier Hochkommissaren, die zugleich Oberbefehlshaber in ihren Besatzungszonen sind, fungiert als eine Art Nebenregierung. In Innsbruck residiert der Kommandant der französischen Besatzungszone, General Béthouart, ein aufrichtiger Freund Österreichs. Zu Beginn seiner Amtszeit in Österreich erscheint eine Tiroler Abordnung und fragt ihn, ob es gestattet sei, eine Andreas-Hofer-

Gedenkfeier auf dem Berg Isel abzuhalten. Béthouart denkt kurz nach und sagt dann strahlend: »Aber warum denn nicht? Das ist doch der Mann, der 1809 die Bayern besiegt hat!«

Alfred Polgar, nach dem erzwungenen Exil wieder zurück in Wien, über seine Zeit im Ausland: »Ein Emigrant ist ein Mensch, der zwei Fremden hat und keine Heimat.« Und anlässlich eines Besuches von Linz sagt Polgar: »Bis März 1938 lag Linz in Oberösterreich, dann im Gau Oberdonau und nun liegt es in der amerikanischen Zone. Die Städte kommen neuerdings viel herum!«

Von Karl Farkas ist in ähnlichem Zusammenhang diese Bemerkung überliefert: »Ich hab' einen Onkel gehabt, der ist in Österreich geboren, hat in Ungarn studiert, in der Tschechoslowakei gearbeitet und ist in Deutschland gestorben. Aber dabei ist er sein ganzes Leben lang nie aus Pressburg herausgekommen.«

Der aus der Emigration zurückgekehrte Sozialdemokrat Oscar Pollak wird zum Chefredakteur des Zentralorgans »Arbeiter-Zeitung« bestellt. Er hat oft Mühe, die ideologische Linie des Blattes mit den Erfordernissen der modernen Konsumgesellschaft zu vereinbaren. In die Zeitungsgeschichte eingegangen ist Pollaks Aufforderung an die Leser, die Alkoholreklame im Anzeigenteil der Zeitung nicht zu beachten …

Der ÖVP-Wirtschaftsbündler Julius Raab als Präsident der Bundeswirtschaftskammer und der sozialdemokratische ÖGB-Präsident Johann »Schani« Böhm begründen die Sozialpartnerschaft. Eines Tages geht Böhm mit seinen sozialpolitischen Forderungen seinem Widerpart zu weit und Raab poltert: »Mei liaber Freund, weil's früher allen gleich schlecht gangen is, kann's ja jetzt net allen gleich guat geh'n!«

Im Herbst 1950 ist Bundeswirtschafskammer-Präsident Julius Raab mit einer Delegation des ÖVP-Wirtschaftsbundes in Rom, wo auch eine Audienz bei Papst Piux XII. auf dem Programm steht. Zur selben Zeit versuchen in Österreich die Kommunisten, mit Streiks das Kabinett Figl unter Druck zu setzen. Der Papst fragt, wie es Österreich gehe. Raab antwortet kurz und bündig: »Bei uns wirbelt's, Eure Heiligkeit.« Pius XII., trotz seiner umfassenden Sprachkenntnisse der wienerischen Ausdrucksweise doch nicht mächtig, blickt Raab verständnislos an, was diesen zu der »Übersetzung« veranlasst: »Picollo revolutioni, Heiliger Vater!«

Unter den amerikanischen Besatzungssoldaten sind auch viele Schwarze. Eine junge Dame will den Eltern ihren Freund vorstellen, hält es aber für ratsam, zunächst den Herrn Papa einzuweihen: »Vati, ich hab' mich bis über beide Ohren verliebt!«, sagt sie. »Es macht Dir hoffentlich nichts aus, mein Liebster ist ein Schwarzer!«

»Das ist doch nicht so schlimm«, meint der Vater wohlwollend. »Es gibt doch auch bei der ÖVP nette Menschen!«

Die sowjetische Besatzungsbehörde verlangt von jedem Autor eines Beitrages, der im Radio gesendet werden soll, eine Bestätigung, er sei nicht Mitglied der NSDAP gewesen. Als eines Tages ein Grillparzer-Stück auf dem Programm steht, urgiert der zuständige Sowjetoffizier eine »Unbedenklichkeitsbescheinigung« Grillparzers. Vom Leiter der Hörspielabteilung bekommt er diese Antwort: »Die Vorlage der Bestätigung kann nicht erfolgen, da der Hörspielautor Franz Grillparzer (1791–1872) vor Gründung der NSDAP verschieden ist.«

Zwar ist die Versorgungslage der Wiener Bevölkerung schlecht, doch im ersten Stadtsenat nach dem Zweiten Weltkrieg sitzen mit Franz Novy, Gottfried Albrecht und Josef Afritsch drei wohlbeleibte Männer. Dazu Bürgermeister Theodor Körner: »Und mit diesen ausg'fressenen Stadträten muss ich das hungernde Wien repräsentieren!«

Nach dem Tod von Bundespräsident Karl Renner am 31. Dezember 1950 kommt es zur Neuwahl eines Staatsoberhauptes. Die ÖVP nominiert den populären oberösterreichischen Landeshauptmann Heinrich Gleissner, während die SPÖ zunächst dazu tendiert, Innenminister Oskar Helmer aufzustellen. Parteiobmann Adolf Schärf entscheidet sich aber letztlich für den mittlerweile 78-jährigen Theodor Körner. Im zweiten Wahlgang siegt Körner, der am Abend im Innenministerium gegenüber seinen Parteifreunden räsoniert: »Ihr habt's mir doch versprochen, dass ich nicht gewählt werde!« Da an diesem 27. Mai 1951 im Wiener Stadion auch ein Fußball-Länderspiel zwischen Österreich und Schottland stattfindet, das mit einem Sieg der Heimmannschaft endet, kann man in der kommunistischen »Volksstimme« am nächsten Tag lesen: »Gleissner und Schottland geschlagen!«

In Stockholm findet ein Diplomatentreffen statt. Der Vertreter der Tschechoslowakei heißt Taworsky, der Pole Javorsky, der jugoslawische Diplomat Germanski und für Österreich ist der junge Attaché Bruno Kreisky anwesend. Zu vorgerückter Stunde und schon etwas beschwingt will man gemeinsam ein Lied singen. Es stellt sich bald heraus, dass es nur ein einziges Lied gibt, dessen Melodie und Text allen Herren geläufig ist: die alte österreichische Kaiserhymne, das »Gott erhalte«.

Bundeskanzler Leopold Figl trinkt in einem Café in Rom einen Capuccino. Der Kellner nähert sich, um die Rechnung zu kassieren und sagt: »Sessanata otto.«
    »Na«, meint der fremdsprachenunkundige Figl: »I bin a Poldl!«

Figl auf der Hasenjagd mit einem Franzosen. Der französische Jagdherr will den Bundeskanzler zuerst zum Schuss kommen lassen: »À vous!«
    Darauf Figl, der gerade zwei Hasen über die Wiese hoppeln sieht: »Dort, zwa Vu!«

Als Regierungschef obliegt es dem niederösterreichischen Bauer Leopold Figl, offizielle Staatsgäste in die Oper zu führen. Dazu ein Zeitgenosse: »Das ist ihm immer eine Qual. Meistens begleitet er die Gäste in die Loge und verabschiedet sich sogleich wegen einer dringenden Verpflichtung. Dann setzt er sich in irgendein Kaffeehaus und findet sich kurz vor Ende der Vorstellung wieder in der Loge ein.« Gut zwanzig Jahre später wird sich der sozialdemokratische Bundeskanzler Bruno Kreisky des selben Tricks bedienen …

Bundespräsident Theodor Körner, im schwarzen Anzug, begrüßt den als päpstlichen Legaten zum gesamtösterreichischen Katholikentag eintreffenden Wiener Erzbischof Theodor Innitzer, der die purpurne Kardinalstracht trägt, mit den Worten: »Eminenz, wir heißen zwar beide Theodor. Es ist aber doch ein großer Unterschied zwischen uns beiden: Sie, Herr Kardinal, sind außen rot und innen schwarz. Ich aber bin außen schwarz und innen rot.«

Kardinal Innitzer, der aus einer Arbeiterfamilie stammt und wegen seiner Empfehlung, bei der Volksabstimmung 1938 über den Anschluss Österreichs an das Dritte Reich mit Ja zu stimmen, seinerzeit heftig in der Kritik, bleibt als Wiener Erzbischof betont schlicht. Als sich einmal jemand niederbeugt, um seinen Ring zu küssen, sagt er: »Bitte keine gymnastischen Übungen!«

Eine Legende unter den Landeshauptleuten ist der steirische »Häuptling« Josef Krainer mit seiner markanten Knollennase und seiner berühmten Volksnähe. Einmal fährt ihn sein Chauffeur so rasant durch einen Ort, dass die Hühner auseinanderlaufen, was Krainer zu der Bemerkung veranlasst: »Ich bitt' Sie, fahren S' vorsichtig, die Hühner g'hören an Wähler!« Krainers Politikverständnis lässt sich so auf den Punkt bringen: »Demokratie ist schön und gut, aber anschaffen kann schließlich immer nur einer!«

Während Amerika und die UNO-Hilfsorganisation UNRRA mit großen Interimshilfeabkommen und dem Marshallplan die Not in Österreich zu lindern helfen, stellen die Sowjets große wirtschaftliche Forderungen an die Wiener Regierung. Das führt zur verbitterten Feststellung vieler Landsleute: »Russland melkt die Kuh, die Amerika füttert.«

1950 reisen Bundeskanzler Leopold Figl (ÖVP) und Vizekanzler Adolf Schärf (SPÖ) zu einem Staatsbesuch nach Stockholm. In ihrer Begleitung ist der junge Legationsrat Bruno Kreisky, der in Schweden während des Zweiten Weltkrieges seine Emigration verbracht hat. Niemand aus der Österreichischen Delegation hat einen Zylinder mitgebracht, der für einen Abendempfang beim König vorgeschrieben ist. Irgendwie wird in letzter Minute ein Zylinder aufgetrieben, der aber nur Kreisky, dem rangniedrigsten Delegationsmitglied, passt. So wird das heikle Problem gelöst: Figl geht mit dem Zylinder in der Hand in den Audienzsaal, übergibt ihn in einem unbemerkten Augenblick an Schärf, der ihn schließlich an Kreisky weiterreicht. Der kann ihn dann aufsetzen, wenn die drei Herren den Königspalast verlassen.

Nicht nur Leopold Figl, auch viele kleine Parteifunktionäre tun sich mit Fremdwörtern schwer. Als der greise Nationalratspräsident Leopold Kunschak, einer der »grand old men« der ÖVP, eine Parteiversammlung in einem Wiener Bezirk besucht, wird er vom Vorsitzenden mit den Worten begrüßt: »Ganz besonders heiße ich den Herrn Präsidenten Kunschak willkommen, den Nestroy (Anm.: statt Nestor) unserer Partei!«

Geld ist knapp im Österreich der Nachkriegszeit. Dessen ungeachtet planen ein paar wagemutige Wiener im Kaffeehaus die Produktion eines österreichischen Filmes und überlegen Möglichkeiten der Finanzierung.

Sagt der Erste: »I kenn' an reichen Fleischer, der gibt a Million!«

Meint der Zweite: »Wunderbar! I waß an reichen Gemüsehändler, von dem kummt a weitere Million!«

Und der Dritte: »Und i kenn' an Schleichhändler, der gibt no a Million. Macht scho drei Millionen. Damit kömma an Film drehen!«

Schließlich der Vierte: »Das ist ja ganz schön, die Millionen san ka Problem. Aber wer, bittschön, zahlt jetzt unseren Kaffee?«

Friedrich Torberg ist Gast bei einem Empfang des schwedischen Botschafters in Wien. Als er sich bei der Begrüßung vorstellt, fragt die mit der heimischen Literaturszene nicht vertraute Botschaftergattin: »Torberg, Torberg, das klingt so nordisch!«

Friedrich Torberg klärt sie auf: »So möcht' ich das nicht formulieren. Aber vielleicht war ein Urahne von mir Schiffsrabbiner bei den Wikingern!«

ÖVP-Außenminister Karl Gruber bespricht Anfang 1953 in Bonn mit dem deutschen CDU-Bundeskanzler Konrad Adenauer bilaterale Fragen. Ein Thema ist die Wiedergutmachung jeder Schäden, die Österreich nach dem Anschluss an Hitler-Deutschland zwischen 1938 und 1945 erlitten hat. »Wiederjutmachung wollen die Österreicher?«, fragt Adenauer unwirsch. »Könn' sie haben. Ich werde die Jebeine vom Hitler ausgraben

lassen und den Österreichern schicken. Dann haben sie ihre Wiederjutmachung.«

Karl Farkas widmet das Gedicht »Friedenswinter« den vier Besatzungsmächten:

*In dem Tschoch »Zur bladen Lina«*
*Sitzen vier besetzte Wiener;*
*Gneisl, der ein Praterwirt ist*
*(Und jetzt russisch okkupiert ist),*
*Ferner Loisl Lilienkron*
*(Vom französischen Rayon),*
*Nummer drei am Stammtisch*
*Ist Franz Knoll (Besetzung: Britisch),*
*Neben ihm Herr Poldi Janisch*
*(Dessen Hieb amerikanisch) …*

# Der größte aller Kleinbürger

Im Jahr 1953 kam es zu einem Wechsel an der Spitze der Bundesregierung. Nach ÖVP-interner Kritik an einer zu großen Kompromissbereitschaft von Leopold Figl gegenüber dem Koalitionspartner SPÖ wurde Julius Raab neuer Bundeskanzler. Er behielt diese Funktion bis 1961. Figl selbst wurde jetzt als Nachfolger von Karl Gruber Außenminister. Bruno Kreisky nannte Raab den »größten aller Kleinbürger«, was durchaus als Kompliment zu verstehen war, denn der sozialdemokratische Großbürger arbeitete mit dem neuen Bundeskanzler in den Folgejahren als Staatssekretär und ab 1959 als Außenminister sehr gut zusammen. Raab war ein bodenständiger Politiker, der eine gemütliche Aura ausstrahlte und es – wie sein Vorgänger Figl – zu großer Beliebtheit in der Bevölkerung brachte. Über das Image der Politik sagte er einmal: »Nicht die Politik verdirbt den Charakter, sondern ein verdorbener Charakter die Politik.« Und Julius Raab war ein Pragmatiker, der mit einer aufkeimenden Habsburg-Nostalgie wenig anfangen konnte: »Die Monarchie war großartig, sie ist aber leider g'wesen.«

Wie Figl kam Raab aus Niederösterreich, wo er von 1945 bis 1959 auch die Funktion eines Landesparteiobmannes der ÖVP innehatte. Und wie Figl war Raab 1945 maßgeblich an der Gründung der Volkspartei beteiligt. Übrigens hatten die Alliierten eine Berufung von Julius Raab in die erste Nachkriegsregierung abgelehnt, weil er in der Ersten Republik Heimwehr-Führer und im Gegensatz zu anderen hohen Funktionären der Vaterländischen Front nicht in NS-Haft war. Man kreidete ihm eine »faschistische Vergangenheit« an. Nach 1945 rekrutierte er frühere NSDAP-Mitglieder als Mitarbeiter. Darunter war Reinhard Kamitz, den er schließlich zum Finanzminister machte. Der sogenannte Raab-Kamitz-Kurs in der Wirtschaftspolitik führte zu einer Stabilisierung der österreichischen Währung und brachte Vollbeschäftigung.

Apropos Wirtschaftspolitik: Eine der ersten Maßnahmen von Bundeskanzler Julius Raab war die Neufestsetzung des Schillingkurses. Nach der geheimen Abstimmung im Nationalrat ging Raab, von Beruf Baumeister, auf seinen alten Freund Johann Böhm (SPÖ), der gelernter Baupolier war und dem ÖGB vorstand, zu, um ihn zu fragen: »No, Schani, wie hast denn abg'stimmt?« »Julius«, antwortet Böhm, »der Polier stimmt meistens so ab wia da Master!«

Raab hatte bei der SPÖ drei Dutzfreunde: den ÖGB-Präsidenten Johann Böhm; den Innenminister Oskar Helmer, auch ein Niederösterreichischer; und Bundespräsident Theodor Körner, der – so wie der Bundeskanzler – einst in der k. u. k. Armee gedient hat.

Bundeskanzler Julius Raab gilt als wortkarger Mann. Eines Tages fährt er im Auto mit seinem Sekretär von Wien in das ferne Vorarlberg. Im Tullnerfeld macht der Sekretär seinen Chef aufmerksam: »Herr Bundeskanzler, in diesem Jahr steht das Getreide aber hoch!« Keine Reaktion, Stille. Ein paar Stunden später, man ist schon in der Nähe von Dornbirn, sagt Raab: »Do a!« Zurück in Wien resümiert der Kanzler bezüglich seines Sekretärs: »Den nehm' i nimmer mit. Der red ma z'vül.«

So wortkarg Raab ist, so autoritär und entscheidungsfreudig ist er ebenfalls. Immerhin hat er vor Antritt seiner Kanzlerschaft erfolgreich diese Funktionen hinter sich gebracht: niederösterreichischer ÖVP-Chef, Klubobmann, stellvertretender Bundesparteiobmann, Obmann des Wirtschaftsbundes und Präsident der Bundeswirtschaftskammer. Da er sich immer und überall durchzusetzen vermag, raunt man sich in der ÖVP zu: »Dem Raab geht's gut. Er ist der einzige Österreicher, der, wenn er was braucht, nicht den Raab fragen muss!«

Legendär ist seine eigenmächtige Sitzungsführung. 1954 diskutiert man über Vorschlag des Bundeskanzlers und Bundesparteiobmannes Julius Raab in der ÖVP-Bundesparteileitung über einen Ministerkandidaten. Mehrheitlich sind die Parteigranden gegen Heinrich Drimmel als neuen Unterrichtsminister. Er sei zwar beim CV, aber kein Parteimitglied und überhaupt habe er keinen ÖVP-Stallgeruch. Raab hört zu und schließt nach zwei Stunden die Sitzung. »Was geschieht jetzt?«, fragt ein Funktionär.

Raab, der schon bei der Tür ist, blickt auf die verdatterten ÖVP-Granden und ruft ihnen zu: »Regt's Euch ab. Er is' eh scho vereidigt …«

Wichtige Entscheidungen, das ist ein Merkmal der Raab'schen Politik, trifft er gerne allein. Oft erfährt auch seine engste Umgebung erst aus den Medien von bedeutenden Weichenstellungen. Wieder einmal stellt er die ÖVP-Führung vor vollendete Tatsachen. Die Gesichter der verärgerten Funktionäre werden immer länger, bis Julius Raab endlich anhebt: »Wer noch etwas zu sagen hat, der stehe auf und schweige!«

Julius Raab pflegt im Café Landtmann zu frühstücken. Eines Tages äußert dessen Chef, Kommerzialrat Zauner, im Gespräch mit dem Kanzler eine abweichende politische Meinung. Darauf Raab grantig: »Schaun S', wia ma an Kaffee macht, davon versteh' i nix, und Sie lassen die Finger von der Politik, des is nix für Ihna!«

Seine Leibspeise, die »Beamtenforelle«, eine Knackwurst, isst Julius Raab täglich, auch am Freitag, zu Mittag. Als der Christlich-Soziale einmal von einem frommen Katholiken darauf hingewiesen wird, dass der Freitag doch ein Fasttag sei, entgegnet Raab: »A Knackwurst gilt net als Fleisch, die gilt als Mehlspeis'!«

Der Pressechef von Julius Raab ist Fritz Meznik, seines Zeichens Sektionschef und Leiter des Bundespressedienstes. Als solcher hat er auch die Reden des Kanzlers zu schreiben. Das spielt sich so ab, dass Raab die große Linie vorgibt und Meznik die Details mit dem Koalitionspartner SPÖ abstimmt. Darüber witzeln die Presseleute: »Vom Raab kommen die Ideen, vom Meznik die Formulierungen und vom Vizekanzler Adolf Schärf die Änderungen.«

Im Umgang mit einfachen Menschen aus dem Volk und jungen Leuten ist der sonst so autoritäre Julius Raab von bezwingender Güte. Bei einem Besuch in der Steiermark bewirtet man ihn in der Hotelfachschule Bad Gleichenberg. Die Schüler servieren, und einer hat das Pech, den Bundeskanzler von oben bis unten mit Bratensoße zu begießen. Verwirrt stammelt der Missetäter seine Entschuldigung, doch Raab schaut ihn gütig an und meint nur: »Gelt, hast Dir den Höchsten ausg'sucht!«

Bundeskanzler Julius Raab ist auf Staatsbesuch bei seinem Amtskollegen Konrad Adenauer in Bonn, als dort gerade eine heftige Auseinandersetzung um die deutsche Wiederbewaffnung tobt. Unmittelbar nach der Ankunft fragt ein deutscher Reporter Raab: »Herr Bundeskanzler, wie ist das zu verstehen? Hier in Deutschland ist die Wiederbewaffnung so ein großes Streitthema, es gibt eine Massenbewegung ›Ohne mich‹, und bei Ihnen in Österreich scheint die Debatte über die Aufrüstung niemanden aufzuregen!« Raab überlegt nicht lange und antwortet: »Des is', weil wir die älteren Soldaten san!«

Der deutsche Wirtschaftsminister Ludwig Erhard (CDU), der einmal Konrad Adenauer im Kanzleramt nachfolgen wird, referiert in Wien eloquent und kenntnisreich über den Wiederaufbau des kriegszerstörten Deutschland. Julius Raab hört dem Vater der »sozialen Marktwirtschaft« aufmerksam zu und sagt dann: »Großartig, Herr Professor, was Sie uns heute erzählt haben! Aber wenn S' ma no erzählen, wia i des meine Sozi beibring', dann mach ma des a!«

Und so definiert Julius Raab das Wirtschaftswunder der 1950er-Jahre in Österreich und Deutschland: »Die Deutschen verdanken das Wirtschaftswunder ihrem Fleiß, ihrer Strebsamkeit und ihrer Ausdauer. Das österreichische Wirtschaftswunder hingegen ist wirklich ein Wunder!«

Beim ersten Amerika-Besuch von Bundeskanzler Julius Raab steht auch eine Visite von Key West in Florida auf dem Programm. Mit von der Partie ist Hugo Portisch, damals Mitarbeiter im österreichischen Informationsdienst in New York. Raab erwirbt eine Ansichtskarte, auf der ein Delphin aus einem Meeresbecken springt, um seinem Wärter einen Fisch aus der Hand zu fressen. Diese Karte schickt er an Außenminister Leopold Figl mit diesem Text: »Lieber Poldi! Lass die Roten so springen wie diesen Fisch, Dein Julius!«

Bundeskanzler Julius Raab versteht es, mit den Sowjets während der Besatzungszeit im Gespräch zu bleiben. Und er ermahnt des Öfteren Politiker und Journalisten, die sich kritisch gegenüber Moskau äußern, »den russischen Bären nicht bei jeder Gelegenheit in den Schwanz zu zwicken.« Bald schon wird sich der Erfolg dieser weisen Politik Raabs einstellen.

Zu Journalisten und insbesondere liberalen Medienleuten hat Raab ein distanziertes Verhältnis. Dem Verleger Fritz Molden wirft er einmal entgegen: »Se san a Liberaler. Eana zerdruck' ma wia a Wanz'n.« Die Mediengesellschaft ist hierzulande in den 1950er-Jahren im Vergleich zum westlichen Ausland noch unterentwickelt. Unabhängige Zeitungen sind den im großkoalitionären Denken verharrenden Regierungspolitikern überdies suspekt. Noch haben die Parteizeitungen von ÖVP und SPÖ beträchtlichen Einfluss. Dazu passt ein weiteres Raab-Zitat gegenüber Fritz Molden: »Vor dem Oscar Pollak von der ›Arbeiter-Zeitung‹ und dem Schärf ziag i mein Huat, weil des is der politische Gegner. Aber vor Euch, Herr Molden? Liberale seid's? Bürgerliche seid's – g'wesen!«

Monsignore Otto Mauer spielt in den 1950er-Jahren in Wien eine bedeutende Rolle nicht nur in der Kirche, sondern auch im Kulturleben. Der Begründer der Galerie St. Stephan wird 1954 von Kardinal Theodor Innitzer zum Domprediger ernannt. Der wortgewaltige Geistliche ist auch ein hochpolitischer Mensch. Zwischen dem Kriegsende und dem Zweiten Vatikanischen Konzil fungiert er als treibende Kraft der Katholischen Aktion. Eines Tages wollen zwei prominente »rote« Journalisten – Franz Kreuzer von der »Arbeiter-Zeitung« und Günther Nenning – vom streitbaren Monsignore wissen, was er unter Sozialismus verstehe. Die Antwort Otto Mauers fällt knapp aus: »Ja, wenn Sie's nicht wissen, warum soll ich's dann wissen?«

Auch ÖVP-Unterrichtsminister Heinrich Drimmel, ein deklarierter Konservativer, wird einmal nach der Definition des Begriffes Sozialismus gefragt und sagt: »Der Sozialismus ist eine aufgezogene Uhr, die in der Westentasche eines Leichnams weitertickt.«

Besagter Minister Drimmel betätigt sich bei der Eröffnung der allerersten Seefestspiele im burgenländischen Mörbisch – man gibt den »Zigeunerbaron« – als Wortschöpfer: »Einen Namen hätte ich schon für die neue Seebühne: Gelsenreitschule.«

Kardinal Theodor Innitzer, der Mitte der 1950er-Jahre stirbt, gilt als ebenso verständnisvoller wie humorvoller Erzbischof. Einmal teilt ihm ein Pfarrer mit, dass er heiraten wolle, da zeigt Innitzer auf dessen Kollar und sagt: »Da müssen S' halt den Gewerbeschein zurückgeben!«

# Und jetzt noch d' Reblaus

D as dominierende politische Ereignis der 1950er-Jahre war der Abschluss des österreichischen Staatsvertrages mit dem Ziel der Wiederherstellung einer souveränen und demokratischen Republik. Am 15. Mai 1955 fand im Schloss Belvedere die Unterzeichnung des Vertragswerkes durch Vertreter der Alliierten USA, Sowjetunion, Frankreich und Großbritannien sowie Österreichs statt. Am 27. Juli 1955 trat der Staatsvertrag in Kraft. Und am 26. Oktober 1955 beschloss der Nationalrat die immerwährende Neutralität Österreichs, die militärisch und nicht weltanschaulich zu verstehen ist. Die Besatzungsmächte zogen ab und Österreich war frei.

Um die Staatsvertragsverhandlungen ranken sich Gerüchte und schwer ausrottbare Legenden. So zeigt eine Karikatur den österreichischen Außenminister Leopold Figl bei den Moskauer Verhandlungen im April 1955, wie er Bundeskanzler Julius Raab zuflüstert: »Und jetzt, Raab, jetzt noch d' Reblaus, dann san's waach!« Damit soll quasi belegt werden, dass Alkohol im Spiel war und die trinkfesten Österreicher die Sowjets »unter den Tisch gesoffen« hätten. Wenn auch Raabs damaliger Sekretär Ludwig Steiner bestätigte, dass Toasts ausgesprochen wurden, bei denen man am Wodkaglas genippt habe, stellte Staatssekretär Bruno Kreisky klar: »Die Verhandlungen waren sehr sachlich. Erst als alles ausgehandelt war, hatten wir eine angenehme Stimmung.«

Knackpunkt bei den Verhandlungen war die Proklamation der Neutralität als Voraussetzung für den Abschluss des Staatsvertrages. Raab und Figl waren für die Neutralität, Schärf zunächst dagegen und Kreisky dafür. Als man sich letztlich einigte und alles über die Bühne ging, war die Euphorie in der österreichischen Bevölkerung nach Nazi-Okkupation, Zweitem Weltkrieg und zehnjähriger Besatzung ungeheuer groß. Gewiss war das Verhandlungsgeschick der österreichischen Koalitionspolitiker beachtlich, doch wäre der Deal sicher nicht zustande gekommen, wenn er den Großmächten, insbesondere den USA und der Sowjetunion, nicht genau zu diesem Zeitpunkt ins Konzept gepasst hätte. Im Rückblick wird der österreichische Staatsvertrag als erste Manifestation der europäischen Entspannungspolitik nach dem Zweiten Weltkrieg betrachtet. Weitere Meilensteine der Entspannungspolitik waren später die deutschen Ostverträge als Konsequenz der Ostpolitik der Bonner sozial-liberalen Regierung Brandt/Scheel und die Konferenz über Sicherheit und Zusammenarbeit in Europa.

Die erste große Koalition aus ÖVP und SPÖ konnte zehn Jahre nach Kriegsende mit dem Staatsvertrag Großes vorweisen. Danach verstrickte sich dieses Regierungsbündnis immer mehr in kleinliche Geplänkel.

Bei der Berliner Außenministerkonferenz 1954 kommt es zu einem längeren Gespräch zwischen Staatssekretär Bruno Kreisky (SPÖ) und dem sowjetischen Außenminister Wjatscheslaw Molotow über die Schriften Lenins, des Staatsgründers der kommunistischen Sowjetunion. Molotow zeigt sich verblüfft darüber, wie viele Werke Lenins der Sozialdemokrat Kreisky gelesen hat: »Warum sind Sie dann dort gelandet, wo Sie sind, wenn Sie so viel Lenin gelesen haben?«

»Eben deshalb«, lautet die Antwort Kreiskys.

Als man von Bundeskanzler Julius Raab wissen will, warum er zu Staatsvertragsverhandlungen nach Washington nur in Begleitung eines Sekretärs, nach Moskau aber an der Spitze einer großen Regierungsdelegation gereist sei, sagt er: »In Washington hab' i mi net so g'fürcht'!«

Bei den Verhandlungen über den Staatsvertrag in Paris sieht der französische Außenminister Bidault den österreichischen Außenminister Figl, der sich bekanntlich mit Fremdsprachen schwertut, einsam und verloren in einer Ecke des Sitzungssaales stehen. Mitleidig geht er auf Figl zu und fragt ihn: »Excellence, fatigué?«

Darauf Figl: »Mir ist a fad, i geh a!«

Letztlich hängt alles von den Sowjets ab. Und so fliegt am 11. April 1955 eine österreichische Abordnung unter der Leitung von Bundeskanzler Raab zu den letzten und entscheidenden Staatsvertragsverhandlungen nach Moskau. Kreisky über seinen ersten Eindruck nach der Ankunft:

IRONIMUS, *Adabei, 1980*

»Eine lange Reihe schwarz gekleideter Herren, also das gesamte diplomatische Corps der sowjetischen Hauptstadt, war zu unserem Empfang erschienen, wie wir das immer wieder in Filmen gesehen hatten. Es war also wirklich was los. Auf der anderen Seite befand sich eine große Schar von Männern, die wir nur von den Zeitungen her kannten, nämlich die Mächtigen des Kreml. Und ganz rechts hatte das Moskauer Gardebataillon mit seiner großartigen Musikkapelle Aufstellung genommen, welche die österreichische Bundeshymne auswendig spielte. Da schien nun manchem von uns doch irgendwie aufzudämmern, dass hier Besonderes vor sich gehen würde. In etwas vorlauter Weise, als der Jüngste, habe ich mir erlaubt, beim Anblick dieses Aufgebotes zu meinen drei vorgesetzten Herren Raab, Schärf und Figl zu sagen, dass ich glaube, wenn man uns mit so viel Sang und Klang empfängt, dass man uns kaum wieder sang- und klanglos wird wegfahren lassen können.«

**135**

Als Exponent der bürgerlichen ÖVP ist Bundeskanzler Raab natürlich überzeugter Antikommunist. Trotz dieser Einstellung versteht er es aber, mit den Sowjets gute Beziehungen zu unterhalten, solange der angestrebte Staatsvertrag nicht unter Dach und Fach ist. Als er einmal ob seiner »Freundlichkeit« gegenüber den Sowjets kritisiert wird, verteidigt er sich mit diesen Worten: »Ich komm' halt aus einem bürgerlichen Elternhaus. Dort hat man gelernt, ›Bitte‹ zu sagen, wenn man etwas will, und ›Danke‹, wenn man es bekommen hat.«

Trotz des anfänglichen Optimismus müssen die Österreicher in Moskau hart verhandeln. Vor allem um die finanziellen Forderungen der Sowjets wird gefeilscht. Mikojan, ein gerissener Armenier, verlangt als Ablöse für die DDSG (Donaudampfschifffahrtsgesellschaft) 2,8 Millionen Dollar. Darauf Raab: »Ich gebe Ihnen 2 Millionen und keinen Cent mehr.« Raab streckt Mikojan, von 1955 bis 1964 erster Vizepremierminister der UdSSR, zum Einschlagen die Hand über den Tisch, ganz so wie es ein St. Pöltner Baumeister mit einem Ziegellieferanten zu machen pflegt – und Mikojan schlägt ein.

Am Rande der Verhandlungen bezeichnet KPdSU-Parteichef Nikita Chruschtschow halb im Scherz den österreichischen Bundeskanzler als Kapitalisten. »Herr Chruschtschow«, meint Julius Raab und blickt auf die überreich gedeckte Tafel, »der eine bleibt sein Lebtag lang ein armer Kapitalist, der and're bringt's zum reichen Kommunisten …«

In einer Sitzungspause laden die Sowjets die gesamte österreichische Regierungsdelegation ein, ihre Ferien in der UdSSR zu verbringen. »Das geht leider nicht«, meint Bundeskanzler Raab, »wir verhandeln doch g'rad über die immerwährende Neutralität, da können wir doch net Urlaub auf der Krim machen!«

Bei der Vorbereitung des sogenannten Moskauer Memorandums wird es spät. Nach einem großen Bankett im Kreml soll weiterverhandelt werden. Raab ist dafür, während Schärf einwendet, er habe in seiner Anwaltspraxis nach 21 Uhr grundsätzlich nichts mehr unterschrieben. Kreisky muss den Sachverhalt den Russen erklären und meint zu Molotow: »Lassen wir's für heute.« Der schüttelt den Kopf, lässt es aber gut sein. Auch Figl verabschiedet sich müde und lässt Bulganin, Molotow und Raab zurück. Nikolai Bulganin, der sowjetische Regierungschef, meint zu später Stunde zu den Österreichern, er sei befriedigt über die Möglichkeit, jetzt den Staatsvertrag perfekt machen zu können. Beim Frühstück am nächsten Morgen fragt Figl: »War eh nix mehr los gestern?«

Darauf Raab: »Nein, Bulganin hat bloß erklärt, dass wir jetzt endlich den Staatsvertrag kriegen werden …«

Nun einigt man sich endlich über den Staatsvertrag und die österreichische Neutralität. Raab und Mikojan stoßen mit Wodka an, Chruschtschow und Schärf dagegen mit Fruchtsaft. Sagt Raab mit einem Seitenhieb auf die beiden: »Des Safterl möchte' i net amal in die Schuach hab'n.« Da wendet sich Chruschtschow an den österreichischen Bundeskanzler: »Gospodin Raab, wir haben Sie als redlichen, aufrechten Mann kennengelernt. Folgen Sie meinem Beispiel, werden Sie auch Kommunist!«

Chruschtschow spricht auch diese denkwürdigen Worte: »Gospodin Raab, aus dem Osten kommt nicht nur das Licht, sondern auch die Macht!«

»Das mag schon stimmen«, erwidert Raab auf die chinesisch-sowjetischen Differenzen anspielend, »aber auch Russland hat seinen Osten!«

Nach dem erfolgreichen Abschluss der Moskauer Verhandlungen reist die österreichische Delegation müde, aber überglücklich, zurück nach Wien. Bei der Ankunft wendet sich ein deutscher Journalist an Julius Raab: »Eine offene Frage, Herr Bundeskanzler: Warum haben die Sowjets eigentlich zugestimmt?«

Darauf Raab: »Weil wir eine so furchterregende Nation sind!«

Nach der feierlichen Unterzeichnung des Staatsvertrages am 15. Mai 1955 im Marmorsaal des Schlosses Belvedere treten die Außenminister der vier Alliierten und Österreichs – John Foster Dulles (USA), Wjatscheslaw Molotow (Sowjetunion), Antoine Pinay (Frankreich), Harold Macmillan (Großbritannien), und Leopold Figl (Österreich) – auf den Balkon, um einer jubelnden Menschenmenge das Dokument zu zeigen. Diese Szene, die von der Austria Wochenschau gezeigt wird, kommentiert Karl Farkas so: »Auf dem Balkon des Belvedere halten die Vertreter der vier Alliierten einander bei den Händen – morgen werden sie uns wahrscheinlich wieder bei der Gurgel halten!« Und zur Neutralität fällt Farkas dieses Bonmot ein: »Wir müssen jetzt neutral sein. Das heißt, wir haben nix zu tun als nix zu tun – und das liegt uns ja.«

Am Abend gibt es ein festliches Bankett. Nach Schluss dieses Essens verabschieden sich die Würdenträger auf der Freitreppe des Schlosses Belvedere. Der goldbetresste Lakai ruft die Wagenkolonne ab:

»Cadillac für Exzellenz Dulles!«
»SIS-Limousine für Exzellenz Molotow!«
»Rolls-Royce für Exzellenz Macmillan!«
»Citroën für Exzellenz Pinay!«
Und zuletzt: »Galoschen für Exzellenz Figl!«

IRONIMUS, Heut' kommen d'Engerln auf Urlaub nach Wien, 1955:
Antoine Pinay, Frankreich; Harold Macmillan, Großbritannien; John Foster Dulles, USA;
Wjatscheslaw Michailowitsch Molotow, UdSSR

Am 1. August 1955 beginnt in Österreich das Fernsehzeitalter mit einer Diskussionsrunde prominenter Zeitungsjournalisten. Man unterhält sich über die Frage, ob das Fernsehen eine Zukunft habe und kommt zu dem Schluss: eher nicht. Dieser Meinung ist offenbar auch Bundeskanzler Julius Raab, dessen folgender Ausspruch sich später als fatale politische Fehlentscheidung erweist: »Aus dem Narrenkastl wird eh nix. Des geb ma den Roten.«

Politisches Kabarett hat es im großkoalitionären Radio zu dieser Zeit sehr schwer. Der sonntägliche »Watschenmann«, 1954 gegründet und von Walter Davy, Peter Weiser sowie Jörg Mauthe zu einem Publikumshit gemacht, kann – solange die Alliierten das Sagen haben – die Innenpolitik aufs Korn nehmen. Aber nach Abschluss des Staatsvertrages stellt Programmdirektor Rudolf Henz diese kritische Sendung ein, woran auch eine von 130 000 Bürgern unterschriebene Petition zugunsten des »Watschenmann« nichts ändert.

Nach Inkrafttreten des Staatsvertrages wird das österreichische Bundesheer neu gegründet. Oberbefehlshaber ist der Bundespräsident. Und Theodor Körner, einst Generalstabsoberst der k. u. k. Armee und später Generalmajor sowie Heeresinspektor des Bundesheeres der Ersten Republik, lehnt die Bestellung eines persönlichen Adjutanten mit dieser Begründung ab: »Soldat und General bin ich selber. Also brauche ich keinen Adjutanten!«

Schon im November 1956 hat das Bundesheer seine erste Bewährungsprobe zu bestehen, als mit einem Vorstoß sowjetischer Truppen von Ungarn, wo sie einen Aufstand niederschlagen, auf österreichisches Staatsgebiet zu rechnen ist. Da macht dieser Scherz die Runde in Offizierskreisen: Ein Mitarbeiter von Außenminister Leopold Figl, der bekanntlich einem guten Tropfen nicht abgeneigt ist, stürmt in eine Krisensitzung der Regierung mit dem Ruf: »Die Russen kommen!«

Darauf Figl: »Jessas, jetzt geht die Sauferei schon wieder los!«

Das Wiener Burgtheater gastiert in Moskau. Vor dem Abflug gibt es einen Empfang in der sowjetischen Botschaft in Wien. Dabei kommt es zu diesem Dialog zwischen einem Diplomaten und dem Burgschauspieler Raoul Aslan: »Herr Aslan, wie stehen Sie zum Kommunismus?«

»Wie Sie wissen, bin ich gläubiger Christ.«

»Dann sind wir uns einig, Herr Aslan. Jesus Christus war ja der erste Kommunist.«

»Ja, gewiss. Und wenn Sie mir jetzt noch zugeben, dass er Gottes Sohn war, bin ich der Ihre.«

Gerade erst als Nachfolger von Theodor Innitzer zum Wiener Erzbischof ernannt, setzt Franz König 1956 eine menschliche Geste, die Schlagzeilen macht. Er besucht nämlich den konfessionslosen Vizekanzler Adolf Schärf von der immer noch als antiklerikal geltenden SPÖ, um ihm zum Tod seiner Frau Hilde zu kondolieren. Konservative Kreise in der Kirche und in der ÖVP sehen einen Tabubruch darin, dass König das »im Namen aller Katholiken« getan hat. Die heftige Kritik weist er mit dem Argument zurück, es sei höchste Zeit, »Brücken zu bauen und Gräben zu überwinden«. Fortan wird König von Konservativen als »Linker« diffamiert. Nach seiner Erhebung in den Kreis der Purpurträger 1958 nennt man ihn den »roten Kardinal« – eine Bezeichnung, die er nie mehr los wird.

Innenminister Oskar Helmer (SPÖ) gilt als pragmatischer »Macher«, kompromissbereit und ideologisch flexibel. Auf die Frage, ob man mit solchen Eigenschaften zum Sozialismus gelange, gibt Helmer zu bedenken: »Das hab i scho oft g'hört. Aber ham die großen Ideologen uns zum Sozialismus g'führt? Is net besser, dass ma a Einheitsgewerkschaft ham, dass die Sozialpartnerschaft existiert sowie Banken und Schlüsselindustrie verstaatlicht san?« Und dann klipp und klar: »Mia red'n net viel, mia machen's!«

Der »Staatsvertragskanzler« Julius Raab ist ein frommer, aber auch sehr realistischer Mann. Als nach dem Beitritt Österreichs zum Europarat 1956 ein konservativer ÖVP-Abgeordneter in seinem Überschwang meint, man müsse nun die spirituellen Werte des Heiligen Römischen Reiches Deutscher Nation wiederbeleben, weist ihn der Kanzler zurecht: »Is scho guat, aber z'erst müss ma des Unfallversicherungsgesetz novellieren.«

1957 stirbt Bundespräsident Theodor Körner im 84. Lebensjahr. In einem militärischen Kondukt des jungen Bundesheeres können zigtausende Menschen am Ring in Wien Abschied von dem populären Politiker nehmen. Zwei weinende alte Damen werden von einem Polizisten mit diesen Worten getröstet: »Muatterln, want's net, sie wöhln eh an neichen.«

Ende März 1957 pilgern streng vertraulich führende SPÖ-Politiker, darunter Justizminister Otto Tschadek, ÖGB-Präsident Franz Olah und der Wiener Finanzstadtrat Felix Slavik in das Erzbischöfliche Palais zu Franz König. Sie erklären sich bereit, endlich das Konkordat mit Retuschen anzuerkennen, das vom Naziregime enteignete Kircheneigentum zurückzugeben und katholische Privatschulen zu fördern. Und dann lässt Olah die Katze aus dem Sack: »Der konfessionslose SPÖ-Chef Adolf Schärf wird für das Amt des Bundespräsidenten kandidieren!« Man hoffe in der SPÖ, das sich die Kirche neutral verhalten werde. König versichert, dies entspreche dem »Mariazeller Manifest« der Bischofskonferenz von 1952. Freilich könne er nicht für jeden Priester seine Hand ins Feuer legen. Schärf gewinnt die Bundespräsidentenwahl gegen den ÖVP/FPÖ-Kandidaten Wolfgang Denk und stellt noch am Wahlabend fest, »wie wichtig ein gutes Verhältnis zwischen Kirche und Staat« sei.

Adolf Schärfs Funktionen als Vizekanzler und SPÖ-Chef übernimmt Bruno Pittermann. Als es sich Außenminister Leopold Figl zur Gewohnheit macht, zu möglichst allen Europarats-Sitzungen nach Straßburg zu reisen, meint Pittermann spöttisch, Österreich könnte eine neue Bundeshymne bekommen: »Kommt ein Figerl geflogen ...«

John F. Kennedy, seit 1952 Senator der US-Demokraten, trifft bei einem Wien-Besuch mit Außenminister Leopold Figl in der amerikanischen Botschaft zusammen. Er geht auf ihn zu, schüttelt ihm die Hand und stellt sich vor: »Kennedy«.
　　Darauf der Außenminister: »Freilich kennst mi, i bin da Figl!«

Die große Koalition aus ÖVP und SPÖ reibt sich jetzt immer mehr auf. So streitet man etwa darüber, ob der SPÖ-Vizekanzler Pittermann den ÖVP-Bundeskanzler Raab auf Auslandsreisen begleiten soll oder nicht.

Derweil liefert Julius Raab ein weiteres Beispiel für seinen souveränen Regierungsstil, als er den bisherigen Staatssekretär Fritz Bock zum Handelsminister macht. Bock erfährt seine Ernennung aus den Radionachrichten. Er ruft sogleich den Kanzler an, bedankt sich und meint dann, man hätte ihn immerhin vor der Ernennung fragen können.

»Hättst na g'sagt?«, fragt Raab.

»Nein, hätte ich natürlich nicht gesagt«, erwidert Bock.

»Na also«, sagt Raab, »warum hätt' i Di dann fragen sollen?«

Auch die folgende Episode charakterisiert sehr gut den autokratischen Stil Raabs. Als einmal aufgrund einer für die Volkspartei günstigen Stimmung starke Kräfte in der ÖVP für rasche Neuwahlen sind, ist Raab strikt dagegen. Am Ende der Diskussion in der Bundesparteileitung spricht er ein Machtwort: »Wann i jetzt abstimmen lass, gibt's a Mehrheit für Neuwahlen. Deswegen lass i net abstimmen. Die Sitzung ist geschlossen!«

Und hier ist noch ein Beispiel, wie Julius Raab agiert: Im Sommer 1958 fliegt der »Haselgruber-Skandal« auf. Die Öffentlichkeit erfährt, dass die Wiener ÖVP mit ominösen Parteispenden des Stahlunternehmers Johann Haselgruber finanziert werden soll. Parteichef Raab macht kurzen Prozess, lässt sich den Wiener ÖVP-Obmann Fritz Polcar kommen, um ihm zu sagen: »Du verstehst, dass jetzt ana von uns zwa gehen muaß. Also i dank' Dir, auf Wiedersehen!«

Wenn der Staatsvertrag auch längst unter Dach und Fach ist, müssen mit den Alliierten doch noch über einige Jahre Details der Umsetzung ausverhandelt werden. So ist Außenminister Leopold Figl wieder einmal in Moskau, um mit den ehemaligen sowjetischen Hochkommissaren, die in Wien im Hotel Imperial residiert haben, über die Herabsetzung der österreichischen Reparationszahlungen zu reden. Figl schlägt ihnen bei dieser Gelegenheit vor: »Machen Sie doch einen Betriebsausflug in das Hotel Imperial. Es ist nicht mehr zum Wiedererkennen.«

Als der indische Ministerpräsident Pandit Nehru Bundeskanzler Julius Raab von den Vorzügen der Sowjetunion vorschwärmt, meint der deklarierte Antikommunist trocken: »Er hat mir so viel Schönes erzählt. Und das Schönste war: Er glaubt's.« Und Raab ergänzt: »Der Nehru ist so hoch über der Sowjetunion g'flogen, dass er den Stacheldraht net g'sehn hat.«

Als Bundeskanzler muss Raab natürlich zum Opernball gehen. Nun ist bekannt, dass er wenig Wert auf Äußerlichkeiten legt. Als ihn sein Schneider wiederholt auffordert, zur Frackanprobe zu erscheinen, brummt Raab grantig zu seinem Sekretär: »Ruf' ihn an und sag' ihm, er passt schon!«

Die goldene Ära des Wieners Kabaretts der Nachkriegszeit umfasst die 1950er- und die 1960er-Jahre. Neben der »Simpl«-Truppe um Karl Farkas und Ernst Waldbrunn etabliert sich mit Gerhard Bronner, Carl Merz, Helmut Qualtinger, Georg Kreisler und Peter Wehle ein zweiter Hotspot. Vor allem Chansons stehen hier im Mittelpunkt der Programme. Klassiker wie »Der g'schupfte Ferdl« (1952), »Der Wilde mit seiner Maschin« (1956), »Der Bundesbahnblues« (1956), »Der Karajunskopf« (1956), »Weil mir so fad is'« (1957), »Der dialektische Materialismus-Rock« (1957), »Die alte Engelmacherin« (1957) und vor allem »Der Papa wird's schon richten« (1958) sind zeitgeschichtliche Dokumente. Letztere Nummer macht der geniale Helmut Qualtinger bekannt, Text und Musik stammen von Gerhard Bronner:

> »Da neulich, da sitz' ma in der Eden,
> Der Gießhübl, der Puntigam und i.
> Man red't so – und was soll ich Ihnen sagen –
> Vom Wagen, und was man so schon red't um zwei Uhr früh.
> Die Weiber, die hab'n wir schon nach Haus expediert,
> Wir war'n schon – wie man so sagt – après.
> Und weil man dann trist und ein bisserl nachdenklich wird,
> Passiert's, dass man richtiggehend philosophiert.
> Das is' schon so bei der Jeunesse dorée.«

So beginnt dieses Lied über die Protektionswirtschaft im Österreich dieser Zeit. Im Oktober 1958 singt »Quasi« das Chanson in der Fernseh-Kabarettsendung »Spiegel vor'm G'sicht«. Es nimmt die zynische Haltung einer gelangweilten Jugend, die sich in der »Eden-Bar« die Nächte um die Ohren schlägt, aufs Korn. Eine Passage des Liedes, die einen Verkehrsunfall mit einem Toten betrifft, bezieht sich auf eine einschlägige Affäre des Sohnes des prominenten ÖVP-Politikers Felix Hurdes. Bald nach der TV-Ausstrahlung dieses Kabarett-Chansons muss er als Nationalratspräsident zurücktreten. Gerhard Bronner erzählt später, diese Nummer habe »wie eine Bombe« eingeschlagen.

Ein Jahr später, also 1959, schreibt Gerhard Bronner für Louise Martini das Chanson »Chesterfield« über eine gebürtige Wienerin, die schon geraume Zeit reich verheiratet in den USA lebt. Ihrem Mann, einem Korporal, ist sie in der Besatzungszeit im Wiener »Clam-Gallas-Club« zum ersten Mal begegnet.

Im »Simpl« kann man derweil das Chanson »Wir san besetzt!« von Hugo Wiener, gesungen von Cissy Kraner, live erleben. Auch in diesem Lied geht es um die Besatzungszeit und diverse Liebschaften einer fiktiven »Oberlechner Lies' aus Unterniederleiten« mit Soldaten der in Österreich stationierten alliierten Truppen.

Bundeskanzler Raab fährt mit Staatssekretär Kreisky eines Abends mit dem Auto nach Hause in den 19. Bezirk, wo beide wohnen. Und beide verstehen einander, wiewohl aus verschiedenen Parteien kommend, sehr gut. Sagt plötzlich Raab: »Der Schärf hat's gut. Der hat Leut' wie Sie in der Partei.«

Darauf Kreisky: »Aber Sie haben doch auch den Drimmel.«

Kurze Pause, dann erwidert Raab: »Der erzählt den Leuten zu viel, dann fangen's zu denken an und denken gegen ihn.«

In einer Sitzung der Paritätischen Kommission für Lohn- und Preisfragen referiert der Arbeiterkammer-Funktionär Josef »Happy Pepi« Staribacher – er wird in den 1970er-Jahren Handelsminister werden – über Produktivität, Rationalisierung und Betriebsführung. Julius Raab, der bekanntlich aus dem ÖVP-Wirtschafsbund kommt, hört sich das schweigend an und meint schließlich skeptisch: »Wissen'S was? I geb' Ihnen a Konzession, machen'S an Betrieb auf, und in an halben Jahr kommen'S wieder und sagen mir, wie's Ihnen geht.«

1960 ernennt Bundeskanzler Raab seinen ÖVP-Weggefährten Bundesrat Josef Scheidl zum neuen Generaldirektor des Österreichischen Rundfunks. Im ÖVP-Parteivorstand, wo man über diese Personalie abstimmt, gibt es großen Widerstand. Die erste Abstimmung geht mit 12 zu 8 Stimmen gegen den Vorschlag des Parteichefs aus. In einem zweiten Durchgang steht es dann 11 zu 9 Stimmen, worauf Raab sagt: »I seh' schon, meine Meinung beginnt sich durchzusetzen.« Das genügt und Scheidl ist Rundfunkchef.

Es ist die Blütezeit der großen Koalition und da regiert natürlich auch im Rundfunk der parteipolitische Proporz. Nach einem Besuch des Funkhauses in der Wiener Argentinierstraße macht Bundeskanzler Raab auch gar kein Hehl aus dieser Tatsache, wenn er feststellt: »Proporz is, wann i zum Rundfunk einigeh' und plötzlich überall zwa Händ' statt aner schütteln muaß.«

Die SPÖ versucht ihren Antiklerikalismus Ende der 1950er Jahre endgültig abzulegen und diskutiert auf einem Parteitag mit so großem Eifer über die Religionsfrage, dass der Wiener Delegierte Reinhold Suttner schließlich in seiner Wortmeldung sagt: »Genossen, ich darf Ihnen sagen, dieser Eifer wirkt draußen gar nicht so gut. Es kursiert doch seit Wochen überall ein Witz, der besagt, dass Genossen in den Himmel kommen wollen und nach Rom 1000 Schilling schicken. Sie bekommen aber postwendend 500 Schilling zurück, weil für Scheinheilige nur die Hälfte zu zahlen ist.«

Aus dem Anekdoten-Fundus von Georg Markus ist die Geschichte über den begeisterten Dampfbad-Besucher Adolf Schärf. Auch als Bundespräsident ab 1957 frequentiert er seine Stammsauna, legt nun aber zum Unterschied von früher das Handtuch, das seine Lenden verbirgt, nicht ab. »Was ist los, Doktor Schärf«, will ein gelegentlicher Saunabesucher wissen, »g'schamig worden?«

»Nein«, sagt Schärf, »Bundespräsident!«

# Die Sauwette

Um 1960 veränderte sich die innenpolitische Landschaft in Österreich deutlich. Da die SPÖ bei der Nationalratswahl 1959 stimmenstärkste Partei wurde, übernahm der Sozialdemokrat Bruno Kreisky die Leitung des Außenministeriums. Der ÖVP-Bauernbündler Leopold Figl wurde zunächst Nationalratspräsident und 1962 Landeshauptmann von Niederösterreich. Und Bundeskanzler Julius Raab wurde 1961 durch Alfons Gorbach abgelöst. Der Journalist und spätere ORF-Generalintendant Gerd Bacher sagte einmal über die Pioniere der Zweiten Republik wie Raab, Figl, Helmer und Böhm: »Sie waren schlechte Redner, lasen wenig Bücher und wenig Zeitschriften, tranken immer denselben Wein und aßen die gleichen drei Speisen – aber sie waren die Retter des Vaterlandes.«

Legendär ist eine Episode vom Staatsbesuch Nikita Chruschtschows 1960 in Österreich. Chruschtschow war nun nicht nur Parteichef der KPdSU, sondern auch sowjetischer Ministerpräsident. Mit Nationalratspräsident Figl schloss er auf dessen Bauernhof in Rust im Tullnerfeld eine Wette ab: Er wettete eine Sau, dass das sowjetische Saatgut für Mais zehnmal besser sei als das österreichische. Saatgut aus der UdSSR wurde nach Niederösterreich gebracht, gedieh hier zwar nicht schlecht, aber hinsichtlich des Ertrages schnitt es schlechter ab als das österreichische. Figl gewann die Wette und bekam das Schwein.

Aus den frühen 1960er-Jahren datieren zwei treffende Definitionen der großen Koalition dieser Zeit. Die erste ist von Bundeskanzler Alfons Gorbach, der sagte: »Die Koalition ist eine Firma, deren Bücher nicht stimmen, weil die Teilhaber die Verluste der Kompagnons jeweils als ihre Gewinne verbunden.« Die zweite ist von Vizekanzler Bruno Pittermann und fällt etwas freundlicher aus: »Die Koalition ist eine Ehe, in der man sich über das Wirtschaftsgeld einigt, aber um das Körberlgeld streitet.« Die Kritiker dieser großen Koalition in den Medien oder im politischen Kabarett, das angesichts der Streitereien in der Regierung und der Auswüchse des Proporzes aufblühte, waren weniger zimperlich in der Wortwahl. In Erinnerung ist heute noch der Sager, die Koalition sei eine

Regierungsbrauerei, in der die ÖVP die Niederlagen und die SPÖ die Flaschen liefere.

Der große österreichische Humorist Alexander Roda Roda, 1945 in New York verstorben, sagte einmal: »In manchen Ländern sind Satiriker überflüssig. Die Regierung macht sich selbst lächerlich.« Mit einer anderen Formulierung kam Peter Orthofer, einer der bedeutenden Kabarettisten der Nachkriegszeit, zum selben Schluss: »Das politische Kabarett erübrigt sich, wenn die Realität die Satire überholt hat.«

Anfang Juni 1961 findet in Wien ein zweitägiges Treffen zwischen dem neuen amerikanischen Präsidenten John F. Kennedy und dem Kreml-Führer Nikita Chruschtschow statt. Mittlerweile hat sich SPÖ-Vizekanzler Bruno Pittermann in Koalitionskreisen den Ruf eines konsequenten Neinsagers erworben. So wird er zum Gegenstück des sowjetischen »Mr. Njet«, Wjatscheslaw Molotow, der ein paar Jahre zuvor als Außenminister seines Landes den Abschluss des Staatsvertrages hinausgezögert hat.

»Königreich Waldbrunner« bezeichnet der Volksmund das neue Superministerium bestehend aus dem Verkehrsressort, dem Energieministerium und den Verstaatlichten Betrieben. Geleitet wird es von Karl Waldbrunner (SPÖ), der 1932 in die Sowjetunion ausgewandert ist, wo er in der Stalin-Ära bis 1937 als leitender Ingenieur arbeitete. 1946 machte die österreichische Nachkriegsregierung Waldbrunner zum Gesandten in Moskau.

Anfang der 1960er-Jahre wird die große Koalition durch die »Habsburg-Krise« schwer belastet. Im Mai 1961 unterschreibt Otto Habsburg, der in Bayern lebende Sohn des letzten Kaisers, eine Verzichtserklärung auf seine Thronansprüche. Trotzdem verweigert ihm die Bundesregierung auf Betreiben der SPÖ die Einreise nach Österreich mit dem Hinweis auf strittige Vermögensfragen. Es kommt zu einer Regierungskrise. Im Unterschied zur SPÖ sind die meisten »Schwarzen« für eine Rückkehr des Habsburgers. Dies würde die Republik schon aushalten, argumentieren sie. Am Höhepunkt dieser Kontroverse schreibt Gerhard Bronner ein

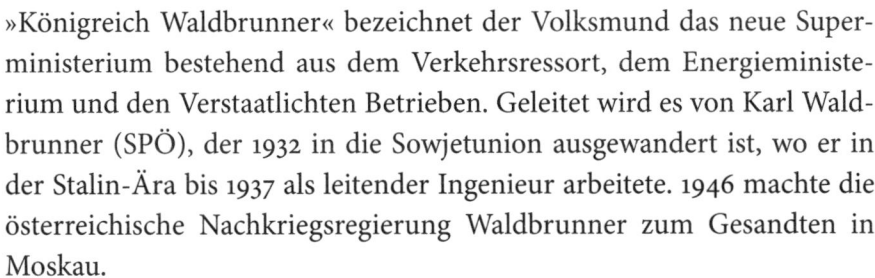

köstliches Terzett dreier »Aristos« unter dem Titel »Unser guter Kaiser kommt zurück«. Die Herren Puntigam, Gießhübl und Hunyadi treffen einander in der »Eden-Bar« und malen sich aus, welche Vorteile sie hätten, würde Otto Habsburg als Monarch heimkehren:

*»Wir werden nicht mehr leben von der Hand im Mund,*
*Jeder von uns kriegt natürlich einen Gesandtenposten,*
*Dann sind wir im Ausland und das ist ein Grund,*
*Dass der gute Kaiser kommt zurück.«*

Ein paar Jahre später darf Otto Habsburg einreisen und soll einen Vortrag im Wiener Konzerthaus halten. In einem einschlägigen Witz heißt es, der Saal sei nahezu leer und Habsburg fragt den Veranstalter nach dem Grund.

»Es sind kaum Leute da, weil heute ein Fußball-Ländermatch ist.«
Habsburg: »Und wer spielt?«
Der Veranstalter: »Österreich – Ungarn!«
Habsburg: »Ja, und gegen wen spielen wir denn?«

»Der Herr Karl«, ein Einpersonenstück über einen opportunistischen Wiener, der sich Zeit seines Lebens als politisch besonders anpassungsfähig erweist, aus der Feder von Carl Merz und Helmut Qualtinger sorgt für große Aufregung, weil es den Menschen einen Spiegel vorhält. Am 15. November 1961 wird es vom Österreichischen Fernsehen ausgestrahlt. Qualtinger monologisiert als Verkäufer in einem Lebensmittelgeschäft beim Aufräumen der Regale, wie er sich bei den Sozis, den Schwarzen, der Heimwehr und auch den Nazis angebiedert hat – immer auf den eigenen Vorteil bedacht:

*»Naja, Österreich war immer unpolitisch, i maan, mir*
*san ja kane politischen Menschen. Aber a bissel a*
*Geld is z'sammkumman, net?«*

Das Volk tobt, weil es so nicht gesehen werden will. Helmut Qualtinger als Autor und Darsteller des »Herrn Karl« zu dieser Aufregung: »Nestbeschmutzer nennt man hierzulande nicht denjenigen, der ins Nest hineinmacht, sondern den, der dann kommt und sagt: ›Da stinkt's.« Und mehr als zwei Jahrzehnte später, als Österreich im Zuge der Diskussion über die Kriegsvergangenheit des ÖVP-Präsidentschaftskandidaten Kurt Waldheim 1986 einen nationalen Disput über die Aufarbeitung der Nazizeit führt, wird Qualtinger sagen: »Der ›Herr Karl‹ ist wieder aktuell, furchtbar aktuell. Heute trägt er Modesakkos und Maßschuhe.«

Den Spitznamen »Quasi« geben die Wiener Helmut Qualtinger, für Hans Weigel die »Reinkarnation des Karl Kraus in Gestalt des lieben Augustin«. Für Gottfried Heindl steckt in Qualtinger aber auch etwas »vom Erbe des Sprechstellers Anton Kuh und des Mehrfachgenies Egon Friedell«.

Kaum hat sich die Aufregung über den »Herrn Karl« gelegt, da empört 1962 ein amerikanischer Fernsehreport die Österreicher. Der Journalist David Brinkley bezeichnet die Bevölkerung des Landes als »Volk von Fressern und Faulenzern«. Dazu Karl Farkas: »Ein Patriot ist ein Mann, der sofort fuchtig wird, wenn ein Fremder sich so über Österreich äußert, wie er selbst es ständig tut.« Freilich gab und gibt es auch unter den österreichischen Kulturschaffenden kritische Geister. Egon Friedell: »Über Österreich zu schreiben ist schwer – was wird das Ausland dazu sagen?« Hans Weigel: »Von den vielen Sünden, die Österreich zu begehen pflegt, begeht Österreich die meisten Sünden gegen Österreich.« Oder Peter Handke: »Das Fett, an dem ich würge: Österreich.«

Am 28. April 1963 ist Bundespräsidentenwahl. Gegen den Amtsinhaber Adolf Schärf treten der ehemalige Bundeskanzler Julius Raab (ÖVP), bereits von Krankheit gezeichnet, und der Gendarmeriegeneral Josef Kimmel an, der von der Europäischen Föderalistischen Partei Österreichs vorgeschlagen wird. Schon im ersten Wahlgang wird Schärf mit mehr als 55 Prozent der Stimmen wiedergewählt. Am nächsten Morgen kommt Raab in sein Büro in der Bundeswirtschaftskammer und begrüßt seine Mitarbeiter mit den Worten: »Gestern hamma an Schrauf'n kriegt!«

Mittlerweile steigert sich von Jahr zu Jahr das Unbehagen der Menschen mit der großen Koalition und dem Proporz. Von Carl Merz und Helmut Qualtinger stammt ein satirischer Text »Lob der Koalition«, der mit diesen Sätzen beginnt:
»Wenn Sie sich in einem Land befinden, in dem eine Partei regiert, während eine andere die Opposition stellt, dann sind Sie in einer Demo-

kratie. Wenn Sie in einem Land sind, in dem eine Partei regiert und *keine* die Opposition macht, weil sie verboten ist, dann ist das eine Diktatur. Wenn Sie sich in einem Land befinden, wo zwei Parteien regieren, die sich zugleich die Opposition machen, dann sind Sie in Österreich. Deshalb kommt dem Kabarett in Österreich eine so eminente Bedeutung zu, weil es die einzige, wirklich vorhandene Opposition ist, die etwas zu sagen hat ...«

Karl Farkas wiederum sagt in einer Doppelconférence mit Fritz Heller: »Der Proporz ist ein Übereinkommen, demzufolge die zwei führenden Parteien von rechts und links für ihre tüchtigen Anhänger gleichmäßig Stellungen anfordern dürfen, egal, ob die sich dafür eignen oder nicht. Deshalb sagt ja auch schon ein altes Sprichwort: ›Wer's nicht im Kopf hat, der muss es im Parteibuch haben.‹ Deshalb wirft auch niemand seine alte Gesinnung weg, bevor er nicht eine neue, mindestens ebenso einträgliche gefunden hat.«

Die innenpolitischen Verhältnisse machen es möglich, dass das Kabarett ungeheure Popularität erlangt. Helmut Qualtinger brilliert in den »Travnicek«-Sketches mit Gerhard Bronner als Wiener Kleinbürger, der sich durch Ahnungslosigkeit und Präpotenz auszeichnet. Auch abseits der Bühne und des Fernsehens sorgt er mit Scherzen für Aufsehen. Einmal führt er die Medien mit der Ankündigung, der Eskimodichter Kobuk werde auf Einladung des Österreichischen Pen-Clubs nach Wien kommen, in die Irre. Oder er gibt sich als Manager großer Filmfirmen aus und macht Schauspieler-Kollegen telefonisch fiktive Hollywood-Angebote.

Ein populärer Kabarettist, der auch mit Qualtinger und Bronner auf der Bühne steht, ist Peter Wehle. Eines Tages wundert sich ein Freund des Künstlers darüber, dass der so jüdisch aussehende Wehle während des Zweiten Weltkrieges zur Wehrmacht einrücken musste. Wehle erklärt: »Die haben mich genommen, weil ich nur Vierteljude bin!« Darauf der Freund: »Und das alles im Gesicht!«

# Er soff für Österreich

Mitte der 1960er-Jahre starben viele große Politiker der Nachkriegszeit. 1964 Josef Afritsch und Julius Raab, 1965 Adolf Schärf und Leopold Figl. Nach dem Ableben Figls verfasste Otto Zernatto, ein Bruder des Dichters Guido Zernatto, dieses Gedicht:

*Unter diesem Maulwurfshügel*
*Ruht der Bundeskanzler Figl,*
*Der in schweren Nachkriegsjahren*
*Unseren Karren hat gefahren.*
*Auf des Dritten Reiches Trümmern*
*Musst' er sich um alles kümmern,*
*Stets beflügelt durch den Wein*
*Krächzend laute Reden schrei'n,*
*Neben anderen Schwierigkeiten*
*Mit Besatzungsmächten streiten*
*Und mit jenen aus dem Osten*
*Wodka literweis' verkosten,*
*Was sogar für den nicht leicht ist,*
*Der auf Heurigen geeicht ist!*
*Ach, es sträubte sich sogar*
*Oft sein rotes Schnauzbarthaar,*
*Doch er meisterte die Lage*
*Bis hinauf zum Staatsvertrage,*
*Und kein and'rer kam ihm gleich,*
*Denn er soff für Österreich!*

Der ehemalige Salzburger Landeshauptmann Josef Klaus, seit 1961 Finanzminister in der Regierung Gorbach, wurde 1964 neuer Bundeskanzler aus den Reihen der ÖVP. Gemeinsam mit Generalsekretär Hermann Withalm, genannt »eiserner Hermann«, steuerte er die Volkspartei auf einen kantigeren Kurs gegenüber der SPÖ unter Bruno Pittermann. »Reformer« wurden Klaus und Withalm genannt. 1966 fuhren sie für die ÖVP einen Wahlsieg ein, der zur ersten Alleinregierung der Zweiten Republik führte.

*IRONIMUS, Josef Klaus, 1966*

1964 wurde Franz Olah aus der SPÖ ausgeschlossen, da sich Beschuldigungen der Veruntreuung von Geldern bestätigen. Ebenfalls 1964 fand das erste Volksbegehren in der Geschichte der Republik statt. Es ging um eine Rundfunkreform. Mehr als 832000 Menschen unterschrieben für dieses Anliegen. Motor dieses Volksbegehrens waren die unabhängigen Zeitungen unter Führung des »Kurier«-Chefredakteurs Hugo Portisch. Ein Jahr später deckte Portisch mit dem »Kurier« den Skandal um den Universitätsprofessor Taras Borodajkewycz auf, der in Vorlesungen antisemitische Aussagen gemacht hatte. Bei einer Demonstration gegen den Professor wurde ein ehemaliger Widerstandskämpfer, Ernst Kirchweger, von Rechtsradikalen niedergeschlagen und erlag seinen Verletzungen. Er war das erste Todesopfer einer politischen Gewalttat in Österreich nach 1945.

Das Zweite Vatikanische Konzil (1962–1965), bei dem der Wiener Erzbischof Franz König, seit 1958 Kardinal, eine wichtige Rolle spielte, signalisierte eine Öffnung der katholischen Kirche zur modernen Welt.

Der rührige »Presse«-Chronist Hans Werner Scheidl erinnert sich an den Sturz des mächtigen SPÖ-Innenministers Franz Olah. Am 18. September 1964 kann man in der »Presse« lesen, Olah habe am Vorabend mit Tränen in den Augen allein das Parlament verlassen. Als ihn Journalisten mit

»Guten Abend, Herr Minister!« grüßten, habe er entgegnet: »Nur mehr ein paar Stunden, meine Herren!« Olah wird SPÖ-intern ein »Presse«-Interview, in dem er mit seinen Gegenspielern Pittermann und Broda abgerechnet hat, vorgeworfen. Ein Interview mit einem »gegnerischen Blatt« wird nicht toleriert. Olah muss wegen diesen Interviews und einer Million Schilling, die er aus der Gewerkschaftskasse den Freiheitlichen gegeben hat, gehen.

Bundeskanzler Josef Klaus ist kein Medienzampano wie sein Nachfolger Bruno Kreisky. Mit den Gegebenheiten des Fernsehens kommt er nicht zurecht. Einmal weigert er sich, vor einer Livesendung geschminkt zu werden. Der Schminkmeister überzeugt ihn schließlich doch mit dem Hinweis: »Herr Bundeskanzler, wie schauen S' denn aus – a Schwarzer mit rote Ohren …!«

Der Journalist Hans Zerbs publiziert eine Zeitungsserie über den »Häusermakler Josef Klaus« im Zusammenhang mit Immobilien im Besitz des studierten Rechtsanwaltes und nunmehrigen Regierungschefs. Was tut man gegen eine solche Kampagne? Klaus fragt seine engsten Mitarbeiter in der ÖVP-Zentrale, die ihm vor presserechtlichen Schritten abraten. Aber sein Pressesekretär Fritz Höss sagt: »Herr Bundeskanzler, sich auf den Kopf machen zu lassen ist höchst christlich, aber die Scheiße auch noch zu verreiben, ist schlicht und einfach blöd. Also klag'!«

Am 23. Mai 1965 wird nach dem Ableben von Bundespräsident Adolf Schärf ein neues Staatsoberhaupt gewählt. Der von der SPÖ kandidierte Wiener Bürgermeister Franz Jonas erhält 50,7 Prozent der Stimmen, der von der ÖVP nominierte Altbundeskanzler Alfons Gorbach 49,3 Prozent. Der gelernte Schriftsetzer ist in der bisherigen Geschichte der Zweiten Republik der erste Nicht-Akademiker in der Hofburg. Auch wenn konservative Bildungsbürger hinter vorgehaltener Hand über ihn Witze reißen und sich darüber amüsieren, dass er sich auf Staatsbesuchen als Hobbyfotograf betätigt, erfüllt er seine Pflichten als Bundespräsident vorbildlich. Als Pressesekretär engagiert Jonas den Diplomaten Alexander Otto. Eines Tages meldet sich ein Anrufer in dessen Büro und wird korrekt begrüßt: »Hallo, hier Otto!« Verdutzt fragt daraufhin der Anrufer:

*IRONIMUS, Klein, aber mein, 1965*
*Franz Jonas wird zum Bundespräsidenten gewählt.*

»Was? Ist es schon wieder soweit?« Diese Reaktion ist verständlich, wenn man in Betracht zieht, dass der Streit um die Einreise Otto Habsburgs 1966 beigelegt wird.

Wenige Wochen vor der Nationalratswahl 1966, die den Sozialisten eine verheerende Niederlange bringt, klagt bei einer SPÖ-Vertrauensleutekonferenz ein Funktionär: »Genossen, die ÖVP hat uns unsere Ideologie gestohlen und jetzt macht sie die Leut' damit blöd!«

Bei der Nationalratswahl am 6. März 1966 wird die ÖVP unter Bundeskanzler Josef Klaus stimmen- und mandatsstärkste Partei. Mit 85 Mandaten hält die Volkspartei nun die absolute Mehrheit, auf die SPÖ entfallen 74 und auf die FPÖ sechs Parlamentssitze. Die Ursache für diesen Wahlausgang sind vielfältige: das modernere Image der ÖVP mit dem Versprechen einer Zurückdrängung des Proporzes; die Kandidatur der vom aus der SPÖ ausgeschlossenen Franz Olah gegründeten Demokratischen Fortschrittlichen Partei, die zwar nicht in den Nationalrat kommt, aber der SPÖ mehr als 148 000 Stimmen wegnimmt; die jahrelange Habsburg-Diskussion; die sogenannte Fußach-Affäre 1964, bei welcher der SPÖ-Verkehrsminister Otto Probst ein Bodenseeschiff gegen den Willen der Vorarlberger Bevölkerung auf den Namen des früheren Bundespräsidenten Karl Renner taufen lassen wollte; und vor allem die Nicht-Zurückweisung einer Wahlempfehlung der Kommunisten für die SPÖ durch deren Vorsitzenden Bruno Pittermann, was die Volkspartei propagandistisch als drohende »Volksfront« ausschlachtet. Nach 21-jähriger Dauer bricht die große Koalition auseinander und die ÖVP bildet eine Alleinregierung unter Josef Klaus. Hier einige Beschreibungen dieser Langzeit-Koalition durch direkt Beteiligte:

Bruno Pittermann (SPÖ): »Die Koalition ist eine Ehe, in der man sich über das Wirtschaftsgeld einigt, aber um das Körberlgeld streitet.«

Karl Schleinzer (ÖVP): »Die Koalition ist vergleichbar einer Addition, bei der $1+1=1$ ergeben soll.«

Alfred Maleta (ÖVP): »Früher war die Koalition ein unauflösliches katholisches Eheband, heute ist sie eine Zivilehe, die jederzeit geschieden werden kann.«

Außenminister Lujo Tončić-Sorinj, dem man eine gewisse Eitelkeit nicht absprechen kann, besucht den Opernball, auf dem er in einem Fernsehinterview gefragt wird, wie er es mit Auszeichnungen halte. Der Minister trifft, während die Kamera auf seine prall geschmückte Ordensbrust schwenkt, diese Unterscheidung: Er differenziert zwischen verdienten, erdienerten und erdinierten Auszeichnungen. Welches die häufigste Art ist, durch die er selbst zu Orden kommt, lässt er offen.

Österreich ist bekanntlich das Land der vielen Orden. Die meisten Bürger begehren sie und wenn sie welche bekommen, sind sie stolz darauf. Aber es gibt auch andere Sichtweisen, wie drei Beispiele zeigen.

Schauspieler Fritz Muliar: »Bei den Herren sehe ich immer mehr Orden, bei den Damen immer mehr Falten.«

Filmregisseur Billy Wilder: »Mit Auszeichnungen und Ehrungen ist es wie mit Hämorrhoiden. Früher oder später kriegt sie jedes Arschloch.«

ORF-Journalist Teddy Podgorski: »Einen Orden anzulehnen ist noch kindischer, als ihn anzunehmen.«

Aber Österreich ist auch das Land der vielen Titel.

Helmut Qualtinger: »In Österreich ist Professor so etwas wie ein zweiter Vorname.«

Und noch einmal Fritz Muliar: »Sagen S' nicht Professor zu mir, Professor is heut' scho' jedes Arschloch.«

Das Streben nach Anerkennung und Ruhm, wie es sich im Tragen von Orden und Titeln manifestiert, ist hierzulande weit verbreitet.

Alfred Polgar: »Ruhm bedeutet vor allem, dass man im richtigen Augenblick stirbt.«

Karl Kraus: »Ruhm ist, wenn man sonst nichts davon hat.«

Auf Basis des erfolgreichen Rundfunk-Volksbegehrens wird ein neues Rundfunkgesetz vom Nationalrat beschlossen und die ÖVP setzt den gebürtigen Salzburger Gerd Bacher als Generalintendanten durch. Bacher, der nach dem Zweiten Weltkrieg eine Karriere als Zeitungsjournalist und Manager des Molden-Verlages gemacht hat, bezeichnet sich als »heimatlosen Rechten« und sagt: »Es gehörte in der Nachkriegszeit mehr Mut dazu, sich als rechts zu bekennen denn als links. Denn die Mode war links.« Bis 1994 wird Gerd Bacher – mit zwei Unterbrechungen – die »größte Medienorgel des Landes«, wie er es formuliert, bespielen. Der Konservative macht eine Personalpolitik, die vor allem bei der SPÖ auf Widerstand stößt, und agiert als »Alleingeschäftsführer«. Bruno Kreisky: »Der Bacher ist der Chef einer Einmannpartei mit Aufnahmesperre.« Das TV-Urgestein Teddy Podgorski urteilt, immer mehr »Unabhängige« habe Gerd Bacher in die Führungsetage des ORF geholt: »Meistens kamen sie von der ÖVP oder vom CV. Wahrscheinlich gab es damals bei der SPÖ keine fähigen Unabhängigen. Bacher hatte etwas von Johannes dem Täufer: Wer von ihm gesalbt wurde, der wurde unabhängig. Selbst ÖVP-Parteibonzen.« Jedenfalls postuliert der »Hypochonder der gesamten Heilkunde, dem beim Vorbeigehen an einer Apotheke das Wasser im Mund zusammenläuft« an der Spitze des ORF einen an der BBC orientierten Qualitätsanspruch für die Programme in Hörfunk und Fernsehen.

Aufgrund seines Temperamentes und seines in Österreich nicht gewohnten autoritären Führungsstils kommt Bacher des Öfteren mit Betriebsräten und dem ÖGB in Konflikt. Es fallen Worte wie »Trutschen« und »Pritschen« über weibliche Mitarbeiter, und als es einmal um Entlassungen in größerem Stil geht, werden Gerd Bacher, sein den »Roten« zugeordneter Fernsehdirektor Helmut Zilk und sein den »Schwarzen« zugehöriger Generalsekretär Heribert Steinbauer zu ÖGB-Präsident Anton Benya zitiert. Das Gespräch beginnt um 11.30 Uhr amikal mit der Unterhaltung über die Urlaubsziele der anwesenden Herren. Fünf Minuten vor 12 Uhr betritt der Leitende ÖGB-Sekretär Erich Hofstetter den Raum und flüstert Benya etwas ins Ohr, der nun sagt: »Dass ich's nicht vergess', Herr Bacher, es ist gleich 12 Uhr und die Postler fragen, ob sie jetzt den Strom abdrehen sollen. Nehmen Sie also die Entlassungen zurück oder nicht?« Angesichts dieser unverhüllten Streikdrohung, die den ORF verstummen lassen würde, steht Gerd Bacher kleinlaut auf und verlässt mit seinen Begleitern die ÖGB-Zentrale. Die Entlassungen werden gestoppt und der Postlerstreik gegen den ORF unterbleibt. Der schlaue Anton Benya hat sich durchgesetzt.

Ende 1968 verursacht der Einmarsch der Truppen des Warschauer Paktes in die ČSSR höchste Nervosität. Das Kabinett Klaus tagt in Permanenz, man befürchtet das Schlimmste. Die Offiziere des Bundesheeres befürworten die Verlegung des Regierungssitzes nach Salzburg oder Bregenz. Aber der mit der Verwaltungsreform beauftragte Staatssekretär Karl Gruber widerspricht. »Notfalls muss sich die Regierung in den Straßen Wiens erschießen lassen«, ruft der alte Widerstandskämpfer. »Aber Karl«, meint daraufhin Informations-Staatssekretär Karl Pisa: »Du treibst die Verwaltungsreform doch zu weit!«

Im Jahr 1968 ergeht übrigens in Anspielung auf die politische Situation vor knapp dreißig Jahren die Frage an Radio Eriwan: »Ist es wirklich wahr, dass unsere ruhmreichen Streitkräfte von den Tschechoslowaken gerufen wurden, um die faschistische Reaktion niederzuschlagen?«

»Im Prinzip ja. Die Bitte wurde erstmals 1939 ausgesprochen, doch aus technischen Gründen konnten wir ihr erst 1968 entsprechen.«

Finanzminister Stephan Koren (ÖVP) hat die Gewohnheit, täglich auf dem Weg ins Ministerium in einem Lebensmittelgeschäft eine Wurstsemmel zu kaufen. Eines Tages grüßt Koren den Delikatessenhändler nur aus der Ferne, geht aber weiter.

Der Kaufmann ruft ihm nach: »Heute keine Wurstsemmel, Herr Minister?«

»Nein«, lautet die Antwort, »heute habe ich mein Geld zu Hause vergessen!«

»Aber, Herr Minister, Sie bezahlen morgen eben zwei Wurstsemmeln!«

»Nein«, meint der Finanzminister, »ich mache nicht gerne Schulden und außerdem könnte ich ja auch sterben über Nacht!«

»Sie werden bestimmt nicht sterben, Herr Minister. Und wenn – wär' ja der Schaden auch nicht so groß!«

Apropos Sterben: Die Beziehung des Wieners zum Tod ist ein österreichisches Spezifikum. »Der Tod, der muss ein Wiener sein« heißt ein berühmtes Chanson von Georg Kreisler. An keinem Ort der Welt sind das Sterben und der Tod in der Alltagskultur so präsent wie in Wien. Im Heurigenlied, auf der Bühne und im Wiener Schmäh hat die augenzwinkernde Morbidität seit Jahrhunderten Tradition. Und Traditionen sowie Legenden sind dem Wiener lieb und wert. Peter Wehle: »Die schöne Leich' ist ein Lebensziel.« Zu diesem Thema gibt es noch viele andere Bonmots. Eines stammt von Bruno Kreisky, der 1967 den SPÖ-Vorsitzenden Bruno Pittermann ablöst: »Sterben muss a jeder, aber drängen laß i mi a net.«

Dieser sogenannte Todeskult ist legendär. Dazu Helmut Qualtinger: »Die einzige Art von Zufriedenheit, die es in Wien gibt, ist der Tod.« Oder der Vater der Psychoanalyse, Sigmund Freud: »Stärker als der Lebenstrieb ist der Todestrieb.« Und Friedrich Torberg: »Legenden sind überhaupt das einzige, was in Wien funktioniert.« Auch Karl Kraus hat dazu etwas zu sagen: »Wien hat lauter ›Wahrzeichen‹, und jeder Wiener fühlt sich als solches.« Ebenso der Psychiater Viktor E. Frankl: »In mancher Hinsicht macht der Tod das Leben überhaupt erst sinnvoll.« Und Fritz Molden meint: »In Wien hat sich seit hundert Jahren nichts verändert. Nur der Kaiser kommt nicht mehr.«

Aber der Kaiser und die k. u. k. Monarchie sind trotz mittlerweile hundert Jahren Republik noch immer in Österreich allgegenwärtig: im Stadtbild Wiens, wenn man die Repräsentationsbauten von einst betrachtet; in der Musik, wenn auf den Bällen die Walzerklänge der Strauß-Dynastie erklingen; in den Nostalgie-Filmen aus den 1950er-Jahren, die immer wieder im Fernsehen wiederholt werden; und natürlich in den Buchläden, in denen alljährlich neue Biographien über die diversen Habsburger angeboten werden. Dazu passt auch das Echo des Wien-Besuches der englischen Königin Elizabeth II. im Frühjahr 1969 in der Bevölkerung. In der Menschenmenge vor dem Hotel Imperial, wo die Queen logiert, raunt man einander zu: »Wenn sie noch eine Woche bleibt, ist Österreich wieder Monarchie!«

# Warum ist Österreich ein glückliches Land?

Die ÖVP-Alleinregierung des Bundeskanzlers Josef Klaus hat zwischen 1966 und 1970 zweifellos Reformen auf den Weg gebracht und zur Modernisierung des Landes beigetragen. Aber der »Paukenschlag« des Finanzministers Stephan Koren (Autosondersteuer, höhere Alkohol- und Tabaksteuern, vorübergehende Anhebung von Vermögens-, Lohn- und Einkommensteuer) trug zu einer Erosion bei. Dazu kamen die Studentenbewegung 1968 und die Etablierung einer sozialliberalen Koalition unter dem SPD-Kanzler Willy Brandt in der Bundesrepublik Deutschland. Von dieser linksliberalen Wende auf internationaler Ebene profitierte der SPÖ-Oppositionsführer Bruno Kreisky, der die Partei für bürgerliche Wähler öffnete, eine radikale Distanzierung vom Kommunismus (»Eisenstädter Erklärung«) vollzog und mit detaillierten Programmen in den Nationalratswahlkampf des Jahres 1970 zog. Der Zeitgeist war links und der jüdische Großbürger Bruno Kreisky der richtige Mann zur richtigen Zeit an der Spitze der SPÖ.

Bei der Nationalratswahl am 1. März 1970 erreichte die SPÖ unter Kreisky eine deutliche relative Mehrheit an Stimmen und Mandaten. Mit mehr als 48 Prozent der Stimmen waren die Sozialisten so stark, dass Bundespräsident Franz Jonas nach erfolglosen Koalitionsverhandlungen eine SPÖ-Minderheitsregierung zuließ. In der Folge errangen die Sozialisten dreimal – 1971, 1975 und 1979 – eine absolute Mehrheit an Mandaten. Sie regierten unter dem Bundeskanzler Bruno Kreisky somit dreizehn Jahre allein. Dieser Zeitraum mit seinen zahlreichen Reformen (Justiz, Bildung, Wirtschaft und Finanzen, Bundesheer) ist als »Ära Kreisky« in die moderne Geschichte Österreichs eingegangen.

Die vielschichtige und charismatische Persönlichkeit des Bundeskanzlers, der wie kein anderer vor und nach ihm mit den Medien umgehen konnte, produzierte köstliche Anekdoten und ließ viele Witze entstehen. Er war vielleicht der einzige Mensch, dem man beim Nachdenken zuhören konnte, weshalb manche Witze seine langsame Sprechweise betrafen.

Im Radio überlegte man nach dem Kanzlerwechsel von Klaus zu Kreisky, die »Sendung des Bundeskanzlers« künftig so anzusagen: »Sie hören die ›Sendung des Bundeskanzlers‹. In den Pausen bringen wir Musik.« In einem anderen Witz heißt es, Kreiskys Sekretärin Margit Schmidt werde entlassen. Der Grund: Sie kann nicht so langsam stenographieren wie er diktiert!

Wissen Sie übrigens, warum Österreich 1970 ein glückliches Land ist? – Weil wir deutsch sprechen, aber keine Preußen sind; weil wir Hammer und Sichel im Wappen tragen, aber keine Kommunisten sind; und weil wir den Bundeskanzler Kreisky haben, aber keinen Krieg gegen die Araber führen müssen.

Noch unmittelbar vor der für die SPÖ erfolgreichen Nationalratswahl 1970 gibt sich Bruno Kreisky im kleinen Kreis mit dem Hinweis, die Österreicher wünschten wohl keinen Juden als Bundeskanzler, skeptisch. Und tatsächlich hat die ÖVP auf einem Plakat mit dem Konterfei ihres Obmannes und dem unterschwellig antisemitischen Slogan »Klaus – ein echter Österreicher« geworben. Als dann doch eine relative Mehrheit für die SPÖ das Wahlresultat ist und in den Medien spekuliert wird, ob eine »rote« Minderheitsregierung vielleicht nur ein kurzes Interregnum sein werde, scherzt Kreisky: »Das erinnert mich an die Habsburger: Da hat man auch gesagt, des wird net lang dauern – und schon nach 640 Jahren war's vorbei!«

Jedenfalls ist dieser Wahlerfolg ein Beweis für die schlagkräftige Oppositionspolitik Kreiskys seit seiner Kür zum SPÖ-Vorsitzenden 1967. »Opposition«, so Karl Farkas, »nennt man die Kunst, den Ast, auf dem die Regierung sitzt, so abzusägen, dass man selbst darauf Platz hat.«

Der »rote« Kreisky pflegt einen großbürgerlichen Lebensstil, indem er eine Villa in Döbling bewohnt, elegante Maßanzüge in englischem Stil und Maßschuhe trägt, sich wohlinformiert über literarische Neuerscheinungen zeigt und häufig in den philharmonischen Konzerten oder bei Theaterpremieren anzutreffen ist. Das macht ihn für »bürgerliche« Wähler attraktiv, an die er geschickt appelliert, »ein Stück des Weges« mit der Sozialdemokratie zu gehen. Darüber hinaus setzt er in seiner SPÖ eine

**161**

liberale Personalpolitik durch, indem er hochqualifizierte Nichtsozialisten auf Führungspositionen setzt. Dazu einige wenige Beispiele: Karl (Freiherr von) Lütgendorf wird Verteidigungsminister, Emil (Graf) Spannocchi Armeekommandant, Rudolf Kirchschläger erst Außenminister und später Bundespräsident, Ludwig Adamovich Chef des Verfassungsdienstes, Edwin Loebenstein Präsident des Verwaltungsgerichtshofes, Tassilo Broesigke und Jörg Kandutsch Präsident des Rechnungshofes, Otto Oberhammer 1974 ORF-Generalintendant oder der ÖVP-Klubobmann und frühere Finanzminister Stephan Koren 1978 Nationalbankpräsident. Diese Personalpolitik bringt Bruno Kreisky im Laufe der Jahre viel Sympathie politisch Fernstehender, aber auch Kritik in den eigenen Reihen ein. Wissenschaftsministerin Hertha Firnberg, die »Grande Dame« der SPÖ, sagt einmal: »Man muss wohl aus der Partei austreten, um bei uns was zu werden!«

Das taktische Geschick Kreiskys erweist sich schon am Wahlabend 1970, als er dem FPÖ-Obmann Friedrich Peter eine Wahlrechtsreform offeriert, wenn die Freiheitlichen im Gegenzug das Budget einer SPÖ-Minderheitsregierung mitbeschließen und damit deren einjähriges Überleben sichern. In der Folge zeigt sich der Kanzler immer wieder als geschickter Verhandler. Eine der Regeln in der Innenpolitik schildert Kreisky mit diesen Worten: »Bevor man zur Versöhnung schreitet, muss man alle Gemeinheiten ausgetauscht haben.«

Legendär ist auch Kreiskys Schlagfertigkeit. Als er einmal beim einstigen k. u. k. Hofschuster Materna zur Anprobe neuer Maßschuhe ist, fragt ihn ein dort gleichfalls anwesender junger Offizier adeliger Abstammung: »Herr Bundeskanzler, wie kommt ein Sozialist zum kapitalistischsten Schuster von Wien?« Darauf Kreisky: »Verehrter junger Mann, was hat Ideologie mit Geschmack zu tun?« Ein anderes Argument des Kanzlers auf kritische Anfechtungen der von ihm bevorzugten eleganten Kleidung: »Als Mitglied der SPÖ ist man nicht zur Ableistung eines Armutsgelübdes verpflichtet!«

Einmal lädt Bruno Kreisky den SPD-Politiker Horst Ehmke zum Mittagessen in das noble Wiener Hotel Sacher ein, was seinem Gast die spitze Bemerkung entlockt: »Schöne Sozialisten, die im Sacher sitzen!« Kreisky kontert: »Immerhin sitzen wir hier in der Roten Bar!«

Seine Vorliebe für adelige Diplomaten im österreichischen Außenministerium begründet Kreisky so: »Die können wenigstens mit Messer und Gabel essen.«

Im Sommer 1971 parliert der Kanzler mit innenpolitischen Journalisten über die anstehende Regierungsarbeit. Als Tags darauf die SPÖ im Parlament überraschend den Antrag auf Auflösung des Nationalrates und Ausschreibung von Neuwahlen einbringt, empört sich Thomas Chorherr von der »Presse« gegenüber Kreisky: »Warum haben Sie uns nichts über den Antrag gesagt?« Kreisky schelmisch: »Sie haben mich ja nicht danach gefragt!«

»Journalistenkanzler« oder »Medienzampano« nennt man Bruno Kreisky, weil er es versteht, mit der Presse umzugehen, mehr noch: sie für seine politischen Zwecke zu instrumentalisieren. Der Kanzler zu einem innenpolitischen Zeitungsjournalisten: »Ihre Drei-Mann-Redaktion weist einen eigenartigen Pluralismus auf: einer schreibt für die ÖVP, der andere für die FPÖ – und Sie schreiben gegen die SPÖ …«

Typisch Kreisky ist der Trick, den er anwendet, um in Österreich eine staatliche Parteienfinanzierung einzuführen. Das ist natürlich keine populäre Maßnahme und normalerweise wird ein Politiker, der solches plant, sofort alle unabhängigen Blätter gegen sich haben. Nicht so der Kanzler, der nämlich parallel zur Parteienfinanzierung auch eine staatliche Presseförderung plant, wogegen die notorisch unterfinanzierten Blätter schwer sein können …

Ein junger Reporter erwähnt während eines Informationsgespräches mit dem Kanzler Meinungsverschiedenheiten in der ÖVP. Kreisky quittiert diese Nachricht mit Dankbarkeit: »Es ist wirklich gut, dass ich Sie habe. So erfahre ich wenigstens, dass es nichts Neues gibt!«

»Die Zeitung ist die Konserve der Zeit«, lautet ein Zitat von Karl Kraus. Und »Standard«-Herausgeber Oscar Bronner meint einmal: »Jedes Land hat die Zeitungen, die es verdient.« Das gilt natürlich auch für Österreich, wozu diese Geschichte passt: Als auf dem Wiener Zeitungsmarkt von einer verstärkten Kooperation zwischen der »Kronen-Zeitung« und dem »Kurier« die Rede ist, wird der Kanzler gefragt, warum er nichts gegen die drohende Pressekonzentration unternehme. Kreisky beantwortet die Frage mit einem Vergleich: »In meiner Jugend bin ich einmal in Begleitung eines Freundes – eines wahren Gentleman übrigens – über den Gürtel nach Hause gegangen. Und zwar dort, wo die ›Damen‹ sind. Plötzlich sehen wir, dass zwei ›Damen‹ mit dem Regenschirm aufeinander losgehen. Mein Freund versucht, die ›Damen‹ zu beruhigen – mit der Konsequenz, dass beide gemeinsam auf ihn losgehen. Sehen Sie, genauso würde es auch mir gehen, mischte ich mich in einer Sache ein, die mich gar nichts angeht!«

Der Kanzler in einem Interview über sein Verhältnis zur Opposition: »Sie kennen ja das Stück ›Weh dem, der lügt‹. Darin kommt der Küchenjunge Leon vor, der immer die Wahrheit sagt. Es glaubt ihm aber niemand. So ähnlich geht's mir auch …«

In einer Diskussion mit Journalisten erklärt der Kanzler sein Verhältnis zur Presse so: »Die Journalisten sagen mir *jeden* Tag ihre Meinung über mich, und ich sage ihnen meine über sie *von Zeit zu Zeit*.«

Kreisky-Pressekonferenzen sind mehr als ein simples Wechselspiel von Fragen und Antworten, sie sind politische Talkshows. Einmal wird der Kanzler auf das Thema »Sex and Crime« angesprochen, was ihm das Bekenntnis entlockt, er ziehe die Pornographie der Kriminalität vor: »Die Pornographie dient – wenn sie erfolgreich ist – immerhin dem Leben …« Ein andermal wird Kreisky zu einer in den 1970er-Jahren noch umstrittenen Gesetzesreform zur Straffreiheit der Homosexualität unter Erwachsenen befragt: »Also das ist jetzt ihre vielgerühmte Reformpolitik, Herr Bundeskanzler?« Darauf Kreisky unter dem Gelächter der anwesenden Journalisten: »Solang es der Justizminister Broda nicht zur Pflicht macht …« Und als ihn ein ausländischer Journalist fragt, wie er mit der

Tätigkeit seiner Regierung insgesamt zufrieden sei, bemerkt Kreisky: »Sicher haben wir Glück gehabt, aber das allein kann's nicht gewesen sein, denn ich frage Sie: Was macht ein Dummer mit dem Glück?«

Der Kanzler bei einem Journalistenessen in seiner Döblinger Villa über seine Freizeitgewohnheiten: »Früher bin ich gerne auf dem Schreiberweg spazieren gegangen. Jetzt sind die Weinberge aber schon total verbaut. So bleibt mir nur die Rache, manchmal nach Mitternacht mit meinen beiden Hunden dort spazieren zu gehen, worauf alle Hunde in den angrenzenden Häusern zu bellen anfangen.«

*IRONIMUS, Der Journalistenkanzler, 1973*

Kreisky trifft einen prominenten innenpolitischen Journalisten, der von ihm eine Erklärung zu einem »heißen Eisen« möchte. Der Kanzler nachdenklich: »Wenn Sie mich fragen, was ich dazu sage, dann sage ich Ihnen – dazu sage ich gar nichts!«

»Der blade Kameramann vom ORF«, beklagt sich der Kanzler einmal beim Autor dieses Buches, der in den 1970er-Jahren sein Pressesprecher ist, »der muss a Schwarzer sein. Der nimmt mi immer so schiach auf!« Gemeint ist der korpulente Heinz Lazek, Sohn eines Schwergewichtsboxers. Meine Recherche ergibt: Besagter Lazek hat kurz zuvor die Victor-Adler-Plakette, die höchste Auszeichnung der SPÖ, bekommen …

Wenn Kreisky Journalisten »off the record« eine Information anvertraut, dann will er nicht etwa, dass diese nicht publiziert wird. Ganz im Gegenteil: Sie soll die Runde machen, aber ohne Quellenangabe …

Das Verhältnis des Kanzlers zum Parlament und den Gepflogenheiten im Hohen Haus ist nicht ungetrübt. Bei Bruno Kreiskys Einzug am Ballhausplatz bleibt sein Vorgänger als SPÖ-Chef, Bruno Pittermann, noch kurze Zeit Klubobmann der Nationalratsfraktion. Der Kanzler dazu: »Ich habe dem Pittermann gesagt, dass er mit dem SPÖ-Parlamentsklub alles tun darf, was er will – nur nicht aus Gewohnheit wie bisher gegen die Regierung Opposition machen.«

Einmal führen ÖVP und FPÖ im Nationalrat einen heftigen Angriff gegen die Regierung Kreisky. Ein Redner richtet an den Bundeskanzler zum Abschluss einer temperamentvoll vorgetragenen Kritik eine heikle Frage und fordert ihn auf, klar mit Ja oder Nein zu antworten. Die Opposition beklatscht geschlossen den Angreifer, fünf Sekunden der Stille folgen – man wartet gespannt auf die Reaktion Kreiskys. Dieser erhebt sich schließlich gemächlich von der Regierungsbank, nimmt die Brille ab und sagt zu dem betreffenden Abgeordneten: »Mit Ja oder Nein zu antworten, hat man das letzte Mal bei der Gestapo von mir verlangt. Hier im österreichischen Parlament antworte ich, wie es mir richtig erscheint!«

Der Kanzler fährt während einer mehrstündigen Nationalratssitzung vorübergehend in sein Büro am Ballhausplatz, um einen wichtigen Besuch zu empfangen. Bei der Rückfahrt ins Parlament hört Kreisky die 20-Uhr-Nachrichten im Autoradio, in denen von mehreren einstimmigen Beschlüssen des Nationalrates die Rede ist. Des Kanzlers Reaktion: »Na alsdann, warum dauert's dann so lang?«

166

Während einer Grundsatzdebatte im Nationalrat spricht Kreisky von der Notwendigkeit des sozialen Ausgleichs innerhalb der Gesellschaft. Als von den ÖVP-Abgeordneten Unmutsäußerungen und Rufe wie »Das ist Klassenkampf!« laut werden, klärt der Kanzler auf: »Das stammt aus der päpstlichen Sozialenzyklika ›Populorum et Pregressio‹!«

Im Nationalrat geht es nicht immer diszipliniert und vornehm zu. In allen Fraktionen gibt es passionierte Zwischenrufer, die so mancher Debatte erst die richtige Würze geben. Auf SPÖ-Seite tut sich dabei gelegentlich der mächtige – in der doppelten Bedeutung des Wortes – Gewerkschafter und niederösterreichische Arbeiterkammer-Präsident Franz Horr hervor. Der Abgeordnete Horr schläft im Laufe einer mehrstündigen Debatte über ein Wirtschafthema ein. Als ein ÖVP-Redner die Wirtschaftspolitik seiner Fraktion preist und bei Darlegung einer Statistik die Zahl 34 erwähnt, hat Horr in seinem Halbschlaf offensichtlich eine Assoziation mit dem Jahr 1934 und dem Bürgerkrieg, schreckt auf und schreit laut in den Saal: »Arbeitermörder!« Auf ÖVP-Seite ist es der Polizist und Wiener Parteiobmann Leopold Hartl, der – im Nahen Osten tobt gerade wieder eine kriegerische Auseinandersetzung – Bundeskanzler Kreisky in einem grauen Flanellanzug auf der Regierungsbank sieht und ausruft: »Kaum führen die Israelis Krieg, kommt er schon in Feldgrau!«

Pünktlichkeit zählt nicht zu den Tugenden des Bundeskanzlers. Bei einem Parteitag der niederösterreichischen SPÖ wird er auf sein verspätetes Erscheinen angesprochen. Kreiskys Rechtfertigung: »Erstens habe ich keine Zeit zum Pünktlichsein und zweitens habe ich die Erfahrung gesammelt, dass ich noch niemals etwas versäumt hab'«.

Ausnahmsweise ist Kreisky einmal pünktlich zur Abreise zu einer Veranstaltung bereit. Chauffeur Karl Blauensteiner ist aber gegen eine solche Extratour und veranlasst seinen Chef zum Zuwarten: »Wenn wir zu früh ankommen, verlieren wir doch unser ganzes Image!«

Blauensteiner chauffiert den Kanzler von einer Wahlversammlung zur nächsten. Kreisky hat soeben eine Rede auf einem übervollen Dorfplatz beendet, dem jubelnden Volk zum Abschied zugewunken und besteigt seinen Dienstwagen. Weiter geht es zur nächsten Kundgebung. Der Kanzler will von seinem Fahrer wissen, wie er die Rede gefunden habe, doch Blauensteiner schweigt. Aber Kreisky lässt nicht locker und urgiert eine Antwort seines Chauffeurs. Wieder nichts. Jetzt wird der Kanzler lauter: »Was ist Herr Blauensteiner? Wie hat Ihnen meine Rede gefallen?« Da platzt es aus dem guten Karl Blauensteiner heraus: »Herr Doktor, das glauben S' doch selber net, was Sie da erzählt ham!«

Als Thomas Bernhard in einem seiner gutgespielten Hassausbrüche wieder einmal über Österreich und seine Politiker herzieht, meint Kanzler Kreisky trocken: »Na, wenn's ihm gesundheitlich nützt …«

Auf antisemitische Äußerungen zweier Oppositionsabgeordneter angesprochen, meint Bundeskanzler Kreisky: »Sie werden verstehen, dass ich meine Person aus den Erörterungen über diese Problematik ausklammern muss. Es ist ja klar, dass die Karnickel Gegner der Vivisektion sind.«

*IRONIMUS, Karl Lütgendorf, 1970*

Der pensionierte Generalmajor Michael Moritz von Lütgendorf kommentiert die Bestellung seines Sohnes, des Brigadiers Karl Freiherr von Lütgendorf, zum Verteidigungsminister in der Regierung Kreisky mit den Worten: »Gott schütze Österreich!« Um »Lü«, wie der Minister im

Volksmund genannt wird, ranken sich bald viele Anekdoten wie zum Beispiel diese: Bundeskanzler Kreisky wird eines Tages mitgeteilt, Minister Lütgendorf sei in seinem doch schon fortgeschrittenen Alter noch einmal Vater geworden. Darauf Kreisky: »So ein General hat's gut, der kann sich's halt befehlen …« Als »Lü« später wegen illegaler Waffengeschäfte zurücktreten muss, kursiert dieser Witz: Bundeskanzler Kreisky wird informiert, der Minister habe Selbstmord begangen. Seine Reaktion: »No, wenn er sich's verbessern kann!« Das Makabere in diesem Zusammenhang ist, dass Lütgendorf später tatsächlich den Freitod wählt.

Auf dem Opernball 1972 wird Bundeskanzler Kreisky, mit makelloser Frack- und Ordensbrust, von ORF-Starreporter Heinz Fischer-Karwin für das Fernsehen interviewt. Auf das Tanzen angesprochen, gesteht der Kanzler seine Unlust. Fischer-Karwin bohrt weiter: »Und was machen Sie bei Damenwahl?« Worauf Kreisky sich – mit leichtem Schauer – erinnert: »Einmal ist mir so etwas in einer niederösterreichischen Stadt passiert. Als die Damenwahl über eine Stunde verlängert wurde, bin ich dann an jenen Ort geflohen, den man hierzulande ›Häusl‹ nennt …« Der Reporter forscht in der Folge nach des Kanzlers Jugendbällen. Darauf Kreisky: »Damals war ich ein junger Revolutionär, der für derartige Festivitäten keine Zeit, sondern nur Verachtung übrig hatte.« Fischer-Karwin will nun wissen, wie es sich *jetzt* mit der revolutionären Einstellung des Kanzlers verhielte. Er bekommt die weise Antwort: »Dass junge Revolutionäre im Alter mit Frack und Orden herumgehen, scheint die Rache der Geschichte zu sein …«

Apropos junger Revolutionär: Bruno Kreiskys Sohn Peter ist prononciert linksorientiert, nimmt des Öfteren an Demonstrationen – auch gegen die Regierung seines Vaters – teil und scheut auch öffentliche Auseinandersetzungen nicht. Bei einem Winterurlaub in Lech am Arlberg sitzt Kreisky eines Abends inmitten einer Runde von Bekannten und Verwandten, darunter auch sein Sohn Peter. Als Getränk empfiehlt der Kanzler Sekt-Orange, sein Sohn wünscht aber ein Cola. Nach der an Peter gerichteten Bemerkung, dieses Getränk komme doch aus dem imperialistischen Amerika, ruft Kanzler Kreisky den Kellner herbei: »Herr Ober, haben S' keinen chinesischen Reisschnaps?«

Einmal will Peter Kreisky im Familienkreis kurz die Hintergründe der Kulturrevolution in China erläutern. Da unterbricht ihn sein Vater mit dem forschen Hinweis: »Das war ganz anders!« Kreisky spricht jetzt eine Stunde lang über die Entstehung der Volksrepublik China und deren Aufbau. Zum Schluss aber sagt der Kanzler zu seinem Sohn: »So, Peter, jetzt würde mich doch interessieren, wie ihr Jungen das Problem seht …«

Der Bundeskanzler besucht eines Abends die Galerie in der Alten Schmiede in der Wiener Innenstadt. Ein Funktionär sagt zu Kreisky: »Dein Sohn ist gerade bei uns. Soll ich ihm sagen, dass Du gekommen bist?« »Aber nein«, antwortet der Kanzler. »Wer weiß, ob ihm das recht ist. Der Peter sitzt sicher im Keller und organisiert die Opposition gegen mich!«

Kanzler Kreisky hat mit seinen Bemühungen, Österreich zu einem weltpolitischen Begegnungsplatz zu machen, zunehmend Erfolg. Eines Tages kommt der amerikanische Präsident Richard Nixon nach Salzburg, wo eine große Demonstration gegen den Gast stattfindet. Unter den lautstarken Demonstranten ist Peter Kreisky, was den Kanzler zu diesem Kommentar veranlasst: »Man kann nicht oft genug sagen, dass Sozialisten niemals gemeinsam mit Kommunisten demonstrieren dürfen, gleichgültig, um welches Thema es geht. Die meisten Jungen sehen das ein, wenn sie dann älter werden. Nur meine eigene Familie tut sich da schwer.«

Als die Juso-Funktionäre Michael Häupl und Josef Cap einmal mit anderen Studentenorganisationen an einer Demonstration teilnehmen, werden sie von SPÖ-Parteichef Kreisky lautstark in die Schranken gewiesen. »Nie in meinem Leben hat jemand mit mir so geschrien«, erinnert sich Häupl. »Doch dann kam Wissenschaftsministerin Hertha Firnberg und hat uns beruhigt: ›Der Bruno hat's nicht so gemeint. Macht's ruhig weiter mit dem Demonstrieren …«

Wissen Sie übrigens, was ein Juso ist? – Jemand, der alles bestreitet außer seinen Lebensunterhalt.

Im Herbst 1972 bricht in Kärnten ein »Ortstafelsturm« aus. Slowenische Organisationen verlangen die Aufstellung zweisprachiger Ortstafeln in 200 Kärntner Gemeinden. Kreisky versucht zu kalmieren: »Bisher ham's auch heimgefunden, obwohl es keine slowenischen Ortstafeln gab.«

Bundeskanzler Kreisky ist auf der Suche nach einem Nachfolger für Leopold Gratz im Unterrichtsministerium fündig geworden und ruft den burgenländischen Kulturlandesrat Sinowatz zu sich: »Fredl, Du wirst Unterrichtsminister!«

Sinowatz ist sich bewusst, dass er im Fernsehzeitalter wohl nicht besonders gut bei der Bevölkerung ankommt, und erwidert: »Bruno, wie schau' i denn im Fernsehen aus?« Aber Kreisky lässt nicht locker: »Schau', Fredl, das hat schon Torbergs Tante Jolesch g'sagt: Was a Mann schöner is wie ein Aff', is a Luxus!« Der neue Unterrichtsminister feiert seine Berufung in die Bundesregierung schließlich, wie sich das für einen Burgenländer gehört, in einem Weinkeller bei Eisenstadt. Dazu hat er auch Journalisten eingeladen, denen er den Besitzer des Weinkellers so vorstellt: »Der heißt Müller und is ein Krowot – und i heiß Sinowatz und bin a Deitscher!«

Der Sinowatz-Kabinettschef Hans Pusch ist ein begnadeter Kreisky-Imitator. Und er spielt diese Begabung gerne und häufig am Telefon aus. Da regt sich eines Tages der Kanzler über einen Beitrag in der »ZiB 2« auf und ruft beim ORF an, um sich zu beschweren. Er wird mit dem Chef vom Dienst, Herbert Hamersky, verbunden, der sich einen Wutausbruch Kreiskys anhören muss, um endlich zu sagen: »Also, Pusch, leck mich am Arsch!« Hamersky legt den Hörer auf. Am nächsten Morgen kontaktiert der Bundeskanzler seinen Imitator: »Herr Dr. Pusch, hören S' endlich auf, mich nachzumachen. Wegen Ihnen komm' ich nicht einmal mehr im Fernsehen durch!«

Heinz Conrads wird im ORF-Funkhaus von Generalintendant Gerd Bacher für seine jahrzehntelange Tätigkeit in Radio und Fernsehen geehrt. Bacher hängt Conrads einen großen Lorbeerkranz um. Der bedankt sich mit wenigen Worten, nimmt den Lorbeerkranz und stülpt ihn dem in der ersten Reihe sitzenden Bundeskanzler Kreisky über. Auf der Kranzschleife kann man nämlich lesen: »Österreichs größtem Showmaster.«

Oskar Kokoschka weigert sich lange, um den Wiedererwerb der österreichischen Staatsbürgerschaft anzusuchen, da der gebürtige Österreicher, dem Hitler einst die Staatsbürgerschaft genommen hat, nicht einsieht, warum er von sich aus initiativ werden soll. Es folgt ein langer Kampf des Kanzlers mit den Behörden, aber auch Kreisky kann nicht für Kokoschka um die Staatsbürgerschaft einreichen. Schließlich gelingt es, eine Änderung des Staatsbürgerschaftsgesetzes herbeizuführen. Kreisky teilt der zuständigen Behörde mit, Kokoschka habe bei ihm Aufenthalt genommen, womit das Problem gelöst ist. Der Kanzler benachrichtigt den berühmten Maler schriftlich in der Schweiz, worauf dieser gerührt antwortet: »Ich bin sehr geehrt, dass Sie sich darüber freuen, mich noch lebendig der Republik Österreich einzuverleiben. Ich hoffe für mich und für Österreich, dass es diesmal zum letzten Mal sein wird … Ich danke Ihnen für diesen unerwarteten Federstrich, man könnte es auch einen Handstreich nennen …«

IRONIMUS, *Der große Meister in Wien, 1958: Oskar Kokoschka*

# Worte sind alles

Kein Politiker in Österreich habe die Möglichkeiten der Sprache so ausgeschöpft wie Bruno Kreisky, sagte in den 1970er-Jahren der Doyen der innenpolitischen Journalisten, Kurt Vorhofer. »Ich bin der Meinung …« waren jene Worte, mit denen Kreisky oft weit ausholende Sätze einleitete. Er wollte »eine Opinion« für seine politischen Reformen schaffen und gebrauchte Worte wie »camouflieren«, »interfolieren« oder »balancieren«. Des Kanzlers Umgang mit der Sprache hatte mit seiner großbürgerlich-jüdischen Herkunft, seiner Bildung und seiner kosmopolitischen Einstellung zu tun. Vom Schriftsteller Arthur Schnitzler stammt der Satz »Worte sind alles – wir haben nichts anderes«. Dieser Maxime folgte Bruno Kreisky, und er hatte das intellektuelle Rüstzeug dazu.

Ein exemplarisches Beispiel für Kreiskys Umgang mit der Sprache ist seine Festrede im Theater in der Josefstadt anlässlich des 125-jährigen Bestehens der Tageszeitung »Die Presse«. Die verbalen Huldigungen des linksliberalen Großbürgers Kreisky, den die Menschen aufgrund seines habituellen Auftretens »Sonnenkönig« nannten, für die bürgerlich-konservative Zeitung waren geradezu grenzgenial. Als Geschenk brachte der Kanzler einen Stich mit, der den k. u. k. Ministerpräsidenten Graf Berchtold in einem Ohrensessel schlafend zeigt – auf dem Schoß die »Neue Freie Presse«. »Er war halt schon sehr alt, der Herr Graf!«, erzählte Bruno Kreisky launig und über die jubilierende Zeitung sagte er, in der Monarchie sei sie »liberal, aber durchaus regierungsfreundlich« gewesen: »Dass sie das heute nicht mehr ist, darüber wachen so manche hier im Zuschauerraum. Aber hie und da weht ein Hauch davon noch durch die Spalten. Wer da wohl verreist sein könnte, frage ich mich dann …« Im Publikum applaudierte »Presse«-Herausgeber Otto Schulmeister, der sich in seinen Leitartikeln als »Retter des Abendlandes« gab und doch als Nestor des konservativen Journalismus das große Kaliber Bruno Kreisky nicht nur respektierte, sondern gelegentlich auch als überragendes politisches Talent öffentlich würdigte.

Durch viele Jahrzehnte zeichnete Gustav Peichl alias IRONIMUS für »Die Presse« Karikaturen zum Tagesgeschehen. Die Physiognomie Kreis-

IRONIMUS, *Der rote Monarch*, 1979

kys hatte es ihm angetan. Peichl: »Wenn die politische Karikatur noch nicht erfunden wäre, für Kreisky müsste man sie erfinden.« Und Kreisky sagte über seine Zeichner: »Über Karikaturen kann man sich entweder ärgern oder freuen. Da beides an der Sache nichts ändert, freue ich mich darüber.«

»Die Presse« war damals im Besitz der Bundeswirtschaftskammer, deren Präsident Rudolf Sallinger nicht nur ein führender Politiker der ÖVP, sondern auch ein persönlicher Freund des Bundeskanzlers war. Angesichts der in der Politik üblichen Intrigen fragte Sallinger, wie sich ein Mitarbeiter erinnert, stets nach der Rückkehr von einer Auslandsreise: »Wer hat gegen mich intrigiert?«

1972 kommt es anlässlich des 50-jährigen Bestandsjubiläums der Paneuropa-Union in Wien zum historischen Händedruck zwischen dem ersten »roten« Bundeskanzler der Republik, Bruno Kreisky, und dem Sohn des letzten Kaisers, Otto Habsburg. Zwar hat die SPÖ dank Kreisky den »Habsburg-Kannibalismus«, wie Günther Nenning die Haltung seiner Partei in den frühen 1960er-Jahren beschrieb, längst ad acta gelegt. Den-

174

noch gibt es an dem Handschlag Kreisky-Habsburg da und dort Kritik innerhalb der SPÖ, zu welcher der Kanzler sagt: »Dadurch, dass mir Otto seine Hand gereicht und sich vor mir verbeugt hat, ist er bei seinen Leuten unten durch.« Ottos langjähriger Mitarbeiter Lacy Milkovics bestätigt später gegenüber Gerhard Vogl, dass eingefleischte Monarchisten den historischen Händedruck gar nicht goutiert hätten. Die Aussöhnung zwischen der Republik und den Habsburgern erfordert eben nicht nur von den Republikanern, sondern auch von den Monarchie-Nostalgikern Grandezza …

Otto Habsburg hält fortan zahlreiche Vorträge in Österreich, in denen er für ein geeintes Europa eintritt. Eines Tages spricht er im Burgenland vor Bauarbeitern, wo sich plötzlich ein Mann bei ihm meldet, militärische Haltung annimmt und sagt: »Melde gehorsamst, Majestät, bin leider Kommunist.«

Als der spätere tschechische Außenminister Karl Schwarzenberg, den Kanzler Kreisky stets mit »Prinz« anzureden pflegt, zu einem Termin auf dem Ballhausplatz angemeldet ist, macht Protokollchef Lukas Beroldingen seinen Boss darauf aufmerksam, der Besucher sei mittlerweile Chef des Hauses Schwarzenberg und somit mit »Fürst« anzureden. Kreisky ungerührt: »In Österreich wurde der Adel 1918/19 abgeschafft. Für mich bleibt er Prinz!«

Einmal führt Kanzler Kreisky den französischen Staatspräsidenten Georges Pompidou in die Wachau, zum Stift Melk und zum Kraftwerk Ybbs-Persenbeug, wo auf einem Felsen ein großes Schloss steht. Auf die Frage französischer Journalisten, die Pompidou begleiten, wer in dem Schloss wohne, sagt Kreisky: »Habsburg Salvator«. Die Presseleute wundern sich: »Hat Österreich nicht die Habsburger des Landes verwiesen?« »Nein«, erwidert der Kanzler. »Und haben Sie womöglich gedacht, wir lassen die im Zelt wohnen?«

Im Verteidigungsbereich führt die Regierung Kreisky einschneidende Reformen – von der Verkürzung des Grundwehrdienstes auf sechs Monate bis zur Einführung des Zivil- oder Wehrersatzdienstes – durch.

ÖVP-Wehrsprecher Heinrich Neisser in einem Interview über seine Meinung zu dieser Problematik: »Ich vertrete den Dienst mit der Waffe, denn er ist die bessere Vorbereitung auf die Ehe!«

Der Kanzler bei der Verabschiedung seines langjährigen Kabinettchefs Peter Jankowitsch, der 1972 als österreichischer UNO-Botschafter nach New York geht, über die Behandlung seiner Mitarbeiter: »Nicht die sind die Gerechten, die nie Unrecht tun, sondern die sind es, die von Zeit zu Zeit innehalten und sich ihres Unrechttuns bewusst werden.«

Bei SPÖ-internen Beratungen gesteht der Regierungschef einen Fehler folgendermaßen ein: »Man macht jeden dritten Tag mindestens einen Fehler – einen, den alle bemerken; einen, den man nur selbst bemerkt oder aber einen, der einem nicht einmal selbst bewusst wird. Mit *so einem* Fehler hat man das größte Glück …«

Die stets für Montag um 17 Uhr angesetzten Ministerratsvorbesprechungen, bei denen die Regierungspolitik der Woche fixiert wird, beginnen wegen Verspätung des Kanzlers zumeist erst gegen 17.15 Uhr. Aber einmal ist Kreisky auf die Minute pünktlich, während die Minister Firnberg und Sinowatz mit drei Minuten Verspätung eintreffen. Diese Verspätung quittiert der Kanzler ätzend so: »Also so kann man nicht arbeiten, wenn jeder kommt, wann er will!«

Kreisky trägt seinen Mitarbeitern während mehrstündiger Verhandlungen mit dem ÖVP-Bauernbund auf, die Obmänner der anderen Bauernorganisation telefonisch über die Zwischenergebnisse zu informieren. Nach zehn Minuten kommt Kabinettchef Alfred Reiter in den Sitzungssaal und teilt dem Kanzler mit, er habe alle Bauernfunktionäre mit Ausnahme eines einzigen erreicht, der auf dem Feld sei. Darauf Kreisky: »Gott sei Dank ist wenigstens *einer* von den Bauern auf dem Feld …«

Kreisky wird von seinem Sekretär Thomas Nowotny die Teilnehmerliste für eine Sitzung vorgelegt. Auf die Frage nach einem dieser Teilnehmer erklärt Nowotny, dieser sei ein prononcierter Sozialist. Der Kanzler scheint den Mann nicht besonders zu schätzen: »Der ist doch kein Sozialist, sondern höchstens ein Narr!«

Bundeskanzler Kreisky soll eines Tages ein Begleitschreiben für eine Zusendung an ein Mitglied des ehemaligen Hochadels abfassen. Schon bei der Anrede stößt der gesetzestreue Republikaner Kreisky jedoch auf Schwierigkeiten. »Ich kann doch schwer ›Durchlaucht‹ schreiben«, meint er zu seinem Kabinettchef Reiter und entschließt sich nach kurzem Nachdenken, bloß eine Visitenkarte beizulegen, womit alle Probleme der Anrede beseitigt sind.

Ein häufiger Heurigenpartner Bruno Kreiskys ist der Schauspieler Fritz Muliar, den der Kanzler einmal zu vorgerückter Stunde auffordert: »Geh, sing' mir was vor!«
    Darauf Muliar: »Nur, wenn Du mir was vorregierst!« Kreisky kontert: »I hab' heut' scho viel regiert, aber Du hast no nix g'sungen!«

Muliar ist stets für ein Bonmot wie dieses gut: »Die Sprache ist mir nie schwer gefallen. Sprechen hab' ich früher gelernt als Laufen. Ich tue es auch heute noch lieber!«

Kreisky-Enkel Oliver fragt seinen Großvater: »Kann ich auch einmal Bundeskanzler werden?« Kreiskys enttäuschende Antwort: »Leider nein, in Österreich gibt es nur *einen* Bundeskanzler!«

In den 1970er-Jahren ist der Einfluss der Sozialpartner sehr groß. Der langjährige Generalsekretär der Industriellenvereinigung, Herbert Krejci, beschreibt einmal als Intimkenner der Sozialpartnerschaft die unterschiedliche Machtfülle der einzelnen Protagonisten so: »Wenn Anton Benya, der Präsident des ÖGB, auf den Knopf drückt, steht Österreichs Industrie still. Wenn Hans Igler, der Präsident der Industriellenvereinigung, auf den Knopf drückt, kommt sein Sekretär Laudon ins Zimmer.«

Der frühere Minister Karl Schleinzer ist seit 1971 ÖVP-Bundesparteiobmann und somit Oppositionsführer. Über Schleinzer und Kreisky gibt es einen Witz, der sehr viel über das politisch-taktische Geschick des

Regierungschefs aussagt: Der Kanzler und der Oppositionsführer angeln, umgeben von einer größeren Menschenmenge, an einem See. Plötzlich zieht Schleinzer einen schweren Karpfen aus dem Wasser und will den Fisch gerade mit einem Stein erschlagen, da werden Missfallensäußerungen aus dem Publikum laut. Sogar der Ruf »Mörder« ist zu hören. Der verschreckte ÖVP-Obmann wirft den Karpfen sofort wieder ins Wasser, worauf sich die Leute beruhigen. Wenig später beißt ein ebenso großer Karpfen an der Angel Kreiskys an. Der Kanzler zieht den Fisch langsam an Land und beginnt unter den verblüfften Blicken der Umstehenden den Karpfen zu streicheln. Schleinzer fragt nach dem Sinn dieses Tuns und Kreisky antwortet trocken: »Erstens schaut's gut aus, und zweitens wird der Karpfen ja auch so hin …«

*IRONIMUS, Karl Schleinzer, 1970*

Während einer Kundgebung blickt der Kanzler in die Runde der Anwesenden und erklärt: »Mir geht es wie dem Affen in Schönbrunn – ihn kennt jeder, aber er kennt niemanden.«

Der »heimatlose Rechte« Gerd Bacher – von Ironimus als Tiger karikiert – zu seinem Freund, dem SPÖ-Finanzminister Hannes Androsch: »Lieber Hannes, das, was Dich als Sozialisten und mich als Konservativen unterscheidet, besteht darin: Wenn wir beide in die Schatzkammer gehen, dann weiß ich, dass das nur zum Anschauen ist.«

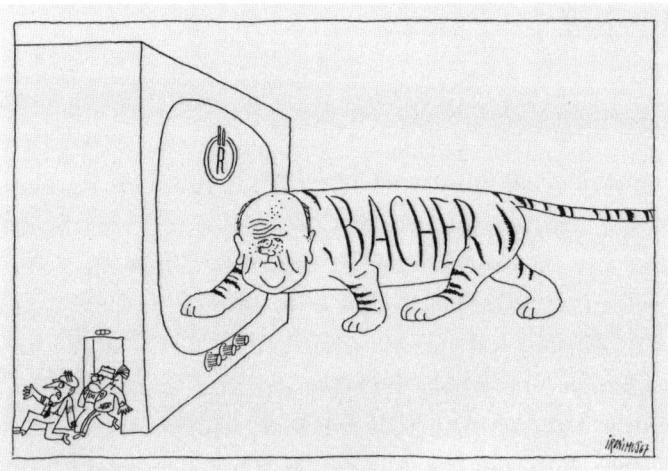

*IRONIMUS, Tu den Tiger in den Kasten, 1967: Gerd Bacher*

Ein andermal fragt Bacher den Finanzminister: »Hannes, was willst werden – reich oder Bundeskanzler?« Darauf Androsch: »Beides.« Bacher
entgegnet: »Du weißt, Hannes, dass ich Dich sehr schätze, aber das kannst
net amal Du!«

Wie ist es in der Amtszeit von Kreisky und Androsch möglich, zu einem
kleinen Vermögen zu kommen? – Man muss vorher ein großes gehabt
haben.

*IRONIMUS, Geben
und Nehmen, 1972:
Finanzminister Hannes
Androsch*

# Pater Rudolf

Im Frühjahr 1974 lag Bundespräsident Franz Jonas im Sterben. Mit diesen Worten instruierte Fernseh-Chefredakteur Franz Kreuzer seine Redakteure, wie das bevorstehende Staatsbegräbnis mediengerecht in Szene zu setzen sei: »Die Frau Jonas bitte schön sehr dezent aufnehmen. Aber rer'n (= weinen) soll man sie schon seh'n!« Genauso geschah es dann auch. Und Bruno Kreisky als SPÖ-Vorsitzender setzte die Nominierung des parteilosen Außenministers Rudolf Kirchschläger als Präsidentschaftskandidat seiner Partei durch. Für die ÖVP trat der Innsbrucker Bürgermeister Alois Lugger an. Dazu eine köstliche Episode: Kreisky fuhr mit dem Schlafwagen nach Innsbruck, um sich in den Wahlkampf einzubringen. Im Hotel Europa wurde er vom Tiroler Landeshauptmann Eduard Wallnöfer (ÖVP) erwartet, mit dem den Kanzler eine parteiübergreifende Freundschaft verband. Kreisky erstaunt: »Was machst denn Du hier? Ich bin ja nicht als Regierungschef gekommen, sondern als SPÖ-Vorsitzender, um für Kirchschläger zu werben!« Wallnöfer, der Lugger nicht besonders zugeneigt ist: »Das isch ja guat, weil der is ja der Bessere!« Rudolf Kirchschläger wurde gewählt und bald ob seiner pastoralen Sprechweise im Volksmund »Pater Rudolf« genannt. In einer deutschen Zeitung konnte man über Österreich lesen: »Das ist ein Land, in dem der Bundespräsident predigt und der Kardinal politisiert.« Übrigens war Kirchschläger der erste Bundespräsident der Zweiten Republik, der nicht im Amt verstorben ist, was ihn zu der Bemerkung veranlasste: »Ich habe das Glück gehabt, alle Friedhöflichkeiten schon zu Lebzeiten zu hören.«

Kanzler Kreisky musste im Mai 1974 auch den Rücktritt des deutschen SPD-Bundeskanzlers Willy Brandt zur Kenntnis nehmen, der erst zwei Jahre davor einen großen Wahlsieg eingefahren hatte. Mit Brandt war Kreisky seit seiner Emigration in Skandinavien eng befreundet. Nun demissionierte Brandt, weil sein Sekretär Günter Guillaume als DDR-Spion enttarnt worden war. Dazu Bruno Kreisky nach einem arbeitsreichen Tag: »Ich plag' mich tagtäglich, obwohl alles ganz einfach wär': So ein kleiner Guillaume in meiner Umgebung, und ich könnt' mir das alles sparen!«

*IRONIMUS, Die beiden K, 1974: Bundespräsident und Bundeskanzler*

Und noch etwas erregte die Gemüter in Österreich: die Eskalation des Konfliktes zwischen Bruno Kreisky und Gerd Bacher, die letztlich mit der Abwahl des ORF-Chefs endete. Immer wieder hatte der Kanzler für mehr Meinungsvielfalt im ORF plädiert, wo der konservative Chefredakteur Alfons Dalma die Information in Radio und Fernsehen leitete. Auf den Vorhalt, im ORF gebe es ohnedies mehrere Kommentatoren, sagte Kreisky einmal: »Ja, zur deutschen Ostpolitik vertritt der eine Kommentator den Standpunkt der CDU und der andere den der CSU!«

Der Präsident der kommunistischen ČSSR, Gustáv Husák, kommt auf Staatsbesuch nach Wien. Bundespräsident Rudolf Kirchschläger fährt in seiner Staatskarosse mit dem hohen Gast über den Rennweg in Richtung Innere Stadt. Bei der Kreuzung St. Marx erläutert Kirchschläger: »Sehen Sie, Herr Präsident, Wien ist die einzige Stadt, wo Marx bereits heiliggesprochen worden ist.« Husak, der deutschen Sprache durchaus mächtig, verkneift sich ein Schmunzeln …

Im Zuge der Beratungen des Ministerrates über Möglichkeiten von Personal-einsparungen berichtet Staatssekretär Karl Lausecker, seit 1966 gebe es um 23 000 Lehrer mehr. Murmelt Kanzler Kreisky halblaut vor sich hin: »Also, um so viel g'scheiter sind die Österreicher seither sicher nicht geworden!«

Bei einer Wahlreise besteigt Kreisky eines Tages um 17 Uhr in einem Ort das vor dem Rathaus, gegenüber der Dorfkirche, errichtete Rednerpult. Als er mit seiner Rede beginnen will, setzt das obligate Fünfuhrläuten der Kirchenglocken ein. Nachdem das Läuten aufgehört hat, erhebt der Kanz-ler die Hände zum Himmel und sagt, er betrachte es als gutes Omen, dass die Kirchenglocken seinen Besuch einläuten, sei es doch sein Kabinett gewesen, das den Kirchenbeitrag steuerlich absetzbar gemacht habe …

IRONIMUS, *Der Kirchenfürst*, 1982:
*Der »rote« Kardinal und der sozialdemokratische Bundeskanzler, der sich selbst als Agnostiker bezeichnet*

1974 setzt die SPÖ im Aufsichtsrat die Abwahl von Gerd Bacher als ORF-Generalintendant durch. Neuer Rundfunkchef wird der Sektionsrat im Justizministerium, Otto Oberhammer, »Erfunden« hat ihn Justiz-minister Christian Broda. Nach der Abwahl Bachers geht SPÖ-Medien-politiker Karl »Charly« Blecha auf diesen zu und sagt: »Na, Gerd, du hast es uns aber schwer gemacht, dich abzulösen.« Gerd Bacher verschlägt es kurz die Rede. Seit der »Schranz-Affäre« 1972, als der Skistar von den

Olympischen Spielen in Sapporo wegen angeblicher Verletzung des Amateurparagraphen ausgeschlossen und heimgeschickt worden ist, hat sich das Verhältnis zwischen Kanzler Bruno Kreisky und Gerd Bacher verschlechtert. Kreisky macht nämlich den ORF-Boss für den Medienhype um die Rückkehr von Karl Schranz, bei der 100 000 Menschen auf den Straßen Wiens sind, was dem Kanzler unheimlich ist, verantwortlich. Mit Bacher verlassen jetzt enge Vertraute wie Kurt Bergmann (zur ÖVP), Alfred Payrleitner (zum »Kurier«) oder Helmut Zilk (zur »Kronen-Zeitung«) den ORF. Gerhard Weis und Franz Kreuzer bleiben dagegen im Unternehmen und werden Fernsehintendanten unter Otto Oberhammer. Gerd Bacher kommentiert das so: »Is eh klar: die Hund' bleiben beim Herrn, Katzen bleiben im Haus!« Freilich ist Gerd Bacher vier Jahre später, 1978, wieder da. Nicht nur Wissenschaftsministerin Hertha Firnberg ist verblüfft, als sie dem Rückkehrer mit diesen Worten gratuliert: »Herr Bacher, was man nicht verhindern kann, soll man freudig begrüßen!« Am nächsten Tag titelt die »Kärntner Tageszeitung« der SPÖ über den alten und neuen Rundfunkchef: »Kreisky in Paris – Benya in Sofia – Bacher im ORF.«

Nach dem tragischen Tod des ÖVP-Obmannes Karl Schleinzer bei einem Autounfall wird Josef Taus Oppositionsführer und Kanzlerkandidat. Neuer ÖVP-Generalsekretär wird Erhard Busek, der über sein Verhältnis zu Taus sagt: »Wir sind vom Typ her sehr ähnlich: zwei kalte Knackwürste mit Brillen.«

Was ist der Unterschied zwischen dem ÖVP-Obmann Taus und einer Maus? – Keiner, meinen die Sozis, beide sind für die Katz'.

Mitten im Nationalratswahlkampf 1975 erleidet Bundeskanzler Bruno Kreisky eine schwere fiebrige Erkältung und muss das Bett hüten. Da kommt plötzlich an einem Samstag gegen Abend der »Krone«-Innenpolitiker Hans Mahr mit einem der ersten Exemplare der Sonntagszeitung in die Kanzlervilla. Auf der Titelseite wird enthüllt, Mahrs »Krone«-Kollege Georg Nowotny sei vom ÖVP-Bautensprecher Leopold Helbich mit der Erstellung eines Wahlkampfkonzeptes beauftragt worden, für das der Politiker einen hohen Preis zahlen würde. Nowotny sieht darin einen

Bestechungsversuch und lässt die Angelegenheit in einer großen Story platzen. Die Reaktion des schwer verkühlten Kreisky nach Überfliegen des Artikels: »Jetzt hamma's g'wonnen!«

Der Kanzler über Josef Taus, den bisherigen Generaldirektor der Girozentrale der österreichischen Sparkassen: »Die ÖVP hat einen Mann geholt, dessen größter Vorzug es ist, nicht in der Politik gewesen zu sein.« Das stimmt freilich nicht ganz, denn Taus war unter dem ÖVP-Bundeskanzler Josef Klaus erst Staatssekretär für Verkehr und die Verstaatlichte Industrie, dann Aufsichtsratsvorsitzender der ÖIAG.

Als im Wahlkampf SPÖ-Broschüren mit einem Foto Kreiskys vor einem Gemälde des jungen Kaiser Franz Joseph im Bundeskanzleramt auftauchen, schreibt einer der Brüder von Otto Habsburg, der damals noch nicht nach Österreich einreisen darf, an Bruno Kreisky: »Sehr geehrter Herr Bundeskanzler! Wenn Sie schon mit den Habsburgern Werbung machen, dann ändern Sie auch die Habsburgergesetze!«

Beim Pressefoyer nach dem wöchentlichen Ministerrat zieht der Kanzler über die ÖVP her. »Der Generalsekretär … hm, hm …« poltert Kreisky. Die Journalisten rufen: »Busek!« Da sagt der Kanzler grantig: »Na, ich kann mir doch nicht jeden ÖVP-Generalsekretär merken!«

IRONIMUS, *Stock und Schnuller*, 1975: *Kreisky und Taus*

Jedenfalls gewinnt die SPÖ auch diese Nationalratswahl mit absoluter Mehrheit – nicht zuletzt aufgrund einer Fernsehdiskussion Kreisky-Taus, bei welcher der Kanzler sein Medientalent voll ausspielen kann. 36 Jahre später kommt Josef Taus in einem »Standard«-Interview auf diese Sendung zu sprechen: »Ich wusste, wie populär Kreisky ist, hatte aber seine Medienwirksamkeit unterschätzt. Ich bin von vielen gewarnt worden. Aber dass es so arg wird, konnte ich nicht vorhersehen. Ich hatte Kreisky unterschätzt … Er ist eben ordentlich präpariert worden. Er hat ja g'scheite Burschen um sich gehabt, den Blecha Charly, den Johannes Kunz und den Alfred Reiter. Und mich haben die auch recht gut gekannt, daher haben die wahrscheinlich gewusst, wie ich auf dieses und jenes reagieren werde.«

Im Dezember 1975 gibt es einen aufsehenerregenden Überfall auf eine OPEC-Ministerratssitzung in Wien. Nach stundenlangen Verhandlungen gelingt es der Bundesregierung, die Freilassung der prominenten Geiseln zu erreichen. Den Terroristen wird die Ausreise gestattet. Beim Abflug auf dem Flughafen Schwechat ist auch der für die Polizei zuständige Innenminister Otto Rösch (SPÖ) anwesend. Vor Millionen Fernsehzuschauern reicht er dem Anführer der Terroristen, Carlos, die Hand. Wenige Stunden später ist dieser Witz im Umlauf: Warum hat Rösch dem Terroristen die Hand gegeben? – Weil er die Pfeife im Mund hatte, sonst hätte er ihn geküsst!

Von 1970 bis 1976 ist der Gewerkschafter Rudolf Häuser Sozialminister und Vizekanzler. Als er aus der Regierung ausscheidet, macht Kanzler Kreisky nicht etwa Wissenschaftsministerin Hertha Firnberg (Jahrgang 1909), sondern den jungen Finanzminister Hannes Androsch (Jahrgang 1938) zum Vizekanzler. Kreiskys Begründung: »Alt bin i selber!« Diesen Sager verzeiht ihm Firnberg bis an ihr Lebensende nicht.

Als Nachfolger von Rudolf Häuser als Sozialminister schlägt der ÖGB den Gewerkschafter Gerhard Weissenberg vor. Gemäß der parteiinternen Usancen muss Kanzler Kreisky diesen Personalvorschlag akzeptieren, wenngleich er damit offenbar nicht glücklich ist. Das zeigt sich daran, dass er bei der Präsentation des neuen Sozialministers dessen Namen

*IRONIMUS, Hertha Firnberg, 1970*

»verhunzt« und ihn mehrmals Dr. Weissenberger nennt – durchaus
absichtlich, wie Intimkenner des Kanzlers vermuten. Schließlich beendet
Kreisky die Präsentation mit den Worten: »No, sagen S' doch den Journalisten selber, wie Sie heißen, Herr Minister!«

Nach dem Einsturz der Wiener Reichsbrücke 1976 – dieses Ereignis über-
steht der »rote« Bürgermeister überraschenderweise politisch, während
der Wiener ÖVP-Obmann Franz Bauer abgelöst wird – ist sofort dieser
Witz im Umlauf: Was geschieht, wenn der Stephansturm in die Baugrube
der Wiener U-Bahn stürzt? – Bürgermeister Leopold Gratz bietet seinen
Rücktritt an, und Kardinal Franz König tritt wirklich zurück!

Staatssekretärin Franziska Fast (SPÖ) wird nach ihrem Ausscheiden aus
der Regierung Kreisky Volksanwältin. In dieser Funktion kommt sie in
das ORF-Zentrum auf den Küniglberg, um in der Sendung »Ein Fall für
den Volksanwalt« aufzutreten. Zu den Redakteuren dieser Sendung sagt
sie vor dem Auftritt: »Heut' muaß do a schener Tag für den Bacher sein,
wann jemand kummt, der klaner und schiacher is als er!«

Kardinal Franz König empfängt eines Tages den ORF-Intendanten Wolf
In der Maur, einen liberalen Adeligen und Agnostiker, im Erzbischöfli-

chen Palais. »Eminenz, eigentlich sind Sie ja mein Kardinal!«, sagt In der Maur bei der Begrüßung, worauf König erstaunt fragt: »Wieso denn?« In der Maur stellt klar: »Weil Sie das Vatikanische Sekretariat für die Nichtglaubenden leiten!«

1976 fährt mit Kanzler Kreisky zum ersten Mal seit dem Zweiten Weltkrieg ein österreichischer Regierungschef auf Staatsbesuch in die ČSSR nach Prag. Am Ende der Visite lädt er seine Gastgeber zum Gegenbesuch ein. Sie mögen nach Wien mitbringen, wen immer sie wollen. Frage eines tschechischen Funktionärs: »Werden Sie in Wien auch genug Hotelbetten haben?« In Anspielung auf die tschechischen Wurzeln vieler Österreicher sagt Kreisky: »Das geht schon, die können doch alle bei Verwandten wohnen!«

Während eines SPD-Parteitages lauscht Kanzler Kreisky einer Rede des temperamentvollen sozialdemokratischen Fraktionschefs Herbert Wehner, den er nicht besonders schätzt, weil er ein paar Jahre zuvor am Sturz seines Freundes Willy Brandt als Regierungschef beteiligt gewesen ist. Kreisky fragt einen der an Wehners Redestil gewöhnten deutschen Begleiter: »Wir haben ja nichts angestellt. Warum brüllt er so mit uns?«

Kanzler Kreisky besucht die österreichischen UNO-Soldaten in Ägypten. Was diesen wohl am meisten zu schaffen macht, ist die Einsamkeit, weshalb Kreisky die Frage stellt: »Mit Mädchen wird hier wohl nichts sein?« Die umstehenden Blauhelme beantworten diese Frage mit bedeutsamem Kopfschütteln. »Na ja«, reagiert der Kanzler, »in den mohammedanischen Ländern ist das halt schwer.«

An einem kalten Winternachmittag geht der Bundeskanzler mit dem Autor dieses Buches durch die Wiener Wallnerstraße in Richtung Ballhausplatz, da sieht er auf der anderen Straßenseite das beleuchtete Café Rabe, geht hinüber und schlägt vor: »Gemma auf an Kaffee!« Als Kenner der Szene rate ich ab: »Herr Bundeskanzler, das is a Hurencafé.« Dieser Hinweis stachelt erst recht die Neugier Kreiskys an, der die Nase ans Fenster drückt, um die »Damen« sehen zu können. Schließlich kommt doch der Staatsmann in ihm durch: »Wir gehen doch besser nicht hinein. Da sitzen jetzt wahrscheinlich lauter Sektionschefs drin!«

Am 5. November 1978 findet die Volksabstimmung über die Inbetrieb-
nahme des fertig gestellten Kernkraftwerkes in Zwentendorf statt. Der Bau
geht auf einen Beschluss der ÖVP-Alleinregierung unter Josef Klaus
zurück. Vor der Abstimmung droht Bundeskanzler Kreisky für den Fall
eines Nein-Votums seine Demission an. Bei der geringen Wahlbeteiligung
von nur 64,1 Prozent entfallen 50,5 Prozent der abgegebenen gültigen
Stimmen auf Nein. Doch Kreisky bleibt im Amt, nachdem ihm das
SPÖ-Parteipräsidium eine sogenannte »Generalvollmacht« eingeräumt
hat. Als Unterrichtsminister Fred Sinowatz den burgenländischen Landeshauptmann Theodor Kery (SPÖ) darüber informiert, fragt dieser:
»Bitte, was ist eine Generalvollmacht?« Sinowatz: »Das, was Du im Burgenland schon die ganze Zeit hast!« Die Niederlage bei der Zwentendorf-
Volksabstimmung erweist sich ein Jahr später als Basis für den neuerli-
chen SPÖ-Wahlsieg (51 Prozent der Stimmen, 95 von 183 Mandaten) bei
der Nationalratswahl. Die Atombefürworter können für Kreisky stimmen,
weil er ein Ja beim Referendum empfohlen hat, und die Atomgegner können für ihn votieren, weil er die Volksabstimmung ermöglicht und deren
Ergebnis durch ein Atomsperrgesetz Rechnung getragen hat …

1978 erinnert man den mittlerweile 67-jährigen Kanzler Kreisky daran,
dass er dereinst in das SPÖ-Parteistatut eine Altersklausel aufnehmen
ließ. Diese besagt, dass Funktionäre mit 65 Jahren in den Ruhestand treten müssen. Kreisky ungerührt: »Immerhin haben die Kardinäle erst
kürzlich einen Mann meines Alters zum Papst gewählt …« Gemeint ist
der Pole Karol Wojtyla alias Johannes Paul II.

Dem Bundeskanzler wird zugetragen, dass Österreich bei der Fußball-
Weltmeisterschaft 1978 in einer Gruppe mit den Niederlanden, Schweden, Spanien und Brasilien spielen wird: »Holland is' a Monarchie,
Schweden is' a Monarchie, Spanien is' a Monarchie – was macht eigentlich Brasilien in unserer Gruppe?«, fragt Kreisky.

Am Abend der Nationalratswahl am 6. Mai 1979 kommt Bruno Kreisky
als strahlender Sieger heim in die Armbrustergasse in Döbling. Da steht
ein Mann vor seiner Villa, gratuliert dem Kanzler und gesteht: »Ich hab'
Sie aber nicht gewählt!« Brummt Kreisky zurück: »Ah, Sie waren das!«

Dank Gerhard Vogl ist die folgende köstliche Kreisky-Anekdote, die einmal mehr zeigt, dass der Kanzler in jeder heiklen Situation einen Ausweg weiß, für die Nachwelt festgehalten: Zu irgendeinem Jubiläum des Staatsvertrages wird Bundeskanzler Bruno Kreisky, einer der Akteure im Verhandlungspoker von 1955, vom Fernsehen interviewt. Dabei zeigt er auf das riesige Fuchs-Gemälde in seinen Amtsräumen und meint ironisch: »Des Punkterl auf dem Schinken bin i.« Zwei Tage nach der TV-Ausstrahlung langt auf dem Ballhausplatz ein bitterböser Brief besagten Staatskünstlers ein, er sei tief bestürzt, dass der Kanzler sein Lebenswerk mit der Bezeichnung »Schinken« abgewertet habe. Guter Rat ist teurer. Kreisky schickt seinen für Kulturagenden zuständigen Sekretär Wolfgang Mayer-König in die Nationalbibliothek los, er soll etwas Entlastendes für den Lapsus finden. Nach tagelangem Suchen hat Mayer-König endlich das Richtige gefunden: »Herr Bundeskanzler, in Meyers Konversationslexikon 1884 steht: ›Schinken‹ auch für Kolossalgemälde.« Kreisky diktiert schmunzelnd folgende Antwort: »Sehr geehrter Herr Professor, ich bin einigermaßen über Ihren Brief erstaunt. Nichts lag mir ferner, als Sie herabzusetzen. Sie beschweren sich über den von mir verwendeten Begriff ›Schinken‹. In Meyers Konversationslexikon … ist klar definiert, dass man darunter ein Kolossalgemälde versteht.« Nach einigen Tagen kommt die Antwort eines völlig geknickten Professors: »Sehr geehrter Herr Bundeskanzler! Sie beschämen mich in meiner Unbildung … In tiefer Verehrung, Ihr Robert Fuchs.«

# Der U-Boot-Kommandant ohne Torpedos

Im Rückblick waren die 1970er-Jahre eine Periode großer innenpolitischer Reformen, die im Wesentlichen bis in die Gegenwart Gültigkeit haben, und einer überproportionalen Bedeutung Österreichs in der Welt. Beides hat mit der Persönlichkeit von Bundeskanzler Bruno Kreisky zu tun. Aber in diesem Jahrzehnt gab es auch große Krisen und Konflikte in der Innenpolitik. Mitte der 1970er-Jahre gerieten die beiden prominentesten Österreicher jüdischer Herkunft, der Nazijäger Simon Wiesenthal und Bruno Kreisky, öffentlich aneinander. Wiesenthal übergab Bundespräsident Rudolf Kirchschläger Unterlagen, wonach FPÖ-Obmann Friedrich Peter 1941/42 Mitglied einer SS-Einheit gewesen sei, die Massenliquidierungen von Juden an der Ostfront durchgeführt habe. Mit dieser Aktion wollte Wiesenthal, welcher der ÖVP nahestand und im Gegensatz zu Kreisky ein Zionist war, verhindern, dass im Fall des Verlustes der absoluten Mehrheit der SPÖ Peter Vizekanzler wird. Dazu kam es bekanntlich nicht, aber es folgte eine heftige Kontroverse Kreisky-Wiesenthal, die in dem Vorwurf des Kanzlers gipfelte, der Nazijäger habe mit der Gestapo kollaboriert. Die zweite große Auseinandersetzung drehte sich um die aus Kreiskys Sicht gegebene Unvereinbarkeit von Hannes Androschs Funktion als Finanzminister mit dessen Beteiligung an der Steuerberatungskanzlei Consultatio. Zwischen Kreisky und Androsch kam es auch zu unterschiedlichen Standpunkten in der Hartwährungs-, Verstaatlichten-, Energie-, Budget- und Sozialpolitik. All dies führte zu einer Erosion der Regierungspartei SPÖ und mündete 1983 im Ende der Ära Kreisky.

Zum ersten Mal bekam Österreich jetzt eine kleine Koalition, und zwar unter dem SPÖ-Bundeskanzler Fred Sinowatz und dem FPÖ-Vizekanzler Norbert Steger. Auszug aus Egon Linortners »Kleiner Sonntagsplauderei« in der »Kärntner Volkszeitung«: »Wenn man die beiden bei Pressekonferenzen am Bildschirm sieht, dann kommt mir der Steger vor, als wäre er der eigentliche Bundeskanzler, und der Sinowatz wie ein U-Boot-Kommandant, dem der Kreisky vergessen hat, die Torpedos mitzugeben.«

Diese kleine Koalition war ein kurzes Interregnum. Sie dauerte nur drei Jahre und 23 Tage. Dann, nach 16 Jahren, folgte ein Dacapo der großen Koalition unter Franz Vranitzky (SPÖ) und Alois Mock (ÖVP). Jörg Haider legte als neuer FPÖ-Obmann einen rasanten Aufstieg des »dritten Lagers« hin und wurde zum Vorreiter der populistischen Parteien, die heute in ganz Europa gegen das politische Establishment, die gesellschaftlichen Eliten und die Europäische Union zu Felde ziehen.

Und 1986 wurde der ÖVP-Kandidat Kurt Waldheim nach einem Wahlkampf, der einer Schlammschlacht glich, österreichischer Bundespräsident. Bis zu diesem Zeitpunkt hatte der Witz gegolten: Wann wird in Österreich ein Schwarzer Bundespräsident werden? – Wenn die Sozis einen »Neger« aufstellen!

Seit 1979 ist Alois Mock Obmann der oppositionellen ÖVP. Als solcher hat er es noch immer mit einer SPÖ im Besitz der absoluten Parlamentsmehrheit zu tun, weshalb diverse Scherze wie dieser die Runde machen: Warum unternimmt Mock eine Reise nach Afrika? – Weil er endlich einmal wieder Schwarze an der Macht sehen will.

*IRONIMUS, Alois Mock, ca. 1990*

Kanzler Kreisky nach einer Fernsehdiskussion mit seinem neuen Widerpart über die Unterschiede zwischen den ÖVP-Chefs: »Das Malheur der Volkspartei ist, dass man dem Taus nix einreden und dem Mock nix ausreden kann!«

Sozialminister Alfred Dallinger (SPÖ) trifft Bundeskanzler Bruno Kreisky in der Milchbar des Parlamentes: »Du, Bruno, a paar Reporter wollen wissen, wie viel i verdien'!« Darauf der Kanzler: »Na und? Hast es ihnen g'sagt oder hast es ihnen erklärt?«

Bruno Kreisky hat am 22. Jänner 1981 seinen 70. Geburtstag und bekommt eine Flut von Glückwünschen, die er natürlich beantwortet. Das geht so vor sich: In großen dicken Mappen liegen links die Glückwunschschreiben und rechts vorgedruckte Antwortkarten, auf die der Kanzler stets mit der Hand ein paar persönliche Dankesworte hinzufügt. Mitten in der Abarbeitung dieser Antwortkarten stößt Kreisky auf die Glückwünsche des Fürsten Karl Schwarzenberg, denkt kurz nach, schaut seine Sekretärin Margit Schmidt an und sagt: »I kann do dem jungen Lauser net Durchlaucht schreiben, aber was soll i denn schreiben?« Der Kanzler entscheidet sich für diese Anrede: »Lieber Freund!«

In die Mediengeschichte der Zweiten Republik geht ein Disput zwischen Kanzler Bruno Kreisky und dem Fernsehjournalisten Ulrich Brunner im Februar 1981 ein. Dabei geht es um die Beschwerde des ÖVP-Obmannes Mock bei Bundespräsident Kirchschläger, dass die SPÖ die Ladung weiterer Zeugen im parlamentarischen Untersuchungsausschuss zum Bauskandal beim AKH verhindere. Kreisky zeigt sich in Zeitungsinterviews über diesen Vorgang empört und sagt, der Bundespräsident sei doch kein Schiedsrichter über das Parlament und auch kein »Justizkanzler«. Es drohe eine Verfassungskrise. Im Pressefoyer nach dem nächsten Ministerrat legt Kreisky nach und sieht eine Gefahr der Wiederkehr der 1930er-Jahre. Darauf Ulrich Brunner: »Wir leben doch heute in einer ganz anderen Situation.« Jetzt bekommt der Kanzler einen roten Kopf und fährt den Fernsehmann an: »Lernen Sie Geschichte, Herr Reporter!« Damit nicht genug: »Ich kann mich Ihrer primitiven Geschichtsauffassung nicht anschließen!«

Im Frühjahr 1982 wird bei Bundeskanzler Bruno Kreisky in dessen Ferienhaus auf Mallorca vom spanischen König Juan Carlos für Ex-Kaiserin Zita interveniert, die nach wie vor die Abgabe einer Verzichtserklärung ablehne, aber ihr Lebensende in ihrer Heimat Österreich verbringen wolle. Immerhin sei sie bereits 90 Jahre alt. Verfassungsjuristen im Wiener Bundeskanzleramt prüfen dieses Ersuchen und kommen zu dem Schluss, dass Zita als Ehefrau von Kaiser Karl kein Nachfolgerecht habe und somit unmöglich dem Habsburgergesetz unterliegen könne. Kreisky präsentiert gegenüber dem »Krone«-Journalisten Dieter Kindermann die Lösung: »Also, wir geben ihr a Durchreisevisum. Und kaner wird nachschauen, ob's a dableibt.« Der Kanzler lässt schließlich die österreichischen Grenzbeamten anweisen, Zita auch ohne Verzichtserklärung in das Land zu lassen. Nach 63-jährigem Exil kehrt die Ex-Kaiserin zurück und am 13. November 1982 zelebriert Kardinal Franz König eine Messe für sie im Stephansdom. Und Georg Markus hält für die Nachwelt fest, wie der Wiener Volksmund reagiert: »Kreisky geht in Pension, heiratet Zita und wird Kaiser von Österreich!« Zita selbst sagt in einem Interview mit der »Kronen-Zeitung«, sie hätte sich Kreisky durchaus als Ministerpräsidenten des Vielvölkerstaates der k. u. k. Monarchie vorstellen können – nicht als junger Anhänger der marxistischen Ideen Otto Bauers, aber als Älterer, den pragmatischen Ideen Karl Renners verpflichtet. Und was meint Kanzler Kreisky zu dieser Bemerkung? »Aha, sie wollt' sich halt dankbar zeigen, dass wir sie hab'n einreisen lassen.«

Dazu passt die Geschichte vom Auftritt Kreiskys in der von Intendant Ernst Wolfram Marboe moderierten Fernsehsendung »Café Central« zur Franz-Joseph-Ausstellung im Schloss Grafenegg. Marboe, von dem der Satz stammt, das Fernsehprogramm müsse »aus den Hoden« kommen, hat neben dem Kanzler auch Karl Habsburg eingeladen und im Publikum wird gerätselt, welche Anrede der Regierungschef wohl wählen würde? Erzherzog oder kaiserliche Hoheit wohl kaum. Oder Herr Habsburg? Zu aller Überraschung kommt Karl Habsburg, der gerade eine Waffenübung beim Bundesheer absolviert, in Uniform. Und so spricht Kreisky den Enkel des letzten Kaisers völlig korrekt mit »Herr Fähnrich« an.

Die Nationalratswahl am 24. April 1983 beschert der SPÖ, die 47,6 Prozent der Stimmen und 90 von 183 Mandaten erhält, den Verlust der absoluten Mehrheit. Der kranke und im 73. Lebensjahr stehende Bruno Kreisky tritt als Bundeskanzler, später auch als SPÖ-Parteivorsitzender zurück. Hannes Androsch, der viele Jahre als Nachfolger gehandelt worden ist, bekleidet nach seinem Ausscheiden aus der Regierung vor zwei Jahren die Funktion des Generaldirektors der Creditanstalt. Fred Sinowatz wird SPÖ-Bundeskanzler und bildet mit Norbert Steger (FPÖ) als Vizekanzler eine kleine Koalition. Sinowatz definiert den Unterschied zu seinem populären Vorgänger so: »Für mich ist Politik kein Spaß, eher eine Belastung. Für Kreisky ist Politik ein Spiel, ein Gesamtkunstwerk.«

Bruno Kreisky über seinen Nachfolger: »Der Sinowatz ist einer Art Julius Raab der SPÖ.« Damit ist wohl eine gemütliche Ausstrahlung gemeint, die von dem behäbigen Burgenländer ausgeht, von dem zwei Sätze für die Nachwelt überliefert bleiben: »Es ist alles sehr kompliziert« und »Ohne die Partei sind wir nichts.«

IRONIMUS, *Der schöne Fred*, 1983: Fred Sinowatz

Eine österreichische Regierungsdelegation fliegt zu einem Staatsbesuch nach Moskau. Die Freundlichkeit der Gastgeber gegenüber den Österreichern ist fast nicht zu überbieten. Auf die Frage, ob bei einer allfälligen neuen Verschärfung der internationalen Lage nicht eine Umarmung Österreichs durch die Sowjetunion drohe, meint Kanzler Sinowatz: »Mich zu umarmen ist schon wegen meines Habitus nicht leicht – und das gilt auch für die österreichische Politik.«

Von seinem Gespräch mit Staats- und Parteichef Konstantin Tschernenko zitiert Sinowatz vor österreichischen Journalisten: »Die internationale Lage ist äußerst kompliziert. Bitte, das sind *seine* Worte …«

Auf der Bahnfahrt zu einem Staatsbesuch nach Belgrad wird Bundeskanzler Sinowatz darauf hingewiesen, dass für die Dauer seiner Abwesenheit nun Vizekanzler Norbert Steger verfassungsgemäß den Vorsitz in der Bundesregierung übernehme und wohl selbstbewusst die Amtsgeschäfte führen werde. Sinowatz: »Ich halt's aus!« Gegenfrage eines Pressevertreters: »Aber ob's Österreich aushält?« Sinowatz: »Na, so lang' bin ich ja auch wieder nicht weg.«

»So eine Reise ist die größte Herausforderung, was mein Gewicht betrifft«, sagt Bundeskanzler Fred Sinowatz auf der Heimreise aus Jugoslawien auf die Frage, wie viele Kilos ihm der strapaziöse Besuch abverlangt habe. Auf eine Detailantwort lässt sich der stets gegen Übergewicht kämpfende Regierungschef aber nicht ein: »Ich habe ja meine Frau mitgehabt, aber das hat nicht viel genützt. Ich bin ein freundlicher Mensch und kann nicht nein sagen, wenn ich bewirtet werde.«

Der freiheitliche Vizekanzler Norbert Steger, auf dem politischen und gesellschaftlichen Parkett gleichermaßen unerfahren, kommt zu einem offiziellen Essen als einziger statt in Smoking mit Mascherl im Anzug mit schwarzer Krawatte. Auf der Einladung steht nämlich »black tie« …

Treffen sich zwei Oppositionsabgeordnete im Parlament. Fragt der eine: »Wie lange redet der Vizekanzler Steger schon?«

IRONIMUS, *Beidbeinig, 1984: Norbert Steger*

Darauf der andere: »Über eine Stunde.«
»Und worüber?«
»Das sagt er nicht!«

Der Kabarettist Hans Peter Heinzl bei einem Empfang zu ÖVP-Obmann Alois Mock: »Bei meiner letzten Premiere sind in der ersten Reihe drei Herren von Ihrer Partei gesessen.«
»Und woran haben Sie das erkannt?«, fragt Mock.
»Sie hatten kein Programm.«

Heinzl erfreut sich bis zu seinem Tod 1996 großer Beliebtheit beim Kabarettpublikum und bewahrt sich seinen Humor bis zuletzt. Als er schon ganz schmal und von seiner Krebserkrankung gezeichnet in einem »Club 2« sitzt, sagt Heinzl: »In Wien san's an sogar den Krebs neidig!«

In der kurzen Periode der kleinen SPÖ-FPÖ-Koalition nimmt die Politikverdrossenheit und das Unbehagen mit den Sozialpartnern zu. Sprüche wie dieser werden verbreitet: Was einer nicht im Kopf hat, das muss er im Parteibuch haben. Die Gegner des ÖGB amüsieren sich über diesen

Vergleich: Die Heiligen Drei Könige waren die ersten Gewerkschaftsfunktionäre,« denn sie legten die Arbeit nieder, zogen schöne Gewänder an und gingen auf Reisen.

Bundeskanzler Fred Sinowatz kommt Mitte der 1980er-Jahre mit seinem Kabinett angesichts diverser Skandale von Lucona bis Noricum und der Auseinandersetzung um den Bau des Donaukraftwerkes Hainburg arg ins politische Trudeln. Da, so besagt ein böser Witz, wendet sich der Burgenländer an den lieben Gott, der bekanntlich jederzeit für ein Wunder gut ist. Der liebe Gott erinnert sich an das Wunder vom See Genezareth und trägt Sinowatz auf, über den Neusiedlersee zu gehen. Das Wasser werde ihn tragen. Sinowatz macht sich auf den Weg zum See – und tatsächlich, er schreitet über das Wasser. Ein Wunder! Wie er sich so dem anderen Ufer nähert, wo hunderte Menschen und eine Blaskapelle auf den Kanzler warten, geht ein Raunen durch die Reihen der verblüfften Burgenländer. Sagt einer zum anderen: »Schau' Dir den Sinowatz an, schwimmen kann er a net!«

Nach einem turbulenten Wahlkampf, bei dem es vor allem um die Kriegsvergangenheit des ÖVP-Kandidaten Kurt Waldheim geht, wird dieser im 2. Wahlgang der Bundespräsidentenwahl am 8. Juni 1986 mit 53,9 Prozent der Stimmen zum Staatsoberhaupt gewählt. Der SPÖ-Bewerber Kurt Steyrer, früher Gesundheitsminister, erhält 46,1 Prozent der Stimmen. Waldheim, der schon 1971 einmal erfolglos gegen Franz Jonas angetreten ist, polarisiert wie kein anderer Bundespräsident vor ihm. Er verteidigt sich gegen alle Angriffe immer wieder so: »Ich habe damals nichts anderes getan als hunderttausende andere Österreicher auch, nämlich meine Pflicht als Soldat erfüllt.« ÖVP-Generalsekretär Michael Graff muss nach dieser Bemerkung zurücktreten: »Wenn man Waldheim nicht nachweisen kann, dass er eigenhändig sechs Juden erwürgt hat, ist er jedenfalls unschuldig.« Und Kanzler Fred Sinowatz zur Äußerung Waldheims, er sei ohne sein Wissen Mitglied der SA-Reiterstaffel gewesen: »Ich nehme zur Kenntnis, dass nicht er, sondern nur sein Pferd bei der SA war.« Dazu Billy Wilder: »Die Waldheimer Krankheit ist die Krankheit, bei der man vergisst, dass man ein Nazi war.« Altbundeskanzler Bruno Kreisky analysiert auf humorvolle Art das Wahlergebnis: »Wenn in Österreich einer eine Frau hat, die Sissi heißt, ist er unschlagbar.«

Auch wenn sich letztlich herausstellt, dass Kurt Waldheim kein Nazi war, so bleibt doch die Tatsache bestehen, dass er sich im Wahlkampf ungeschickt verteidigt und in einem Buch seine Zugehörigkeit zu einer problematischen Wehrmachtseinheit verschwiegen hat. Er wird in den USA auf die Watchlist gesetzt, was ein Einreiseverbot bedeutet, und von den meisten Staatschefs westlicher Länder nicht eingeladen. Dazu der Kabarettist Erwin Steinhauer: »Kennen Sie die kürzeste Sendung im ORF? – Ein ›Morgenjournal‹ über die Auslandsreisen unseres Bundespräsidenten!«

Als Folge der Waldheim-Wahl tritt Bundeskanzler Fred Sinowatz zurück und empfiehlt seinen Finanzminister Franz Vranitzky als Nachfolger. Als am 13. September 1986 Jörg Haider mit Hilfe des deutschnationalen Flügels der FPÖ deren Parteivorsitz von Norbert Steger übernimmt, beendet Kanzler Vranitzky die kleine Koalition. Die Nationalratswahl am 23. November 1986 beschert sowohl der SPÖ unter Vranitzky wie der ÖVP unter Mock Verluste, während die FPÖ ihren Stimmanteil auf nahezu zehn Prozent verdoppelt. Es kommt zu einer Neuauflage der großen Koalition. Für den Kabarettisten Martin Flossmann ist die Kür des »Nadelstreif-Sozialisten« und Ex-Bankers Franz Vranitzky »eine Garantie dafür, dass die Roten nicht an die Macht kommen.«

Als sieben Jahre später in den USA der Demokrat Bill Clinton zum Präsidenten gewählt wird, stellt man in Österreich die Frage: Was unterscheidet Vranitzky von Clinton? – Clinton hat das Wirtschaftsmagazin »Fortune«, den Komiker Bob Hope und den Sänger Johnny Cash. Vranitzky hat no Fortune, no Hope und no Cash.

In den SPÖ-Parteivorstandssitzungen meldet sich stets nach der Einleitung des Kanzlers und Parteichefs Franz Vranitzky Juso-Funktionär Alfred Gusenbauer zu Wort, der 2000 SPÖ-Vorsitzender und 2007 Kurzzeit-Regierungschef werden wird. Nach Juso-Manier spart er nicht mit Kritik und verlangt »mehr Sozialismus« in der Politik der SPÖ. ÖGB-Präsident Anton Benya will von Vranitzky eine Maßregelung Gusenbauers ob dessen Verhaltens, was der Kanzler aber unterlässt. Einmal hält Vranitzky in Ybbs an der Donau, wo Gusenbauer politisch beheimatet ist, ein Referat. Der Juso-Führer ist natürlich anwesend, verkneift sich aber jede Kritik und lobt sogar – sehr zur Verwunderung des Parteichefs – dessen Ausführungen. Die Erklärung dafür liefert der örtliche SPÖ-Chef, der zu Vranitzky sagt: »Du wirst doch nicht glauben, dass er sich bei uns im Bezirk so aufführen kann wie bei Euch …«

Die früheren Freunde Franz Vranitzky – er war einst Sekretär des Lang-zeit-Finanzministers – und Hannes Androsch entfremden sich immer mehr, als Ersterer Bundeskanzler wird. Vranitzky zum Vorwurf seines ehemaligen Chefs, er sei arrogant: »In theoretischer und angewandter Arroganz ist der Androsch sicher selbst eine Koryphäe!«

Anlässlich der Veröffentlichung einer Indiskretion spricht FPÖ-Obmann Jörg Haider vor Journalisten den Verdacht aus, sein Parlamentsbüro werde abgehört. Dazu der ÖVP-Spitzenpolitiker Erhard Busek: »Na und? Der Haider ist ohnedies nie in seinem Büro!«

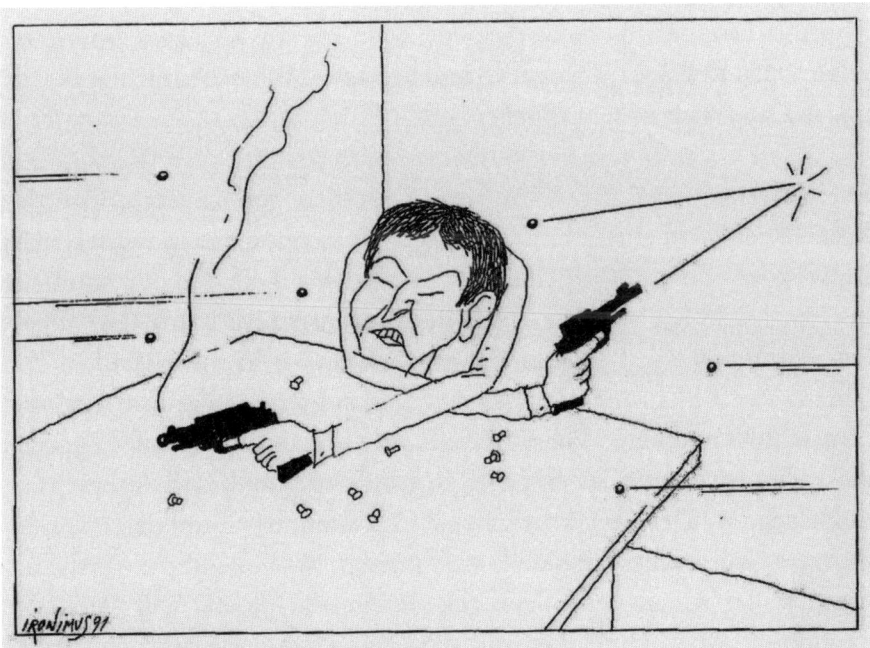

IRONIMUS, *Im Kreuzfeuer, 1991: Jörg Haider*

Vizekanzler Alois Mock sagt in einem Interview, wenn es im Fall Waldheim darum ginge, nicht die volle Wahrheit gesagt zu haben, dann müsste man mehrere Politiker auf die ominöse Watchlist setzen. Am selben Tag präsentiert die ÖVP-Ministerin Marilies Flemming eine Studie, derzufolge 88 Prozent der Jugendlichen zwischen 14 und 24 Jahren glauben, Österreichs Politiker sagten die Unwahrheit …

Mit der Wahrheit ist es so eine Sache. Es gibt recht unterschiedliche Definitionen des Begriffes Wahrheit. Stefan Zweig etwa sagt: »Wahrhaftigkeit und Politik wohnen selten unter einem Dach.« Der ÖVP-Politiker Andreas Khol postuliert: »Die Wahrheit ist eine Tochter der Zeit.« Für Sigmund Freud wiederum ist das Falsche »oft die Wahrheit, die auf dem Kopf steht.« Ingeborg Bachmann hat jedenfalls recht: »Die Wahrheit ist dem Menschen zumutbar.«

Bundeskanzler Franz Vranitzky und Altkanzler Bruno Kreisky reisen in die italienische Region Friaul. Die österreichische Bundesregierung will zehn gespendete Häuser für Erdbebenopfer offiziell übergeben. Die Abordnung aus Österreich wird von der Bevölkerung überaus freundlich begrüßt. Demonstranten verlangen sogar Friauls Rückkehr zu Österreich. Dazu Kreisky, nach dem Grund befragt: »Wahrscheinlich, weil's bei uns in Österreich keine Erdbeben gibt!«

Ein andermal reist der schon von Krankheit gezeichnete Altkanzler Bruno Kreisky zu einem Kongress nach Washington, wo ihn Österreichs Botschafter Thomas Klestil auf dem Flughafen abholt. Auf der Autofahrt ins Hotel sieht Kreisky eine Filiale der Modefirma Burberry, lässt anhalten, entnimmt etwas seinem Reisegepäck und geht mit Klestil in den Laden. Der Altkanzler geht auf den Verkäufer zu, zeigt ihm ein paar Hausschuhe und sagt: »Vor Kurzem habe ich in Ihrer Londoner Zentrale diese Slippers gekauft, die mir aber zu groß sind. Könnte ich die bei Ihnen umtauschen?« Der Verkäufer gibt sich verständnisvoll und lässt Kreisky mehrere Größen dieses Modells anprobieren. Nach mehreren Versuchen brummt der Altkanzler: »Sehr gut, dieses Paar passt!« Der Verkäufer daraufhin: »Mein Herr, das sind die Hausschuhe, die Sie mitgebracht haben!«

Helmut Kohl, der deutsche CDU-Langzeitbundeskanzler (1982–1998), verbringt als treuer Freund Österreichs gerne seine Sommerurlaube und Kuraufenthalte hier. Immer wieder ist der Karikaturist IRONIMUS dabei, der als Architekt Gustav Peichl auch in Deutschland große Bauprojekte realisiert. Einmal stellt Kohl seinen Freund Peichl einer Runde mit diesen Worten vor: »Das ist der Professor Peichl aus Wien. Er trägt die Schuld am Ausbruch des Zweiten Weltkrieges.« Peichl, setzt Kohl fort, sei nämlich Rektor jener Kunstakademie, an der sich Adolf Hitler um die Aufnahme als Student beworben habe: »Und wenn einer der Vorgänger Peichls Hitler nicht abgelehnt hätte, wäre dieser Maler und nicht Diktator geworden!«

Außenminister Alois Mock erregt Aufsehen, als er während eines offiziellen Besuchs in Jordanien in Shorts auftaucht. In Anspielung auf seinerzeitige Kritik an Finanzminister Hannes Androsch wegen eines »unsozialistischen Lebenswandels« und seiner Knize-Maßanzüge meint dessen langjähriger Pressesprecher Beppo Mauhart: »Es gibt ja heute schon ein paar andere Politiker, die ihre Repräsentationsaufgaben nicht in der Turnhose erledigen. Für die wenigen Gelegenheiten, wo in der Politik Shorts gefragt sind, haben wir ja einen eigenen Außenminister.«

»Dies Österreich ist eine kleine Welt, in der die große ihre Probe hält«, lautet ein Zitat von Friedrich Hebbel und das gilt auch für den rasanten Aufstieg der FPÖ, auf deren Spuren mittlerweile in vielen anderen Ländern Rechtsradikale, Populisten und andere Obskuranten wandeln. Das Erfolgsrezept: Vorurteile schüren – gegen alles Fremde, Ausländer, EU und Globalisierung. Schon Johann Nestroy wusste: »Das Vorurteil is eine Mauer, von der sich noch alle Köpf', die gegen sie ang'rennt sind, mit blutige Köpf zurückgezogen haben.«

# In jedem Zögling steckt ein Kardinal

Ab Mitte der 1980er-Jahre kam es zu diversen vom Vatikan verfügten umstrittenen Bischofsernennungen mit dem offensichtlichen Ziel, den liberalen Kurs der römisch-katholischen Kirche Österreichs unter dem Wiener Kardinal Franz König zu korrigieren. Die hiesige Kirche sollte »auf Linie« gebracht werden. Damit ist der konservative Kurs von Papst Johannes Paul II. und dem Präfekten der Glaubenskongregation, Kardinal Josef Ratzinger, dem späteren Papst Benedikt XVI., gemeint. Nach dem Versuch von Kardinal Theodor Innitzer, sich nach dem Anschluss an Hitler-Deutschland mit dem Naziregime zu arrangieren, hat die österreichische Kirche 1952 in ihrem »Mariazeller Manifest« der Staatskirche eine Absage erteilt und eine klare Trennung von Kirche und (christlich-sozialer) Partei, also der ÖVP, sowie von Priestertum und politischem Amt akzeptiert. Die Kirche hält sich seither aus dem tagespolitischen Streit heraus und nimmt nur noch zu Grundsatzfragen wie zum Beispiel zu der von ihr abgelehnten Fristenlösung Stellung. Vielbeachtet wurde die Rede von Kardinal König über »Kirche und Gesellschaft« 1973 vor der ÖGB-Führung. Die »Mariatroster Erklärung« 1968 der österreichischen Bischöfe zur Enzyklika »Humanae Vitae« von Papst Paul VI., mit ihrem Verbot künstlicher Empfängnisverhütung empfanden konservative Kirchenkreise als Affront, weil darin die Letztverantwortung des Gewissens der Gläubigen betont wurde.

Ausgerechnet der Wallfahrtsdirektor von Maria Roggendorf, Pater Hans Hermann Groer, wurde 1986 als Nachfolger des »Pontifex Austriacus«, des in aller Welt angesehenen Franz König, zum Erzbischof von Wien ernannt. Zwei Jahre später erhob ihn der Papst auch in den Rang eines Kardinals. Groer und der ihm beigegebene ultrakonservative Weihbischof Kurt Krenn wurden vom Kabarett »Die Brennesseln« als »Stan Laurel und Oliver Hardy der Liturgie« bezeichnet. Und in Georg Eder, dem gleichfalls ultrakonservativen neuen Erzbischof von Salzburg, sahen die Kabarettisten einen deklarierten Reaktionär: »Nach der Richtung, die er vorgibt, wird in zwei Jahren Amerika entdeckt.«

Über Hans Hermann Groer gab es schon lange einschlägige Gerüchte. Und am 27. März 1995 publizierte das Magazin »profil« Vorwürfe eines Schülers von Groer wegen seinerzeitigem sexuellen Missbrauchs. Der schwieg und unternahm keinerlei gerichtliche Schritte – auch dann nicht, als sich weitere Ex-Schüler mit ähnlichen Geschichten meldeten und Feuer am Dach der österreichischen Kirche war, die in eine schwere Krise geriet. Die Zahl der Kirchenaustritte stieg sprunghaft an und Witze wie dieser sprießten: Am Knabeninternat in Hollabrunn, der früheren Wirkungsstätte Groers, soll eine Tafel angebracht werden, auf der steht: »In jedem Zögling steckt ein Kardinal.« Schließlich musste sich der Vatikan dem Druck der Öffentlichkeit beugen und nahm das Rücktrittsgesuch Groers an, der 2003 starb.

Nicht nur über den neuen Wiener Erzbischof Hans Hermann Groer, sondern auch über dessen Weihbischof und späteren St. Pöltner Diözesanbischof Kurt Krenn, der durch beachtliche Körperfülle und fundamentalistische Ansichten auffällt, werden Witze gemacht. Zum Beispiel dieser: Nach ihrem irdischen Ableben werden Groer, sein Vorgänger König und Krenn einzeln zum lieben Gott vorgelassen. Groer ist der Erste. Nach fünf Minuten kommt er zurück zu den beiden anderen und teilt ihnen deprimiert mit, der liebe Gott habe sein Verhalten als Erzieher im Knabeninternat in Niederösterreich missbilligt und ihn zur Buße ins Fegefeuer geschickt. Dann wird König gerufen. Nach dem Gespräch mit dem lieben Gott wirkt auch er etwas deprimiert. Seine Haltung als Vorsitzender der österreichischen Bischofskonferenz sei zu liberal gewesen. Fegefeuer! Als Letzter ist Krenn an der Reihe. Zur Verblüffung von König und Groer erscheint schon nach drei Minuten nicht etwa Krenn, sondern der liebe Gott höchstpersönlich: »Stellt Euch vor«, erklärt er den beiden Wiener Oberhirten, »ich bin gerade von Bischof Krenn exkommuniziert worden …«

Wer hat das längste Rückgrat der Welt? – Die römisch-katholische Kirche. Der Kopf ist in Rom und der Hintern in St. Pölten.

Warum sind die Oberösterreicher so ganz besonders klug? – Weil sie Adolf Hitler nach Berlin exportiert haben, Jörg Haider nach Wien bzw. Kärnten und Kurt Krenn nach St. Pölten.

Der Wiener Kardinal Hans Hermann Groer, gegen den der Vorwurf sexuellen Missbrauchs Jugendlicher erhoben worden ist, erklärt sich nun doch zum Rücktritt bereit. Warum so plötzlich? – Man hat ihn sehr großzügig abgefertigt. Er bekommt die Wiener Sängerknaben.

Warum trägt Bischof Kurt Krenn neuerdings eine Soutane im Nadelstreif? – Damit man erkennen kann, ob er steht oder liegt.

Bischof Kurt Krenn und ein befreundeter Rabbiner sitzen in einem Landgasthaus. Der Bischof isst Schweinsbraten, während der Rabbiner Fisch bestellt hat. »Wann werden Sie endlich den Mut haben, diesen köstlichen Schweinsbraten zu essen?«, fragt Krenn. Darauf der Rabbiner: »An Ihrem Hochzeitstag, Exzellenz!«

Kardinal Groer feiert im Hof des Wiener Erzbischöflichen Palais in Anwesenheit mehrerer Bischöfe Geburtstag. Da stellt der St. Pöltner Diözesanbischof Krenn den populären Fernsehpfarrer August Paterno der Gästeschar mit diesen Worten vor: »Das ist die Software der Kirche im Fernsehen – ich bin die Hardware!«

Zweiter Österreich-Besuch von Papst Johannes Paul II. in der Ära des ORF-Generintendanten Teddy Podgorski, der zwischen den Perioden Bacher II und Bacher III von 1986 bis 1990 am Küniglberg residiert. Das Fernsehen sendet viele Stunden live. Ein paar Wochen später überbringen Podgorski und ich als damaliger Informationsintendant dem Heiligen Vater im Rahmen einer Privataudienz im Vatikan einen Zusammenschnitt aller Sendungen auf Videokassette. Nach der Rückkehr nach Wien wird Podgorski gefragt, was ihn am meisten im Vatikan beeindruckt habe: »Dass der Papst unter seiner Soutane weiße Tennissocken trägt!«

Von Bischof Kurt Krenn, der besonders häufig an Fernsehdiskussionen teilnimmt, stammt der Satz: »Die meisten Talkshows fördern Vorurteile und Dummheit.« Und zur Verabschiedung des liberalen Fernsehjournalisten Peter Pawlowsky, der Religionssendungen moderiert und dessen Ablöse der ultrakonservative Krenn wiederholt gefordert hat, sagt er: »Zum Glück werden meine Gegner weniger.« Eine ganz andere Einstellung als Krenn legt der langjährige Caritas-Präsident Prälat Leopold Ungar an den Tag: »Christus hat die Kirche nicht zum Jasagen gestiftet, sondern als Zeichen des Widerspruchs.« Auch hinsichtlich der Kultur verleugnet Bischof Krenn seine Einstellung nicht, wenn er über Thomas Bernhards »Heldenplatz« urteilt: »Die Kunst soll frei sein. Indem sich etwas frei gebärdet, ist es aber noch nicht Kunst.« Kardinal König wiederum äußert sich zum Begriff der Freiheit so: »Der Irrtum ist das Risiko der Freiheit.« Im »profil« schreibt der langjährige Chefredakteur Peter Michael Lingens über die Struktur der Kirche: »Dass die katholische Kirche nach innen wie Nordkorea strukturiert ist, entspricht dem Machtanspruch ihrer Führer – nicht dem Willen Gottes.«

Einmal fliegen Gerd Bacher und Kardinal Franz König gemeinsam zu einer Audienz bei Papst Johannes Paul II. nach Rom. Im Flugzeug entwickelt sich folgender Dialog: »Wissen Sie Herr Kardinal, das mit dem lieben Gott kann ich einfach nicht glauben. Aber ich glaube an die katholische Kirche«, sagt der langjährige ORF-Chef, dem straffe Organisationen mit einem Alleinverantwortlichen an der Spitze imponieren. Darauf König: »Bei mir ist es genau umgekehrt!«

# Das beste Theater der Welt

D er beste Platz für einen Politiker ist das Wahlplakat«, sagte einmal Viktor von Bülow alias Loriot. »Dort ist er tragbar, geräuschlos und leicht zu entfernen.« Und Wahlplakate gab es in Österreich in den 1980er- und 1990er-Jahren unzählige, hatten wir doch neben den vielen Land- tags- und Gemeinderatswahlen auch Bundespräsidenten- und National- ratswahlen, eine Volksabstimmung über den Beitritt Österreichs zur Europäischen Union und EU-Wahlen.

Die Wähler wurden mobiler und der Anteil der Stammwähler der ein- zelnen Parteien, vor allem der SPÖ und der ÖVP, ging zurück. Damit lag Österreich im europäischen Trend. Hinsichtlich des Aufstieges der immer populistischer agierenden FPÖ war Österreich jedenfalls ein Vor- reiter. Die auflagenstarken Boulevardmedien boten dem Demagogen Jörg Haider eine Bühne und er wusste seine Chance zu nutzen. Und mit den Grünen etablierte sich im Gefolge der Besetzung der Hainburger Au im Zuge des Konfliktes um die Errichtung eines neuen Wasserkraftwer- kes eine vierte politische Kraft auf Bundesebene. Galionsfigur dieser Bewegung war Freda Meissner-Blau.

Die erste große Koalition zwischen 1945 und 1966 hatte mit dem Abschluss des Staatsvertrages, die zweite zwischen 1986 und 2000 mit dem Beitritt Österreichs zur Europäischen Union große Ziele erreicht. Jetzt nahm die Politikverdrossenheit zu, man diagnostizierte einen Reformstillstand und die Politiker mussten einen Imageverlust hinneh- men. Ein Umbruch in der politischen Landschaft lag in der Luft. Sprüche wie dieser waren an der Tagesordnung: Manche Politiker sollten lieber den Mund halten als eine Rede …

Große Aufregung in konservativen Zirkeln des Wiener Bildungsbür- gertums verursachte der 1986 als neuer Direktor des ehrwürdigen Burg- theaters bestellte Deutsche Claus Peymann. »Wenn mich jemand fragt, wo das beste Theater der Welt sei«, ließ ihn sein Hausautor Thomas Bern- hard sagen, »so antworte ich immer: Österreich. Worauf die Leute fra- gen: wo in Österreich? Und ich antworte: nicht in Österreich, Österreich selbst ist es. Fahren Sie nach Österreich, sage ich zu den Leuten, und Sie

*IRONIMUS, Dissonanzen, 1991: Franz Vranitzky und Erhard Busek*

kommen in das allerbeste Theater der Welt.« Peymann, der – im Rückblick muss es gesagt werden – dem Burgtheater einige großartige Auf-
führungen beschert hat, über seine Wahlheimat: »Österreich ist eine
Komödie, die nicht einmal ich inszenieren könnte.«

Oft hat man Österreich als »Operettenstaat« bezeichnet. Die Musik sei
zwar recht schön, aber das Libretto miserabel. An diesem Vergleich ist
etwas Wahres dran. Im Leben eines Staates gibt es wie in einem Theater
bessere und schlechtere Saisonen, glanzvolle Premieren und durchschnitt-
liche Vorstellungen, umjubelte Starauftritte und fatale Durchfaller.

Bundeskanzler Franz Vranitzky ärgert sich darüber, dass sich die Deutschen immer öfter über die Österreicher lustig machen. Also greift er
zum Telefon und ruft seinen deutschen Amtskollegen Helmut Kohl an.
Er bittet Kohl, die Deutschen mögen doch auch einmal irgendeine Blödheit anstellen, damit die Österreicher über ihre Nachbarn lachen können.
Der deutsche Kanzler ist einverstanden und lässt in der Mitte der Wüste

207

Sahara eine große Brücke errichten. Die Österreicher unterhalten sich darüber königlich. Nach einiger Zeit meldet sich Vranitzky wieder bei Kohl, um sich zu bedanken und zu sagen, die Brücke könne nun abgerissen werden. »Das geht leider nicht«, antwortet Kohl, »die Brücke ist nämlich voll mit Österreichern, die dort angeln.«

Bundespräsident Kurt Waldheim verzichtet auf eine zweite Amtszeit und bei der Wahl eines neuen Staatsoberhauptes tritt 1992 der SPÖ-Bewerber Rudolf Streicher gegen den ÖVP-Kandidaten Thomas Klestil an. In der Stichwahl am 24. Mai 1992 siegt Klestil mit 56,9 Prozent der Stimmen gegen Streicher, auf den 43,1 Prozent entfallen. Als der neue Bundespräsident einige Zeit später von seiner Ehefrau Edith verlassen wird, stellen die Österreicher folgende Frage: Was ist der Unterschied zwischen Klestil mit seiner Ehekrise und Waldheim mit seiner internationalen Ächtung wegen seiner Kriegsvergangenheit? – Waldheim durfte nicht ins Ausland reisen und Klestil darf nicht heimkommen.

Der Pressesprecher von Bundespräsident Klestil, Heinz Nußbaumer, erhält in seinem Büro in der Hofburg im November 1993 den Besuch eines ausländischen Diplomaten. Der Gast bringt Zigarren mit und die beiden Herren plaudern und rauchen. Doch plötzlich wird Nußbaumer zum wartenden Dienstwagen gerufen, der ihn mit dem Bundespräsidenten zum Flughafen Schwechat bringen wird, von wo man zu einem Staatsbesuch nach Brüssel fliegen will. In den frühen Morgenstunden des nächsten Tages meldet sich telefonisch bei Nußbaumer in Brüssel ein aufgeregter Wiener Polizeipräsident mit der Mitteilung: »Die Hofburg brennt lichterloh!« Nußbaumer erinnert sich in der Sekunde an die Zigarre des Vortages, die er ausgedämpft und in seinem Schreibtisch verstaut hat. Hat sie vielleicht weiter geglimmt und den Brand verursacht? Quälende Fragen gehen ihm durch den Kopf, als er die österreichische Delegation aufweckt und über den Brand informiert. Über das Zigarrenrauchen mit dem ausländischen Diplomaten schweigt er natürlich. Nach mehreren Telefonaten mit Wien kommt endlich die befreiende Nachricht: Der Brand ging nicht von Nußbaumers Büro aus, vielmehr war ein Kabelbrand am Dachboden der Hofburg der Auslöser. Heinz Nußbaumer fällt ein Stein vom Herzen!

*IRONIMUS, Hans Dampf in allen Gassen, 1984: Helmut Zilk*

Von den vielen Funktionen des Helmut Zilk – ORF-Fernsehdirektor, Ombudsmann der »Kronen-Zeitung«, Wiener Kulturstadtrat, Unterrichtsminister und Bürgermeister – ist ihm gewiss die des Stadtoberhauptes am liebsten. Zehn Jahre, von 1984 bis 1994, ist Zilk Wiener Bürgermeister. Sein SPÖ-Vizebürgermeister Hans Mayr sagt: »Zilk duzt mehr Menschen, als er kennt.« Und Hugo Portisch urteilt: »Bei Helmut Zilk zählt das Gefühl mindestens so viel wie der Verstand.« Volksverbundenheit gepaart mit einem großen Kommunikationstalent – so könnte man das Erfolgsrezept des Bürgermeisters Zilk auf den Punkt bringen, von dem Gerd Bacher meint: »Öffentlichkeit ist seine Droge.« Einmal ist Zilk mit ORF-Programmintendant Ernst Wolfram Marboe und einer österreichischen Journalistenrunde zur Aufzeichnung zweier »Café Central«-Sendungen in Peking und Tokio. Bei einem Empfang des österreichischen Botschafters in Peking dröhnt der Bürgermeister in Anwesenheit zahlreicher chinesischer Politprominenz: »Ich bin glücklich, heute hier bei Ihnen in Tokio zu sein!« Betretenes Schweigen unter den Zuhörern. Hans Rauscher, damals »Kurier«-Chefredakteur, versucht gestikulierend Zilk auf seinen Fauxpas aufmerksam zu machen. Der interpretiert Rauschers

Signale aber völlig falsch und legt sogar noch nach: »Auch mein Freund Rauscher freut sich sehr, dass er heute in Tokio sein kann!« Doch auch das sichtbare Entsetzen des Intendanten Marboe kann den Wiener Bürgermeister nicht aus der Ruhe bringen: »Natürlich liebt auch meine Dagi Japan. Sie spielt gerne die g'schlitzten Rollen … ›Land des Lächelns‹…« Die ganze Entourage ist peinlich berührt, da erkennt Zilk seinen Fehler und lässt eine Hymne auf China vom Stapel.

Ähnliches passiert Bürgermeister Zilk, als in Wien ein neues BMW-Werk vor hohen Gästen aus Politik und Wirtschaft eröffnet wird: »Ich bin sehr froh, dass Porsche sich hier niederlässt«, preist Zilk vom Rednerpult die deutschen Autobauer. Wieder und wieder erwähnt er lobend Porsche. Die Gesichter im Publikum, vor allem jene des BMW-Managements, werden immer länger. Da fragt Hans Hobl vom ARBÖ den schräg hinter ihm sitzenden Porsche-Generaldirektor Hans Himmer: »Sag, Hans, was hat Dich das gekostet?« Der antwortet amüsiert: »Nicht viel, nur an Doppler!« Auch in dieser peinlichen Situation kratzt Zilk irgendwie die Kurve und korrigiert letztlich seinen Fehler.

Skurriles geschieht im ORF, als Helmut Zilk Ende 1993 nach einem Briefbombenattentat schwer verletzt im Wiener AKH liegt. Er gibt nämlich im Spital eine Pressekonferenz, zu der für das Radio des ORF die Reporterin Handlos erscheint. Sie soll also über die Folgen der schweren Handverletzung des Bürgermeisters berichten. Die Moderation von Christl Reiss im »Mittagsjournal« hört sich so an: »Im Wiener AKH ist heute Bürgermeister Helmut Zilk erstmals nach seiner schweren Verletzung wieder an die Öffentlichkeit getreten. Die Hand des Bürgermeisters ist gerettet. Live aus dem AKH meldet sich nun Brigitte Handlos …«

Bundespräsident Klestil legt in seiner ersten Amtsperiode seine verfassungsmäßigen Befugnisse extensiv aus, was zu Reibereien mit Bundeskanzler Vranitzky führt. Thomas Klestil wird Abgehobenheit und monarchisches Gehabe vorgeworfen, da springt ihm der ehemalige sozialdemokratische Außenminister Peter Jankowitsch bei: »Wenn jemand den ganzen Tag in einem Büro verbringt, wo von allen Wänden ein Kaiser herunterschaut, der Doppeladler auf jedem Besteck eingraviert ist und Dich sogar aus dem Kaffeehäferl anschaut, dann glaubst' zum Schluss selbst, dass Du der Kaiser bist.«

Die FPÖ unter Jörg Haider profiliert sich immer mehr mit Xenophobie, was ihr Stimmen bringt. Als Haider 1993 im Parlament ein Ausländer-Volksbegehren »Österreich zuerst« mit den Worten, in Österreich gebe es zu viele Ausländer, ankündigt, unterbricht ihn ein vifer Zwischenrufer: »In den anderen Ländern gibt es überhaupt nur Ausländer!«

Und der freiheitliche Politiker Reinhard Gaugg, Vizebürgermeister von Klagenfurt und geschäftsführender FPÖ-Landesparteiobmann in Kärnten, buchstabiert 1993 auf die Frage eines Journalisten, was ihm zum Nationalsozialismus einfalle, das Wort Nazi mit »neu, attraktiv, zielstrebig, ideenreich«, weshalb man ihn fortan einen »Nazi-Buchstabierer« nennt.

Bei einer Volksabstimmung über den Beitritt Österreichs zur Europäischen Union am 12. Juni 1994 votieren 66,6 Prozent mit Ja und somit ist das Land ab 1. Jänner 1995 Mitglied der Union. 22 Jahre nach dem Beitritt zeigen alle Analysen, dass Österreich von diesem Schritt enorm profitiert hat. Als am Abend der Volksabstimmung ÖVP-Vizekanzler Erhard Busek, der Nachfolger von Josef Riegler, der wiederum Alois Mock beerbt hat, gemeinsam mit dem »heimatlosen Rechten« Gerd Bacher in einem Festzelt in der Wiener Innenstadt im Freudentaumel eine Strophe der »Internationale« anstimmt, zieht er sich den Groll einiger humorloser Konservativer in seiner Partei zu. Und die Österreicher witzeln bereits: Was ist noch schlimmer als die EU? – Das, was danach kommt!

Bei der Nationalratswahl am 17. Dezember 1995 gewinnt die SPÖ unter Franz Vranitzky Stimmen und Mandate hinzu, den zweiten Platz belegt die ÖVP – jetzt unter Wolfgang Schüssel – gleichfalls mit leichten Zugewinnen. Es kommt zu einer weiteren großen Koalition. Aber schon im Jänner 1997 tritt Bundeskanzler Vranitzky zurück, der die SPÖ auf EU-Beitrittskurs gebracht, Österreich in der Waldheim-Krise gut nach außen vertreten und das Verhältnis zu Israel verbessert hat. Neuer SPÖ-Kanzler wird – für bloß drei Jahre – Finanzminister Viktor Klima.

Der holt sich aus dem ORF Andreas Rudas als Parteimanager in die SPÖ-Zentrale. Dazu sagt Teddy Podgorski, der Rudas in seiner Zeit als Generalintendant kennengelernt hat, im Magazin »News«: »Rudas ist sicher der richtige Mann für die Politik. Er ist ein perfekter Intrigant, der es versteht, sich unentbehrlich zu machen. Er könnte auch am Hof der Medici als ausgleichende Gestalt gelebt haben.«

Wie getrübt das Verhältnis zwischen Franz Vranitzky und Hannes Androsch ist, zeigt eine Antwort von Kreiskys Langzeit-Finanzminister auf die Frage, was er zum Ausscheiden seines ehemaligen Mitarbeiters aus dem Kanzleramt sage: »Da er nicht mehr dort ist, wo ich ihn nicht haben wollte, interessiert mich überhaupt nicht, was er tut.«

Und Androsch, mittlerweile erfolgreicher Unternehmer und immer für einen Sager gut, zur Wirtschaftspolitik: »Wenn Sie den österreichischen Kapitalismus abschaffen wollen, müssen Sie ihn erst einführen.«

Die Nachfolge Viktor Klimas als Finanzminister tritt der bisherige Wiener Finanzstadtrat Rudolf Edlinger an. Eines Tages geht Edlinger durch die Kärntnerstraße, setzt sich in den Schanigarten eines Hotels und bestellt sich – es ist sommerlich heiß – ein kühles Bier. Da geht ein stämmiger Mann direkt auf ihn zu, pflanzt sich auf und fragt: »San Sie net der Edlinger?« Der Minister zögert kurz angesichts der grimmigen Miene des Mannes, ehe er sagt: »Ja, der bin ich.« Da schüttelt der fremde Mann seinen Kopf und brummt: »Sie ham wirklich a Scheiß-Hack'n!«

Warum verdienen Politiker mehr als Normalbürger? – Die Verantwortung ist größer. Durch Politiker können mehr Normalbürger ihr Leben verlieren als durch andere Katastrophen.

Kennen Sie eine politische Definition von Reichtum? – Reichtum ist etwas, das der Normalbürger in Gestalt seiner gewählten Politiker genießt.

Sind Politiker für das Volk da? – Nein. Das Volk ist für Politiker da. Es ist bei etwaigen Differenzen durch Wahlen auszutauschen.

Und was haben Politiker und Wolken gemeinsam? – Man freut sich, wenn sie sich verziehen.

Kaiserenkel Karl Habsburg ist von 1996 bis 1999 für die ÖVP Abgeordneter im Europäischen Parlament. Die Truppe der Volkspartei führt dort die ehemalige ORF-Journalistin Ursula Stenzel an, die später Bezirksvorsteherin im ersten Wiener Bezirk wird, ehe sie zu den Freiheitlichen wechselt. Bei seinem ersten Auftritt als Politiker wird Karl Habsburg in der Fernsehsendung »Zur Sache« vom Journalisten Alfred Worm gefragt: »Sagen Sie, was machen Sie eigentlich sonst noch, außer Kaiserenkel?«

# Nicht alles gesagt ist nicht gelogen

Dieses schwäbische Sprichwort passt wunderbar auf Wolfgang Schüssel, der 1995 Erhard Busek als ÖVP-Bundesparteiobmann abgelöst hat, von dem er auch das Amt des Vizekanzlers in der großen Koalition übernahm. Im Außenministerium löste der bisherige Wirtschaftsminister Schüssel Alois Mock ab. Ende der 1990er-Jahre war Wolfgang Schüssel der starke Mann der Volkspartei. 1997 konnte auch die sogenannte »Frühstücksaffäre« Schüssels Karriere nicht aufhalten. Während eines informellen Frühstücksgesprächs mit österreichischen Journalisten habe Schüssel, so konnte man in den Zeitungen lesen, am Rande des EU-Gipfels in Amsterdam den deutschen Bundesbankpräsidenten Hans Tietmeyer als »richtige Sau« bezeichnet. 1999 kam es zu einer Nationalratswahl und obwohl Schüssel angekündigt hatte, für den Fall eines Zurückfallens der ÖVP auf den dritten Platz hinter SPÖ und FPÖ in Opposition zu gehen, machte er dies nicht wahr. Die Freiheitlichen bekamen um 415 mehr Stimmen als die Volkspartei. Koalitionsgespräche zwischen Viktor Klima (SPÖ) und Wolfgang Schüssel (ÖVP) scheiterten. Sehr rasch einigte sich dagegen Schüssel mit Jörg Haiders FPÖ auf eine kleine Koalition, was gar nicht nach dem Geschmack von Bundespräsident Thomas Klestil war, wie man dessen Gesichtsausdruck bei der Angelobung der neuen Regierung im Jänner 2000 entnehmen konnte. Teile der österreichischen Bevölkerung gingen auf die Straße, um gegen das Kabinett Schüssel zu demonstrieren und die EU verhängte wegen der Regierungsbeteiligung der rechtspopulistischen Freiheitlichen Sanktionen gegen Österreich. Später führten Spannungen innerhalb der FPÖ zum Rücktritt von drei führenden Politikern: Vizekanzlerin Susanne Riess-Passer, Finanzminister Karl Heinz Grasser und Peter Westenthaler. Bereits 1993 war das Liberale Forum von ehemaligen FPÖ-Politikern um Heide Schmidt gegründet worden.

Die kleine Koalition zerbrach und bei der folgenden Nationalratswahl am 24. November 2002 erreichte Schüssels ÖVP mit 42,3 Prozent, was einen Zuwachs von 15,4 Prozent an Stimmen bedeutete, ein Rekordergebnis. Bundeskanzler Schüssel schloss mit einer stark geschwächten FPÖ neuerlich ein Regierungsbündnis. 2005 spaltete sich von der FPÖ ein Teil unter Führung von Jörg Haider und der Regierungsmitglieder ab und gründete das BZÖ (Bündnis Zukunft Österreich). Kritiker verbissen sich in die kleine Rechtskoalition unter Wolfgang Schüssel, der sich den Ruf eines »großen Schweigers« erwarb: Der Karikaturist Manfred Deix: »Im Grunde ist Schüssel ein hartgesottener Finsterling, ein gestandener Rechter.« Wolfgang Schüssel entgegnete solchen Angriffen: »Ich bin nicht Dollfuß, und Haider ist nicht Hitler.« Und Alfred Gusenbauer, der nach der Wahl 2006, bei der die ÖVP wieder zurückfiel, Bundeskanzler wurde, urteilte: »Der Machtpolitiker Schüssel verhaidert, anstatt Haider zu verschüsseln.« Noch mehr als zehn Jahre nach dem Ende der Regierung Schüssel sind Gerichtsverfahren wegen angeblicher Korruptionsfälle aus dieser Zeit anhängig.

Bundeskanzler Viktor Klima scheidet aus dem Amt. Beim nunmehrigen SPÖ-Altkanzler läutet das Telefon: »Guten Tag, Herr Bundeskanzler!«

Darauf Klima: »Ich bin nicht mehr Bundeskanzler.«

Eine Stunde später meldet sich derselbe Anrufer neuerlich:

»Guten Tag, Herr Bundeskanzler!«

Klima wiederholt: »Ich bin nicht mehr Bundeskanzler.«

Noch einmal kommt es zu demselben Vorgang: »Guten Tag, Herr Bundeskanzler!«

Viktor Klima, mittlerweile schon ungehalten: »Ich hab' Ihnen doch schon mehrmals gesagt, dass ich nicht mehr Bundeskanzler bin. Nehmen Sie das bitte endlich zur Kenntnis!«

Der Anrufer ungerührt: »Ich weiß, ich weiß, aber ich kann's nicht oft genug hören!«

Bei der Angelobung seiner Regierung aus ÖVP und FPÖ geht Schüssel, so schildert es ein Witz, hinter seiner neuen Vizekanzlerin Susanne Riess-Passer und sieht, dass bei ihrem Rock ein Faden herunterhängt. Schüssel erweist sich als Gentleman und weist Riess-Passer dezent darauf hin. Riess-Passer reagiert: »Keine Sorge, das ist nur die Antenne für die Fernsteuerung nach Klagenfurt (Anm.: wo FPÖ-Chef Jörg Haider als Landeshauptmann residiert)!«

Nach Ansicht vieler Journalisten schweigt Bundeskanzler Schüssel zu oft zu verbalen Ausritten von FPÖ-Chef Haider. Deshalb nennen sie ihn den »Schweigekanzler«.

Von Jörg Haider stammt der programmatisch-nationalistische Satz: »Österreich zuerst, das ist meine Formel für Vergangenheit, Gegenwart und Zukunft.« 2016 wandelt Donald Trump mit seiner Botschaft »America first« auf seinen Spuren …

Haider zu Schüssel: »Ich bin neugierig, wie lange das linke Gesindel noch gegen uns demonstrieren wird!«
    Darauf Schüssel: »Bis sie schwarz werden …«

Warum tut sich Haider so schwer im Internet? – Weil dort so viele »Links« sind.

In einer ORF-»Pressestunde« kommt im Zusammenhang mit dem angespannten Verhältnis von Bundeskanzler Wolfgang Schüssel zu Bundespräsident Thomas Klestil die Klage des Staatsoberhauptes zur Sprache, die Hofburg werde von der Bundesregierung über außenpolitische Fragen nicht ausreichend informiert. Dazu sagt der Kanzler unter Anspielung auf die Diplomatin Margot Klestil-Löffler, mit welcher der Bundespräsident jetzt in zweiter Ehe verheiratet ist und die im Außenministerium arbeitet: »Der Herr Bundespräsident wird wohl auf direktem Weg informiert.« Noch während der Livesendung meldet sich der Sprecher der Präsidentschaftskanzlei mit dem dringenden Ersuchen, die Moderatorin Ingrid Thurnher möge das Publikum darüber informieren, dass sich Frau Dr. Klestil-Löffler gegen die Aussage des Kanzlers verwahre, sie würde als Beamtin des Außenministeriums Informationen an den Herrn Bundespräsidenten weitergeben. Schüssel reagiert schmunzelnd: »Ich fände es ja durchaus sympathisch, wenn Ehepaare am Abend über die Arbeit reden.«

Im Dezember 2000 gleicht der Petersplatz in Rom einer belagerten Festung. Jörg Haider, Rechtsaußen der österreichischen Politik, ist als Gast im Vatikan angesagt. Als Geschenk bringt er einen Kärntner Christbaum mit und damit die Italiener mit seinen politischen Ansichten vertraut werden, bezeichnet Haider bei dieser Gelegenheit die Ausländerpolitik der Regierung in Rom als »lasch«. Vergeblich versuchen Anti-Haider-Demonstranten den Polizeikordon rund um den Petersplatz zu durchbrechen. Tränengas und Schlagstöcke der Polizei sind stärker. Papst Johannes Paul II. empfängt Jörg Haider, den Kärntner Landeshauptmann, und Diözesanbischof Egon Kapellari in Privataudienz. Er übergibt ihnen seine Botschaft zum Weltfriedenstag, in der »alle Formen von Rassismus und Fremdenfeindlichkeit« verurteilt werden. Ob Haider diese Broschüre auch gelesen hat?

Der Wiener Alterzbischof Kardinal Franz König erholt sich nach einer Oberschenkelhalsbruch-Operation 2003 erstaunlich rasch. Zu Jahresende kann er in der Pfarrkirche St. Elisabeth sogar wieder elf Jugendliche firmen. Nach der Firmung sagt er in der Sakristei zu Pfarrer Hugo Unterberger: »Jetzt habe ich begriffen, wozu ein Bischofsstab da ist. Man kann sich auf ihn stützen, wie auf eine Krücke, er ist nur viel eleganter!«

Auch an einer Lichterprozession der Marianischen Kongregation in Wien-Döbling kann Kardinal König teilnehmen. Die Route dieser Prozession führt vom Kloster der armen Schwestern vom Kinde Jesu in der Hofzeile über die Döblinger Hauptstraße. Der Autoverkehr muss von der Polizei vorübergehend gestoppt werden, da dreht sich der Kardinal plötzlich zur Historikerin Annemarie Fenzl um, deutet schmunzelnd auf die Autos und sagt: »Wir beten und die fluchen!« Am 13. Mai 2004 stirbt der überaus beliebte »Jahrhundertkardinal« in Wien und ganz Österreich trauert um ihn.

Schüssels Nachfolger als Bundeskanzler, Alfred Gusenbauer von der SPÖ, verlässt seine Amtsräume und sieht auf dem Ballhausplatz, wie ein Rentner auf den Rücken fällt. Er geht zu dem Mann hin und hilft ihm auf: »Dafür müssen Sie aber nächstes Mal SPÖ wählen!«

Sagt der Rentner: »Herr Bundeskanzler, ich bin auf den Rücken und nicht auf den Kopf gefallen!«

Alfred Gusenbauer und der SPÖ-Langzeitfunktionär Josef Cap rudern in einem Boot über den Wörthersee. Das Boot geht unter. Wer wird gerettet? – Österreich.

Bundeskanzler Alfred Gusenbauer macht in Begleitung von Journalisten einen Besuch auf einem Bauernhof. Ein Fotograf nimmt ihn im Schweinestall auf. Gusenbauer zu dem Fotografen: »Dass ihr mir aber nicht so dumme Sätze unter das Bild schreibt wie ›Gusenbauer unter den Schweinen‹ oder so ähnlich!« Am nächsten Tag ist das Foto in der Zeitung. Darunter steht: »Gusenbauer (3. von links)«.

Bundeskanzler Alfred Gusenbauer fällt ins Koma. Nach drei Jahren wacht er wieder auf. Der Sekretär ist anwesend und sagt: »Endlich sind Sie aufgewacht! In diesen drei Jahren hat sich einiges ereignet in Österreich!« Gusenbauer fragt: »Was waren denn die wichtigsten Vorkommnisse?«

Der Sekretär: »Es gibt zwei sehr wichtige Nachrichten für Sie. Eine gute und eine schlechte. Welche möchten Sie zuerst hören?«

Gusenbauer: »Die schlechte.«

»Strache, der neue FPÖ-Chef, ist Bundeskanzler!«

»Und die gute?«

»Rapid ist deutscher Fußball-Meister!«

# Vom Bohren harter Bretter

Der SPÖ-Bundeskanzler Werner Faymann, der von 2008 bis 2016 eine große Koalition führte, hatte mit vielfältigen Widerständen zu kämpfen. Da war der etwa gleichstarke Koalitionspartner ÖVP, dann eine FPÖ, die in der Wählergunst laut Umfragen auf über 30 Prozent anstieg, und eine Öffentlichkeit, die sich mit dem reinen Administrieren nicht länger abfinden wollte. Der Reformstau hatte zu lange gedauert und da einander die beiden Koalitionspartner gegenseitig blockierten, wuchs die Wechselstimmung. Zu all dem kam noch der Zeitgeist, der in ganz Europa nicht auf Seiten der Sozialdemokraten war. Max Weber, der deutsche Sozialwissenschaftler, beschrieb einst zutreffend das aktuelle Anforderungsprofil an das politische Personal: »Die Politik bedeutet ein starkes langsames Bohren von harten Brettern mit Leidenschaft und Augenmaß zugleich.«

Für den Wähler wurde es immer schwerer, sich angesichts zunehmender Politikverdrossenheit für eine der wahlwerbenden Gruppen zu entscheiden. Der deutsche Philosoph Peter Sloterdijk: »Bisher hieß, politisch vernünftig zu sein, das geringere Übel zu wählen. Doch was tun, wenn ich nicht mehr weiß, wo das geringere Übel liegt?« Freilich ist Nichtwählen auch keine Lösung. Das erkannte schon Jean-Paul Sartre: »Ich kann immer wählen, aber ich sollte wissen, dass ich auch dann wähle, wenn ich nicht wähle.«

Ein Fixpunkt inmitten der innenpolitischen Turbulenzen war Bundespräsident Heinz Fischer von 2004 bis 2016. Am 25. April 2004 gewann der Sozialdemokrat mit 52,39 Prozent der Stimmen gegen die ÖVP-Bewerberin Benita Ferrero-Waldner mit einem Vorsprung von 4,78 Prozent. Bei seiner Wiederwahl am 25. April 2010 bekam Fischer sogar 79,3 Prozent der Stimmen. Heinz Fischer, der in den 1960er-Jahren noch den Kampf der SPÖ gegen eine Rückkehr des Kaisersohnes Otto Habsburg nach Österreich miterlebt hatte, empfing eben diesen jetzt als Hausherr in der Hofburg. Und Otto Habsburg, der – wenn die Geschichte sich anders zugetragen hätte – hier regiert hätte, sagte bei der herzlichen Verabschiedung zum Bundespräsidenten: »Schön haben Sie's hier!«

Von Otto Habsburg stammt übrigens der Satz: »Wer in der Politik Dankbarkeit erwartet, ist ein unverbesserlicher Optimist.« Bruno Kreisky hat das seinerzeit so formuliert: »Dankbarkeit ist keine politische Kategorie.«

Der russische Präsident Vladimir Putin ist auf Staatsbesuch in Wien. Bundespräsident Heinz Fischer will beim abendlichen Festbankett seine Rede beginnen, greift zum Manuskript – und bemerkt, dass es der falsche Text ist. »Das ist schrecklich! Das ist ein falsches Manuskript!«, entfährt es Fischer zu seinen engsten Mitarbeitern. Der vis-à-vis sitzende Putin, der perfekt Deutsch spricht, wendet sich zu Fischer und sagt: »Das macht gar nichts, dass Sie den falschen Text haben. Das ist meinem Vorgänger Leonid Breschnew auch einmal passiert – der hat es allerdings gar nicht bemerkt!«

Nach einer Niederlage der österreichischen Nationalmannschaft, die bis 2005 von Hans Krankl trainiert wird, bekommt der leidenschaftliche Fußballfan Heinz Fischer den Brief eines entrüsteten Mitbürgers. »Herr

IRONIMUS, *Der bemühte Bundespräsident, 2006: Heinz Fischer mit Wolfgang Schüssel und Alfred Gusenbauer*

Bundespräsident, richten S' dem Krankl die Wadeln viri!«, fordert er. Fischer kontaktiert den Nationaltrainer nicht und legt den Brief ab. Als das Team wenig später gegen Wales 1:0 siegt, langt ein weiteres Schreiben des guten Mannes in der Hofburg ein. Darin heißt es: »Ich bin mit Ihnen sehr zufrieden, Herr Bundespräsident! Die Mannschaft hat sich diesmal wirklich zusammengerissen und viel besser gespielt!«

*IRONIMUS, Der Wechsel, 2008: von Alfred Gusenbauer zu Werner Faymann*

Im Bundeskanzleramt, wo von 1970 bis 1983 der 1990 verstorbene Bruno Kreisky die Amtsgeschäfte geführt hat, sitzt nun also der Sozialdemokrat Werner Faymann. Der frühere Wiener Stadtrat und Infrastrukturminister unter Bundeskanzler Alfred Gusenbauer ist nach Aufkündigung der SPÖ-ÖVP-Regierung durch Vizekanzler Wilhelm Molterer von der Volkspartei zum roten Frontmann aufgestiegen. Bei der Nationalratswahl 2008 kann er zwar den ersten Platz für die SPÖ verteidigen, muss aber schwere Verluste einstecken. In der Folge gibt es auch Einbußen bei diversen Landtagswahlen. Bei der Nationalratswahl 2013 geht es für die SPÖ weiter bergab. Sowohl SPÖ als auch ÖVP fahren ihr schlechtestes Ergebnis in der Geschichte der Zweiten Republik ein. Die Stimmung in der Bevölkerung wendet sich immer mehr gegen den Bundeskanzler, wie auch diverse Witze zeigen. Ein Beispiel gefällig? Bundeskanzler Werner

Faymann sagt zu seiner Frau: »Mein Schatz, würdest Du eher einen klugen Mann oder einen schönen Mann bevorzugen?«

Sagt sie: »Weder noch, ich liebe nur Dich!«

Seit 1995 amtiert Christoph Schönborn als Erzbischof in Wien. Eines Tages eilt der Kardinal als letzter Passagier über die Gangway in ein AUA-Flugzeug, das ihn nach Rom bringen soll. »Eminenz ist an Bord«, verkündet eine erfreute Stewardess, »jetzt kann uns nichts mehr passieren!« Schönborn vergewissert sich daraufhin sicherheitshalber bei besagter Stewardess: »Aber die Fluglotsen sind schon noch im Dienst?«

H. C. Strache verwaltet 2017 das Erbe der FPÖ-Ikone Jörg Haider und hat es auf SPÖ-Seite mit Bundeskanzler Christian Kern und auf ÖVP-Seite mit dem aufgehenden Stern Sebastian Kurz zu tun. Die Bundespräsidentenwahl 2016 hat Österreich umgekrempelt. Zum ersten Mal residiert mit Alexander van der Bellen ein Grüner in der Hofburg, der in einer Stichwahl den Freiheitlichen Norbert Hofer besiegt hat. Ein Menetekel für Rot und Schwarz! Doch es hat den Anschein, dass die Wahl von Donald Trump zum US-Präsidenten, der die Schwächung der Europäischen Union zum politischen Ziel erklärt hat, Europa gegen Nationalisten, Extremisten, Populisten und Xenophobe zusammenrücken lässt – getreu eines Mottos von Wilhelm Busch: »Toleranz ist gut. Aber nicht gegenüber Intoleranten.« Nicht diejenigen Politiker sind die klügsten, die am lautesten schreien. Peter Handke: »Was manche Politiker nicht im Kopf haben, haben sie im Kehlkopf.«

Nicht nur in der Präsidentschaftskanzlei und in den Parteizentralen von SPÖ und ÖVP wechselt das Personal. Jung sticht alt auch in den Ländern. Ob in Oberösterreich, Niederösterreich oder Wien: Neue Leute rücken nach. Durch viele Jahre waren die Österreicher an Szenen wie diese gewöhnt: Nach einer Fernsehsendung lädt eines Abends der niederösterreichische Landeshauptmann Erwin Pröll (ÖVP) seinen Freund und Wiener Bürgermeister Michael Häupl (SPÖ) auf ein paar Gläser Rotwein ein. »Gelt, Michel, wer unter uns Bundeskanzler wird, ist uns völlig wurscht!«, bemerkt Pröll nach einigen Gläsern Wein. Und Häupl ist einverstanden: »Ich habe dem nichts hinzuzufügen!« Tempora mutantur!

# Von der Wiege bis zur Bahre Formulare, Formulare

Dieses alte Sprichwort beschreibt den Ärger der Bürger mit der Bürokratie. Dabei ist Österreich gewiss eines der bestverwalteten Länder. Herr und Frau Österreicher wollen einerseits, dass alles perfekt funktioniert, andererseits stehen sie dem Beamtenapparat mit großer Distanz gegenüber. Und dennoch geht diese Tradition auf den k. u. k. Obrigkeitsstaat zurück, von dem auch in der Republik noch viel zu spüren ist. Was gibt es nicht alles an Spitzen gegen die Bürokratie:

Büroschlaf ist der einzige Schlaf, der sich bezahlt macht.

Kein Bürokrat schneidet sich ins eigene Sitzfleisch.

Bürokraten haben einen ausgeprägten Selbstverwaltungstrieb.

Die perfekte Bürokratie regelt auch das, was gar nicht passieren kann.

Was nicht aktenkundig ist, existiert nicht.

Auch große Literaten haben sich mit diesem Thema kritisch auseinandergesetzt:

Fritz von Herzmanovsky-Orlando: »Die oberste Vorschrift der Bürokratie ist die Außerkraftsetzung aller Vorschriften durch Beziehungen.«

Hermann Bahr: »Schlamperei und Bürokratie sind ja wahlverwandt.«

Karl Kraus: »Ich kenne eine Bürokratie, die weniger auf Eingebungen als auf Eingabe hält.«

Die Österreicher, vor allem die Wiener, raunzen gerne. Und wenn sie sich dieser Lieblingsbeschäftigung, dem Granteln und Nörgeln, hingeben, dann steht neben den aktuellen politischen Verhältnissen die Bürokratie im Mittelpunkt des Interesses. Die vielbeschworene Verwaltungsreform ist auf der Agenda jeder österreichischen Regierung. Die Politiker haben es freilich nicht einfach, denn in der Bevölkerung gibt es große Beharrungstendenzen, wie der frühere Bundeskanzler Viktor Klima weiß: »Die österreichische Mentalität ist: Wir brauchen Reformen, aber nix darf sich ändern.«

Also raunzen wir einfach weiter.

Es war einmal ein Beamter, bei dem alles klappte. Er wurde entlassen, damit niemand sagen kann, die Behörden könnten schon, wenn sie nur wollten.

Vorstellungsgespräch beim Personalchef eines Ministeriums. »Sie fangen Montag bei uns an«, sagt der Personalchef, »bezahlt wird nach Leistung.«

Der Bewerber: »Tut mir leid, aber davon kann ich nicht leben.«

Dialog zweier Freunde.

»Wie bist Du zufrieden in Deinem Amt?«

»Es geht, Arbeit gibt es keine, aber man muss aufpassen, dass man die Gesinnung rechtzeitig wechselt, wenn eine andere Partei ans Ruder kommt!«

Eine verzweifelte Behördenbesucherin nach längerer Auseinandersetzung mit einem übermäßig vorschriftshörigen Beamten: »So nehmen Sie doch endlich Vernunft an!« Der Beamte: »Bedauere, es ist mir verboten, irgendetwas anzunehmen!« Manche Beamte nehmen eben so wenig, dass es schon an Unbestechlichkeit grenzt.

Ein Sektionschef tadelt einen Hofrat: »Warum arbeiten Sie denn nicht?«

»Entschuldigen Sie, ich hab' Sie leider nicht kommen gesehen.«

In einer Wiener Bundesdienstelle pflegt ein höherer Beamter, den Kopf friedlich auf die am Schreibtisch verschränkten Arme gelegt, den bekömmlichen Büroschlaf. Plötzlich wird der Schläfer von einem jungen Untergebenen an der Schulter gerüttelt: »Herr Oberamtsrat, wachen S' auf, Mittagspause is'!«

»Wie? Was ist?«

»Mittagspause!«

»Äh was«, sagt der Oberamtsrat und lässt nach kurzem Zögern seinen Kopf wieder auf den Schreibtisch sinken: »Heut' arbeit' ich durch!«

Was passiert, wenn ein Beamter beerdigt wird? – Er wird umgebettet.

In einer Tierhandlung erscheint ein Beamter mit einem Behälter, in dem ein Goldfisch schwimmt. Er will den vor Kurzem erworbenen Fisch zurückgeben: »Er brachte uns zu viel Hektik ins Büro!«

Zwei Beamte treffen einander um 12 Uhr Mittag auf der Toilette im Amtshaus. Fragt der eine den anderen: »Sag', kannst Du auch nicht schlafen?«

Zwei Hofräte begegnen einander am Gang, da fragt der eine: »Wieso schimpfen die Leut' eigentlich dauernd über uns Beamte, wir tun doch gar nichts?«

Ein Mann geht auf sein Finanzamt und fragt den Sachbearbeiter: »Wann kann ich mir Urlaub nehmen?«
    »Aber ich bitt' Sie, Sie arbeiten doch gar nicht hier!«
    »Das stimmt schon, aber ich arbeite fast nur für Sie!«

Der Vorgesetzte rügt den Amtsgehilfen: »Wieder sind Sie zu spät! Wissen Sie denn noch immer nicht, wann bei uns die Arbeit beginnt?«
    Der Amtsgehilfe: »Nein, das weiß ich nicht. Immer wenn ich komme, arbeiten die anderen schon!«

Was ein Beamter nicht gleich versteht, wird von ihm verboten.

Beamte sind die Träger der österreichischen Nation.
    ˙Einer ist träger als der andere.

# Österreicher über Österreich

**Hannes Androsch:** »Es ist unser großes Geschick, Beethoven zu einem Österreicher gemacht zu haben und Hitler zu einem Deutschen.«

**Gerd Bacher:** »Wien ist ohne Österreich denkbar, aber Österreich nicht ohne Wien.«

**Thomas Bernhard:** »Die Mentalität der Österreicher ist wie ein Punschkrapfen: außen rot, innen braun und immer ein bisschen betrunken.«

**Richard Graf Coudenhove-Kalergi:** »Die Triebfeder der Politik ist meist Ehrgeiz, Machtwille, nur selten Habsucht und noch seltener der uneigennützige Wille, einer Idee oder einer Menschengruppe zu dienen.«

**Karl Farkas:** »Wir Wiener blicken vertrauensvoll in unsere Vergangenheit.«

**Heinz Fischer:** »Wer in Österreich immer nur das Negative sieht, kennt dieses Land nicht wirklich.«

**Egon Friedell:** »In Österreich wird man nur zum großen Mann, wenn man etwas auffällig *nicht* tut.«

**Hans Peter Heinzl:** »Staatsmänner sind Politiker, die Probleme zu lösen haben, deren Entstehung auf sie selbst zurückzuführen ist.«

**André Heller:** »Österreich wird bewohnt von Weltmeistern des Verschlafens.«

**Rudolf Kirchschläger:** »Ich wünsche mir für Österreich, dass es Menschen gibt, denen das Wohl des Landes wichtiger ist als die Karriere.«

**Karl Kraus:** »Österreich ist die Versuchsstation für den Weltuntergang.«

**Bruno Kreisky:** »Ein paar Milliarden mehr Schulden bereiten mir weniger schlaflose Nächte als hunderttausend Arbeitslose.«

**Gustav Mahler:** »In Österreich wird jeder das, was er nicht ist.«

**Alfred Polgar:** »In Österreich ließen sich die Leute Zeit, auch wenn sie keine hatten.«

**Hugo Portisch:** »In der Politik zählt nicht, was ist, in der Politik zählt vor allem, was scheint.«

**Helmut Qualtinger:** »Österreich ist ein Labyrinth, in dem sich jeder auskennt.«

**Werner Schneyder:** »Wir könnten Deutsche sein, wenn wir wollten, aber wir wollen nicht. Die Deutschen wären froh, wenn sie Österreicher sein könnten, aber sie können nicht.«

**Arthur Schnitzler:** »Die Kennworte des Wieners: Wie komm' i denn dazu? Es zahlt sich ja net aus! Tun S' Ihnen nix an!«

**Friedrich Torberg:** »Das Wesen des Österreichers liegt in der Halbheit.«

**Peter Turrini:** »Der deutsche Gast kommt nach Österreich, weil er ins Ausland will, aber es soll ihm nicht zu ausländisch vorkommen.«

**Hans Weigel:** »Nach der Ausrufung der Republik wurde der Adel in Österreich abgeschafft. An seine Stelle ist der Besitz eines Abonnements bei den Konzerten der Wiener Philharmoniker getreten.«

# Anhang

## Personenregister

stellvertretender Parteivorsitzender der SDAP 1918–1934 und Außenminister der Republik Deutschösterreich 1918–1919 193

**Benedikt XVI.** (geb. 1927), eigtl. Joseph Ratzinger, Papst 2005–2013, davor Präfekt der Glaubenskongregation 202

**Benya,** Anton (1912–2001), SPÖ-Politiker und Gewerkschafter, u. a. ÖGB-Präsident 1963–1987, Abgeordneter zum Nationalrat und Erster Präsident des Nationalrates 1971–1986 157, 177, 198

**Berchtold,** Leopold Graf (1863–1942), österr.-ungar. Außenminister 1912–1915, danach Berater des Thronfolgers und späteren Kaisers Karl I. 173

**Berg,** Armin (1883–1956), Kabarettist, Komponist, Pianist, Schriftsteller und Schauspieler 65, 95

**Bergmann,** Kurt (1935–2016), ÖVP-Politiker, Pressereferent der Finanzminister Wolfgang Schmitz und Stephan Koren, Chef der Öffentlichkeitsarbeit im ORF, Bundesgeschäftsführer der Volkspartei 1979–1990, Abgeordneter zum Nationalrat, politischer Direktor des ÖVP-Nationalratsklubs, ORF-Generalsekretär 1990–1994 183

**Bernhard,** Thomas (1931–1989), Schriftsteller 168, 205f., 226

**Beroldingen,** Lukas (1921–1978), Protokollchef von Bruno Kreisky 175

**Béthouart,** Emile (1889–1982), frz. General 121f.

**Bidault,** Georges (1899–1983), frz. Politiker, u. a. Ministerpräsident und Außenminister 134

**Bierbaum,** Otto Julius (1865–1910), dt.

Journalist, Schriftsteller und Librettist, der auch unter den Pseudonymen Martin Möbius und Simplicissimus veröffentlicht hat 11

**Blecha,** Karl (geb. 1933), SPÖ-Politiker, Obmann der Jungen Generation und des Verbandes der Sozialistischen Studenten Österreichs, Abgeordneter zum Nationalrat, Zentralsekretär, Innenminister 1983–1989, seit 1999 Präsident des Pensionistenverbandes 182, 185

**Bock,** Fritz (1911–1993), ÖVP-Politiker, u. a. Handelsminister 1956–1968 und Vizekanzler 1966–1968 142

**Böhm,** Alfred (1920–1995), Schauspieler 117

**Böhm,** Johann (1886–1959), SPÖ-Politiker, u. a. ÖGB-Präsident 1945–1959 122, 128f., 146

**Böhm,** Maxi (1916–1982), Schauspieler und Kabarettist 117

**Bolfras von Ahnenburg,** Arthur Freiherr von (1838–1922), k. u. k. General 20

**Borodajkewycz,** Taras (1902–1984), Historiker und Universitätsprofessor mit NS-Vergangenheit 152

**Brandt,** Willy (1913–1992), SPD-Politiker, u. a. Vizekanzler und dt. Außenminister 1966–1969, Bundeskanzler einer sozial-liberalen Koalition 1969–1974, der frühere Berliner Bürgermeister war Präsident der Sozialistischen Internationale 1976–1992 160, 180, 187

**Braun,** Eva (1912–1945), Geliebte Adolf Hitlers, den sie am 29. April 1945 heiratete 114

**Breschnew,** Leonid Iljitsch (1906–1982), sowj. Politiker, Parteichef der KPdSU

Franz Joseph I. (1830–1916), Kaiser von Österreich und König von Ungarn 16–20, 24, 184

Freud, Sigmund (1856–1939), Neurologe und Tiefenpsychologe, Begründer der Psychoanalyse 13, 54, 73, 158, 200

Friedell, Egon (1878–1938), Schriftsteller, Journalist, Dramatiker, Theaterkritiker und Kulturphilosoph 16, 61, 64, 149, 226

Friedrich II., der Große (1712–1786), König von Preußen und Kurfürst von Brandenburg 96

Fuchs, Robert (1896–1981), akadem. Maler, dessen bekanntestes Werk »Die Unterzeichnung des österreichischen Staatsvertrages im Oberen Belvedere 1955« ist 189

Gandhi, Mahatma (1869–1948), ind. Widerstandskämpfer, Revolutionär, Publizist, Morallehrer, Asket und Pazifist 99

Gaugg, Reinhard (geb. 1953), ehem. FPÖ-Politiker, u. a. Abgeordneter zum Kärntner Landtag, stellvertretender Klubobmann im Nationalrat, Vizebürgermeister von Klagenfurt, geschäftsführender Kärntner Landesparteiobmann 211

Gleissner, Heinrich (1893–1984), ÖVP-Politiker, Landeshauptmann von Oberösterreich 119, 123

Goebbels, Joseph (1897–1945), dt. NS-Politiker, u. a. Reichspropagandaminister 58, 72–74, 77, 79f., 82, 84–88, 91, 96–99, 102, 104, 106, 108, 113

Gorbach, Alfons (1898–1972), ÖVP-Politiker, u. a. Bundeskanzler 1961–1964, als Präsidentschafts-

kandidat unterlag er 1965 Franz Jonas 146, 153

Göring, Hermann Wilhelm (1893–1946), dt. Nationalsozialist, als Reichsmarschall und präsumtiver Nachfolger Adolf Hitlers zweiter Mann des Dritten Reiches 53, 57, 72f., 77, 82, 84f., 88, 95–100, 106, 108, 113

Gottschlich, Hugo (1905–1984), Schauspieler 74

Graff, Michael (1937–2008), Rechtsanwalt und ÖVP-Politiker, u. a. Generalsekretär der Volkspartei 1982–1987, Abgeordneter zum Nationalrat 197

Grasser, Karl-Heinz (geb. 1969), ehem. FPÖ-Politiker bzw. parteilos, Landeshauptmann-Stellvertreter in Kärnten 1994–1998, nach Managementfunktion bei Magna Finanzminister der Freiheitlichen 1999–2002, danach parteiloser Finanzminister unter ÖVP-Bundeskanzler Wolfgang Schüssel bis 2007 214

Gratz, Leopold (1929–2006), SPÖ-Politiker, u. a. Zentralsekretär, Unterrichtsminister, Klubobmann im Nationalrat 1971–1973, Wiener Bürgermeister 1973–1984, Außenminister 1984–1986, Erster Präsident des Nationalrates 1986–1989 171, 186

Grillparzer, Franz (1791–1872), Dramatiker 123

Groer, Hans Hermann (1919–2003), Studienpräfekt am Knabenseminar Hollabrunn, Religionslehrer und Seelsorger am Bundesgymnasium Hollabrunn, 1986 Erzbischof in Wien, 1988 Kardinal, 1995 wurde nach Missbrauchsvorwürfen sein

ANHANG

**Heinzl,** Hans Peter (1942–1996), Kabarettist, Schauspieler, Moderator und Musiker, eröffnete 1984 das »K & K Theater« auf der Wienzeile, das bis 1995 existierte 196, 226

**Helbich,** Leopold (1926–2004), ÖVP-Politiker und Industrieller, u. a. Bundesrat, Abgeordneter zum Nationalrat und geschäftsführender Gesellschafter der Granitwerke Anton Poschacher 183

**Heller,** André (geb. 1947), Künstler, Dichter, Schauspieler 226

**Heller,** Fritz (1893–1966), Schauspieler und Kabarettist 150

**Helmer,** Oskar (1887–1963), sozialdemokrat. österr. Politiker, u. a. Innenminister 1945–1959 119, 123, 129, 140, 146

**Henz,** Rudolf (1897–1987), Schriftsteller, Programmdirektor des Rundfunks 1945–1957, Präsident des Kunstsenats 1967–1980 139

**Herz,** Peter (1895–1987), Schriftsteller, Librettist und Feuilletonist 94

**Herzmanovsky-Orlando,** Fritz von (1877–1954), Schriftsteller und Zeichner 223

**Heß,** Rudolf Walter Richard (1894–1987), dt. NS-Politiker, Stellvertreter Adolf Hitlers 94

**Himmer,** Hans (geb. 1929), langjähriger Geschäftsführer der Porsche-Holding Salzburg, Ehrensenator der Wirtschaftsuniversität Wien 210

**Himmler,** Heinrich (1900–1945), dt. NS-Politiker, Chef der Schutzstaffel (SS) 106, 109

**Hindenburg,** Paul von (1847–1934), dt. Generalfeldmarschall, Politiker 45, 97

**Hitler,** Adolf (1889–1945), 1933–1945 Reichskanzler, Führer der NSDAP und Diktator des Deutschen Reiches 44, 49f., 52–54, 56, 64–69, 72f., 75, 79, 81–85, 87–89, 91–100, 102–115, 172, 201, 204, 215

**Hobl,** Hans (1927–2011), österr. Politiker und Gemeindebediensteter 210

**Hofer,** Andreas (1767–1810), Tiroler Freiheitskämpfer 121

**Hofer,** Norbert (geb. 1971), FPÖ-Politiker, seit 2006 Abgeordneter zum Nationalrat, seit 2013 Dritter Präsident des Nationalrates, 2016 Präsidentschaftskandidat 222

**Hoffmann,** Josef (1870–1956), Architekt und Designer, Gründungsmitglied der Wiener Werkstätte 16

**Hofstetter,** Erich (1912–1987), SPÖ-Politiker, Abgeordneter zum Nationalrat, Leitender Sekretär des ÖGB 1959–1983 157

**Hollitzer,** Carl Leopold (1874–1942), Maler, Karikaturist, Sänger und Kabarettist 16

**Hope,** Bob (1903–2003), amerikan. Komiker, Schauspieler und Entertainer 198

**Horr,** Franz (1913–1974), SPÖ-Politiker, u. a. Präsident der niederösterr. Arbeiterkammer und Abgeordneter zum Nationalrat, Präsident des Wiener Fußballverbandes 167

**Horváth,** Ödön von (1901–1938), deutschsprachiger Schriftsteller mit ungar. Staatsbürgerschaft 74

**Hufnagl,** Wilhelm (1904–1994), Schauspieler, Theaterregisseur und Rundfunksprecher 74

**Hurdes,** Felix (1901–1974), ÖVP-Politiker, u. a. Unterrichtsminister 1945–

ANHANG

**Lütgendorf**, Karl Ferdinand Freiherr von (1914–1981), Offizier und Verteidigungsminister 1971–1977 162, 168f.

**Lütgendorf**, Michael Moritz Freiherr von (1879–1974), k. k. Generalmajor 168

**Luxemburg**, Rosa (1871–1919), Vertreterin der poln. und der dt. Arbeiterbewegung 19

**M**acmillan, Maurice (1894–1986), engl. konservativer Politiker, u. a. Verteidigungs- und Außenminister, Premierminister Großbritanniens 1957–1963 137f.

**Mahler**, Gustav (1860–1911), Komponist am Übergang von der Spätromantik zur Moderne, Dirigent und Operndirektor 226

**Mahr**, Hans (geb. 1949), Journalist und Medienmanager, u. a. Journalist bei der »Kronen-Zeitung«, Büroleiter des Wiener Bürgermeisters Leopold Gratz, Geschäftsführer der »Kronen-Zeitung«, RTL-Chefredakteur 1994–2004, Gründung der Mahr-Media in Köln 2006 183

**Maleta**, Alfred (1906–1990), ÖVP-Politiker, u. a. Klubobmann 1953–1962, Erster Präsident des Nationalrates 1961–1970 und Bundesparteiobmann des ÖAAB ab 1960 155

**Mann**, Heinrich (1871–1950), dt. Schriftsteller, älterer Bruder von Thomas Mann 54

**Mann**, Thomas (1875–1955), dt. Schriftsteller 54

**Marboe**, Ernst Wolfram (1938–2012), Journalist, Autor und Regisseur, u. a. im ORF Landesintendant von Niederösterreich, Fernsehintendant 1978–1993, Präsident des Akademikerbundes 193, 209f.

**Markus**, Georg (geb. 1951), Journalist, Bestsellerautor und Gestalter von Radio- und Fernsehsendungen 145, 193

**Martini**, Louise (1931–2013), Schauspielerin, Kabarettistin und Radiomoderatorin 144

**Marx**, Karl (1818–1883), dt. Philosoph, Ökonom und Gesellschaftstheoretiker, Protagonist der Arbeiterbewegung 54, 119, 181

**Matejka**, Viktor (1901–1993), kommunist. Wiener Volksbildner, Kulturpolitiker und Schriftsteller 116

**Mauer**, Otto (1907–1973), Monsignore, Domprediger zu St. Stephan, Gründer der Galerie nächst St. Stephan, für die er 3000 Werke der klassischen Moderne sammelte 132

**Mauhart**, Josef, gen. »Beppo« (1933–2017), Manager, u. a. Langzeitsekretär des Finanzministers Hannes Androsch, Vorsitzender des Vorstandes von Austria Tabak 1988–1995, Präsident des Österr. Fußballbundes 1984–2002, Gründer der Wirtschaftsinitiative Neues Künstlerhaus 2005 201

**Mauthe**, Jörg (1924–1986), Journalist, Schriftsteller und Kulturpolitiker 139

**Mayer-König**, Wolfgang (geb. 1946), Autor, Sekretär des Bundeskanzlers Bruno Kreisky 1971–1978, danach in der Privatwirtschaft, Direktor der Baugruppe Porr 189

**Mayr**, Hans (1928–2006), SPÖ-Politiker, u. a. Abgeordneter zum Nationalrat, ab 1973 Wiener Finanzstadtrat, ab 1984 Vizebürgermeister, ab 1985

ANHANG

ANHANG

1958–1978, seine Mitgliedschaft bei der Waffen-SS und der SS wurde von Simon Wiesenthal, dem Leiter des jüd. Dokumentationszentrums, thematisiert 162, 190

Peymann, Claus (geb. 1937), dt. Theaterregisseur und Intendant, Direktor des Wiener Burgtheaters 1986–1999 206f.

Picker, Baruch Ludwig (1891–1975), Alleinbesitzer des Kabarett »Simpl« nach dem Zweiten Weltkrieg 117

Pinay, Antoine (1891–1994), frz. Politiker, u. a. Ministerpräsident, Finanzminister und Außenminister 137f.

Pisa, Karl (1924–2015), österr. Politiker, Autor und Journalist 157

Pittermann, Bruno (1905–1983), SPÖ-Politiker, u. a. Vizekanzler 1957–1967 141, 146f., 151, 153, 155, 166

Pius XII., eigtl. Eugenio Pacelli (1876–1958), Papst 1939–1958 122f.

Planetta, Otto (1899–1934), österr. Nationalsozialist und Mörder von Bundeskanzler Engelbert Dollfuß 50

Podgorski, Thaddäus, gen. Teddy (geb. 1935), Schauspieler, Journalist und Autor, ORF-Generalintendant 1986–1990 155f., 204, 212

Polcar, Fritz (1909–1975), ÖVP-Politiker, u. a. Wiener Landesparteiobmann, verwickelt in Parteispendenaffären 142

Polgar, Alfred (1873–1955), Schriftsteller, Aphoristiker, Kritiker und Übersetzer 14, 16, 39, 122, 156, 226

Pollak, Oskar (1893–1963), sozialdemokrat. Journalist, Chefredakteur der »Arbeiter-Zeitung« 1931–1934 und 1946–1962 122, 132

Pompidou, Georges (1911–1974), gaullist. Politiker, nach de Gaulle der zweite Präsident der fünften französischen Republik 1969–1974 175

Portisch, Hugo (geb. 1927), Journalist, u. a. Chefredakteur des »Kurier« ab 1958, Chefkommentator des ORF ab 1967, Autor 131, 152, 209, 226

Preradović, Paula von (1887–1951), Schriftstellerin und Lyrikerin 118

Probst, Otto (1911–1978), SPÖ-Politiker, u. a. Zentralsekretär, Verkehrsminister 1963–1966 und Dritter Nationalratspräsident 1970–1982 155

Pröll, Erwin (geb. 1946), ehem. ÖVP-Politiker, Landeshauptmann von Niederösterreich 1992–2017 222

Pusch, Hans (geb. 1943), Kabinettchef des SPÖ-Bundeskanzlers Fred Sinowatz 171

Putin, Vladimir (geb. 1952), russ. Politiker, 2008–2012 Ministerpräsident, seit 2012 in seiner dritten Amtszeit Präsident der Russischen Föderation 220

Putz, Hans (1920–1990), Schauspieler 74

Qualtinger, Helmut (1928–1986), Schauspieler, Kabarettist und Schriftsteller 13, 143, 148–150, 156, 158, 226

Raab, Julius (1891–1964), ÖVP-Politiker, u. a. Präsident der Bundeswirtschaftskammer 1946–1953 und 1961–1964, Bundeskanzler 1953–1961 8, 122, 128–137, 139f., 142–146, 149, 151, 194

Rauscher, Hans (geb. 1944), Journalist u. a. bei »Der österreichische Volks-

## Bibliografie

Wolfgang Broer: »Wort als Waffe« (Politischer Witz und politische Satire in der Republik Österreich 1918–1927), Verband der wissenschaftlichen Gesellschaften Österreichs, Wien, 1973

Gerhard Bronner: »Die goldene Zeit des Wiener Cabarets« (Anekdoten, Texte, Erinnerungen), Hannibal Verlag, St. Andrä-Wördern, 1995

Franz Danimann: »Flüsterwitze und Spottgedichte unterm Hakenkreuz«, Hermann Böhlaus Nachf., Wien-Köln-Graz, 1983

Milo Dor/Reinhard Federmann: »Der politische Witz«, Eduard Kaiser Verlag, Klagenfurt, 1964

Brigitte Erbacher (Hg.): »Qualtingers beste Satiren«, Albert Langen/Georg Müller Verlag, München-Wien, 1973

Hans-Jochen Gamm: »Der Flüsterwitz im Dritten Reich«, Paul List Verlag, München, 1963

Kurt-Jürgen Heering (Hg.): »Das Wiener Kaffeehaus«, Insel Verlag, Frankfurt/Main und Leipzig, 1991

Gottfried Heindl: »Wien – Brevier einer Stadt«, Paul Neff Verlag, Wien, 1972

Gottfried Heindl: »Unsere Show läuft schon viel länger oder die Kirche und ihre Diener in Anekdoten«, Paul Neff Verlag, Wien, 1984

Abraham Hochwald: »Und wenn der Rabbi lacht« (Jüdischer Humor), R. Brockhaus Verlag, Wuppertal und Zürich, 2. Auflage 1994

Dieter Kindermann: »Kirche zum Schmunzeln … und zum Nachdenken«, Kremayr & Scheriau, Wien, 2007

Dieter Kindermann/Gerhard Vogl: »Politik aus nächster Nähe« (Österreichs Geschichte in Geschichten), Kremayr & Scheriau, Wien, 2006

Johannes Kunz: »Ich bin der Meinung …« (Kreisky in Witz und Anekdote), Verlag Fritz Molden, Wien-München-Zürich. 3. erweiterte Auflage 1974

Johannes Kunz: »Hoffnungslos, aber nicht ernst« (Der politische Witz in Österreich seit 1918), Verlag Fritz Molden, Wien-München-Zürich, 1976

Johannes Kunz: »Am Anfang war die Reblaus« (Die Zweite Republik in Anekdoten), Edition S Verlag der Österreichischen Staatsdruckerei, Wien, 1987

Johannes Kunz/IRONIMUS: »50 Jahre Österreich«, Verlag Christian Brandstätter, Wien, 1994

Johannes Kunz: »Der österreichische Witz«, Ibera & Molden, Wien, 2. Auflage 1996

Johannes Kunz: »Die österreichischen Anekdote«, Molden Verlag, Wien, 1998

Johannes Kunz: »Selten so gelacht« (Das 20. Jahrhundert in Witz und Anekdote), Molden Verlag, Wien, 1999

Johannes Kunz: »Lachendes Österreich« (Witze und Anekdoten seit 1945), Molden Verlag, Wien, 2005

Carlo Kurtz: »Kurze Witze«, Bassermann Verlag, ein Unternehmen der Verlagsgruppe Random House GmbH, München, 2. Auflage 2015

Salcia Landmann: »Jüdische Witze«, dtv, Patmos-Verlag der Schwabenverlag AG, Ostfildern, 2010

Georg Markus: »Sie werden lachen, es ist ernst«, Amalthea Signum Verlag, Wien, 1999

Georg Markus: »Wie die Zeit vergeht« (Neues, Heiteres und Spannendes aus Österreichs Geschichte), Amalthea Signum Verlag, Wien, 2009

Georg Markus: »Schlag nach bei Markus«, Amalthea Signum Verlag, Wien, 2011

Georg Markus: »Das heitere Lexikon der Österreicher«, dtv, München, 6. Auflage 2014

Horst Friedrich Mayer/Gerhard Vogl: »Sisi-Kult und Kreisky-Mythos« (Ein österreichisches Jahrhundert in Anekdoten), Kremayr & Scheriau, Wien, 2. Auflage 1998

Horacy Safrin: »Aj, wie klug war unser Rebbe« (Jüdische Witze und Anekdoten), Anaconda Verlag, Köln, 2012

Hans Werner Scheidl: »Helmut Zilk«, Holzhausen Verlag, Wien, 2003

Hans Werner Scheidl: »Ente zum Frühstück« (Hinter den Kulissen von Politik und Presse), Amalthea Signum Verlag, Wien, 2009

Hans Werner Scheidl/IRONIMUS: »Der wahre Kreisky«, Amalthea Signum Verlag, Wien, 2010

Eberhard Seybold: »Seybolds gesammelte Witze«, Verlag Frankfurter Bücher, Frankfurt/Main, 1989

Fred Vavrousek: »Das Feuerwerk Helmut Zilk«, Verlag VARO, Wien, 2016

Hans Veigl (Hg.): »Wir sind so frei …« (Texte aus Kabarett und Kleinkunst zwischen Wiederaufbau und Wirtschaftswunder), Niederösterreichisches Pressehaus NP Buchverlag, St. Pölten/Salzburg, 2005

Gerhard Vogl: »Ich bin im Bild«, Kremayr & Scheriau, Wien, 1994

Gerhard Vogl: »Wer sagte was wann wo?«, Kremayr & Scheriau, Wien, 2003

Gerhard Vogl: »Wortgefechte«, Kremayr & Scheriau, Wien, 2013

## Buchveröffentlichungen von Johannes Kunz

»Ich bin der Meinung …« (Kreisky in Witz und Anekdote), Molden, 1974

»Die Ära Kreisky« (Stimmen zu einem Phänomen), Molden, 1975

»Hoffnungslos, aber nicht ernst« (Der politische Witz in Österreich seit 1918), Molden, 1976

»Medienrevolution« (Die Elektronik verändert die Welt), Molden, 1980

»Am Anfang war die Reblaus« (Die Zweite Republik in Anekdoten), Edition S, 1987

»Die (des)informierte Gesellschaft«, Dr. Peter Müller Verlag, 1987

»Österreich 2000 – Bevor die Zukunft vorbei ist«, Kremayr & Scheriau, 1988

»Erinnerungen I. Prominente im Gespräch«, Kremayr & Scheriau, 1989

»Kardinal Franz König. Ansichten eines engagierten Kirchenmannes«, Edition S, 1991

»Erinnerungen II. Prominente im Gespräch«, Edition S, 1991

»Jahrtausendwende in Rot-Weiß-Rot«, Dr. Peter Müller Verlag, 1991

»Julius Raab. Ansichten des Staatsvertragskanzlers«, Edition S, 1991

»Jazz! Swinging Portraits« (mit Peter Brunner) Edition Brandstätter, 1992

»Anton Benya. Ansichten des Nationalrats- und ÖGB-Präsidenten«, Edition S, 1992

»Leopold Figl. Ansichten eines großen Österreichers«, Edition S, 1992

»EG – Die europäische Herausforderung«, Dr. Peter Müller Verlag, 1992

»Leopold Kunschak. Ansichten des christlichen Arbeiterführers«, Edition S, 1993

»Josef Krainer. Ansichten des steirischen Landesvaters«, Edition S, 1993

»Rudolf Sallinger. Ansichten des Bundeswirtschaftskammer-Präsidenten«, Edition S, 1993

»Bruno Kreisky. Ansichten des sozialdemokratischen Staatsmannes«, Edition S, 1993

»100 Jahre Fußball«, Dr. Peter Müller Verlag, 1993

»Erinnerungen III. Prominente im Gespräch«, Edition S, 1994

»50 Jahre Österreich« (mit IRONIMUS), Verlag Christian Brandstätter, 1994

»Der österreichische Witz«, Ibera & Molden, 1995

»Bruno Kreisky – Der Mensch im Mittelpunkt. Der Memoiren dritter Teil« (mit Oliver Rathkolb und Margit Schmidt), Kremayr & Scheriau, 1996

»Back To The Roots. 100 Jahre Jazz« (mit Peter Brunner), Ibera & Molden, 1996

ANHANG

»Die österreichische Anekdote«, Molden, 1998

»Selten so gelacht« (Das 20. Jahrhundert in Witz und Anekdote), Molden, 1999

»Der Wiener Opernball«, Molden, 2002

»Bösendorfer – eine lebende Legende«, Molden, 2002

»Der Brückenbauer: Kardinal Franz König 1905 –2004«, Molden, 2004

»Lachendes Österreich« (Witze und Anekdoten seit 1945), Molden, 2005

»Der Wiener Opernball«, (ergänzte Neuauflage), Molden, 2006

»Der Tod muss ein Wiener sein« (Morbide Geschichten und Anekdoten), Amalthea Signum Verlag, 2009.

»Licht und Schatten« (Erinnerungen), Amalthea Signum Verlag, 2014

»Frank Sinatra und seine Zeit«, Langen-Müller, 2015

»Ella Fitzgerald und ihre Zeit«, Langen-Müller, 2016

## Zeit- und Fernsehgeschichte hautnah erlebt

1947 in Wien geboren, wird Johannes Kunz 1968 als Jungredakteur für das ORF-Radio engagiert und bringt es bis zum Fernseh-Informationsintendanten. Er berichtet über seine Zusammenarbeit mit Gerd Bacher, Teddy Podgorski, Wolf In der Maur und Ernst Wolfram Marboe und erzählt offen von Ränkespielen und parteipolitischen Intrigen. Ohne Parteibuch wird er 1973 Pressesprecher des legendären Bruno Kreisky, mit dem er die Wahlkämpfe 1975 und 1979 bestreitet, dessen Konflikt mit Hannes Androsch und die nahostpolitischen Aktivitäten er miterlebt. Auch als Konzertveranstalter arbeitet Kunz mit Größen des Showbusiness wie Ray Charles, Dave Brubeck, Dionne Warwick und macht den Salzburger Jazz-Herbst zu einem Festival von europäischem Format.

»Licht und Schatten« ist mehr als die Memoiren eines ORF-Insiders. Diese Erinnerungen sind gelebte Zeit- und Fernsehgeschichte vom frühen 20. Jahrhundert bis in unsere Gegenwart.

Johannes Kunz

## Licht und Schatten

Erinnerungen

296 Seiten, mit zahlreichen Abbildungen
ISBN 978-3-85002-885-1
eISBN 978-3-902998-07-1

**Amalthea**  amalthea.at

## »Österreich ist frei!«

Dieser Satz hat wie kein anderer das kollektive Bewusstsein der Österreicher geprägt. Der 15. Mai 1955, der Tag der Unterzeichnung des Staatsvertrags, wurde, wie Leopold Figl oft betont hat, der schönste in seinem Leben. Wer war dieser Mann, dessen Weg so eng mit dem Schicksal seiner Heimat verbunden war?

Bauernbub, Reichsbauernbund-Direktor, Führer der Niederösterreichischen Sturmscharen, KZ-Häftling, Todeszellen-Insasse des Volksgerichtshofes, Bundeskanzler 1945, Außenminister bei den Staatsvertragsverhandlungen, Landeshauptmann von Niederösterreich – welche Höhen und Tiefen er auch erlebt hat: Leopold Figl blieb, was er war. Ein Österreicher, der den Glauben an sein Land nie verloren hat.

Auf der Basis zahlreicher bislang unveröffentlichter Gästebuch-Einträge, unbekannter Briefe aus KZ und Gestapo-Haft, Erinnerungen von Familienmitgliedern und Mitarbeitern zeichnet Birgit Mosser-Schuöcker ein sehr persönliches Bild des beliebtesten Politikers der Zweiten Republik.

Birgit Mosser-Schuöcker

# Leopold Figl
Der Glaube an Österreich

256 Seiten, mit zahlreichen Abbildungen
ISBN 978-3-85002-917-9
eISBN 978-3-902998-65-1

**Amalthea**  amalthea.at

## Die Geschichte Österreichs von Ötzi bis zum alten Kaiser

»Österreich-Ungarn, das ist jenes Stück Erde, das der liebe Gott Kaiser Franz Joseph anvertraut hat«, meinte einst der Schriftsteller Joseph Roth.

Ist das alles? Nein! Österreich hat im Mittelalter als kleines Gebiet namens »Ostarrichi« rund um Neuhofen an der Ybbs angefangen und wurde erst später zum Familiennamen der Habsburger. Wie ein heißes Eisen wurde Österreich von vielen Schmieden immer neu zurechtgehämmert – ein Objekt staatsmännischer Handwerkskunst.

100 Jahre nach dem Tod des stilprägenden Monarchen Franz Joseph unternimmt Martin Haidinger einen rasanten Ritt durch die Jahrhunderte und malt Österreichs Geschichte in funkelnden Farben. Eine Geschichte über die Urgründe der austriakischen Mentalität, jenseits von Nostalgie und Sisi-Trubel – für alle, die bislang glaubten, Österreich zu kennen.

Martin Haidinger

## Franz Josephs Land
### Eine kleine Geschichte Österreichs

320 Seiten, mit zahlreichen Abbildungen
ISBN 978-3-99050-028-6
eISBN 978-3-903083-14-1

**Amalthea**  amalthea.at